著名语言学家谈
治学经验

奚博先 编

商务印书馆
2008年·北京

图书在版编目(CIP)数据

著名语言学家谈治学经验/奚博先编.—北京:商务印书馆,2008
ISBN 978-7-100-05702-8

Ⅰ.著… Ⅱ.奚… Ⅲ.语言学—治学方法—文集
Ⅳ.H0-53

中国版本图书馆 CIP 数据核字(2007)第 187442 号

所有权利保留。
未经许可,不得以任何方式使用。

ZHÙMÍNG YǓYÁNXUÉJIĀ TÁN ZHÌXUÉ JĪNGYÀN
著名语言学家谈治学经验
奚博先 编

商 务 印 书 馆 出 版
(北京王府井大街36号 邮政编码100710)
商 务 印 书 馆 发 行
北京市白帆印务有限公司印刷
ISBN 978-7-100-05702-8

2008年9月第1版　　开本 850×1168 1/32
2008年9月北京第1次印刷　印张 9¼
定价:19.00元

目　录

前言 …………………………………………… 奚博先（ 1 ）
我的治学经验 ………………… 王力讲述　奚博先整理（ 9 ）
我作为一个语言学工作者所经过的坎坷历程 …… 岑麒祥（ 23 ）
学习·工作·体会 …………… 吕叔湘讲述　奚博先整理（ 39 ）
我的学、教与研究工作生涯 ……… 陆宗达讲述　王宁整理（ 53 ）
根据实际需要找科研题目 …… 周有光讲述　奚博先整理（ 64 ）
周有光先生治学经验访谈录 …… 周有光主谈　奚博先访问（ 71 ）
治学方面的两点体会 ………………………… 肖　璋（ 87 ）
知从实处来 …………………………………… 吴宗济（ 92 ）
漫谈我的治学经验 …………………………… 葛信益（103）
困学反思 ……………………………………… 徐世荣（112）
良师指点　勤奋实践 ………………………… 马学良（123）
我是怎样研究起梵文来的 …………………… 季羡林（137）
勤学苦练多实践 ……………………………… 周殿福（145）
一边儿干革命，一边儿搞研究 ……………… 郑林曦（148）
学习文字学的点滴体会 ……………………… 高景成（162）
治学·创新 …………………………………… 陈士林（171）
"文改迷"的自述 …………………………… 刘泽先（183）
张志公先生传略 ……………………………… 李一娟（195）

回忆张志公先生谈治学 …………………………… 奚博先(214)
我的学习生活和体会 ……………………………… 党凤德(222)
现代语音学的方向 ……………… 林焘主谈　焦立为访问(238)
张寿康先生传略 …………………………………… 李一娟(250)
我的自学经验 ……………………………………… 胡明扬(266)

附录:征集治学经验的通知 ……………………………… (290)

前　言

一

　　编辑这个集子的意图由来已久。1982年4月,北京市语言学会请当时82岁高龄的王力先生在人民大会堂小礼堂作了治学经验的报告。到吕叔湘先生80岁的时候,北京市语言学会又组织了一个座谈会,请他谈治学经验,并在会上请当时已经78岁的周有光先生也谈谈治学经验。事后这些讲话我都整理了录音。王力先生的,我在整理成文的时候,平实地加了个《我的治学经验》这样的题目。到整理吕先生、周先生的讲话录音的时候,我觉得不能一概都单调地名之以"我的治学经验",于是略加变化,拟了个题目以便老先生们审阅。几位老先生审阅的时候,对我不揣冒昧地加的题目未作更改。

　　每次听完老专家谈治学经验以后,我和一些同行议论起来。老专家们对于能有机会回顾一下自己的学术生涯,对后学有所启迪,觉得很有意思。中青年朋友觉得能够对治学有成的老先生的治学经历有所了解和借鉴,对自己今后的成长很有教益。长者所经历的艰苦曲折,可以指引方向并激励我们更加努力奋进,他们的成功的经验可以汲取。我作为一个学会工作者,从请人到组织座谈会并最后整理录音成文,付出了相当多的劳动,在当今汹汹为利的潮流中以能无偿为语言学事业作了些贡献感到安慰,也很为做了这样有意义的事而高兴。

1984年的治学经验座谈会,主持会的是志公先生。他在主持的时候顺便也讲了讲自己的治学经验。我算了一笔账:连志公先生算上,一次座谈会也就只能有三个人谈。一个人是准备充分地谈,一个是无准备地谈,还有一个是顺便谈。何况,能主持会顺便谈谈的也就只能有一个人。这一个我还因为忙,没有整理录音。当时觉得志公先生是非正式地谈自己的治学经验,打算等将来他年逾古稀的时候正式谈治学经验,我再认真地把他的讲话整理成文。

接下来的1985年应该为陆宗达先生组织治学经验报告会。陆宗达先生也作了这个准备。随后是1986年再为周有光先生组织一个。但是当时有人觉得学会活动不应该总是一道菜,而且1984年已经请周有光先生谈过,再请会不会让人有重复的感觉?这样就间断了一个时期。其间不断听到会员希望继续组织这样的活动,认为不应该厚此薄彼。同时我又想:语言学界的老先生很多。王力先生谈治学经验的时候年纪已经80多岁,吕叔湘先生则是以谈治学经验的方式庆祝80岁大寿的。那个时候,张志公先生又给画了一个年逾古稀的杠杠,这样一来,北京市语言学会的高龄会员已经将近百位。一个一个地组织座谈会,岂不是旷日持久,事倍功半?

我们在间断了三年之后的1988年4月发了一个通知,以北京市语言学会名义号召年逾古稀的会员自愿写稿,笔谈治学经验。当时我计划在内部刊物《北京市语言学会通讯》上陆续发表。随后,我们陆续收到了岑麒祥、肖璋、陈士林、马学良、吴宗济、徐世荣、郑林曦、高景成、刘泽先、党凤德、葛信益、周殿福等人为此专门撰写的稿子。陆宗达、季羡林、许国璋、周祖谟等人也主动以提供转载自己在其他刊物上发表的介绍治学经验的文章应征。

  满心想通过这样的办法把事情做得快一些,但是实际情况不是这样。有许多老先生自己很谦虚,不肯写。有些在再三敦请之下写了,但是因为一个内部通讯的容量有限,一下子不能全部发表。这样一来,我就不敢放手组织稿件。虽然《北京市语言学会通讯》先后发了几篇,但是时近 1989 年,种种原因使得这个《通讯》没有接着办下去。不过我们相信:这些稿子总归是有用的,因而我把它们另行存放了起来。

  而作为此举的倡议人,也是北京市语言学会的缔造者的张志公、张寿康、胡明扬三位先生,我却一直没有写他们谈治学经验的文章。张寿康和胡明扬两位先生是因为当初还不到规定谈治学经验的"年逾古稀"。张志公先生虽然在 1989 年已经过了 70 岁,但是一来此后不久《北京市语言学会通讯》停刊;二来他一直觉得自己在 1984 年主持吕先生谈治学经验的座谈会上已经顺便讲了一些,后来又一直很忙,没有时间专门来谈这个问题;三来他有他自己的想法:他认为将来出的治学经验,可以自己谈,也可以学界同人来谈,还可以由学生来座谈,或者由记者、他人访谈。总之应该有多种形式,要搞得活泼一点。因为这样,我一直没有志公先生谈的治学经验。后来我还催过他几次。有一次他当着一位某报记者说:她(指记者)正在写。并且当面交待:"写好了你要寄给他(指笔者)一份。"此后我就一直等,不想直到志公先生作古,也一直没有音讯。

寿康先生天不假年,过早作古,终年不足70。明扬先生70大寿的时候,几个单位一起庆祝,请他作了一次治学经验的报告。后来责成人民大学他的学生整理录音,但是这个录音我却一直没有拿着。问明扬先生,他谦虚地说:他谈的不叫治学经验,是自学经验,不适合和王力先生他们的治学经验放到一起。我觉得,自学有成就是治学。后来,我就治学问题访问周有光先生,特地请周先生谈自学和治学的关系。周先生特别强调了自学。他认为,"做任何学问,都应当以自学为主。因为在学校的读书年限少,离校以后自学的时间很长。"这样我说服胡先生拿出自学经验的理由就更充分了一些。

二

这个集子里面收的是北京市语言学会会员里治学有成的专家,诸如王力、吕叔湘、陆宗达、周有光、季羡林等20多位所谈的治学经验。经过20余年的收集,现在编辑结集出版。内容涉及许多语言学家亲身经历的治学成长的过程。读了这个集子,可以了解他们的家世、师承、所接受的打基础的早期教育、走上语言学专业研究的道路、他们的指导思想、读书方法,以及怎样联系实际、确定课题、积累材料、处理各种矛盾,有的还有在前进道路上经历曲折、克服困难以及获得有关知识、方法的途径和在专业上取得的成就等等。总之这些著名学者的成功之路的各个环节都有所涉及,内容很为充实。

由于种种原因,把它们结集出版的愿望长期没有实现。首先是因为从1982年请王力先生作报告的时候开始算,至今已有20

多年，我一直没有张志公、胡明扬、张寿康这三位先生的治学经验，使我始终犹豫着，不好着手编这个集子。因为他们是北京市语言学会的主要发起人、缔造者，在后来的20多年工作中也可以说是北京市语言学会的大脑和脊梁。没有他们的治学经验，就好像缺了一大半。

但是手里总积压着这些老先生的来稿，退稿既心有不甘，结集又时机不到。天长日久，终于成了一种很大的精神压力。心里盘算：退休以后，一定要还这个愿。不料我刚退休没多久，就得了偏瘫，虽然侥幸活了下来，但是站着都不稳，行动当然就极为不便。还因为这20多年里，在我不在场的情况下搬过几次家，连把稿子找出来也成了很困难的事情。胡明扬先生一直很关心这件事情，多次询问。但是我直到今年过了春节，才在家人的帮助下费了很大的劲把老先生们的存稿找了出来。

考虑到各人的治学经验会有所不同，这20多年里又有了许多会员年逾古稀而且学有所成，应该有机会谈谈他们的治学经验。于是在2005年初，又约了几位这些年一直对学会工作热心，且已年逾古稀并在某些方面成绩斐然的先生撰写治学经验。后来这些先生中有几位寄来了稿件应征，但是和前面的存稿放到一起，许多人总觉得此举有些考虑欠周。后来一些先生出主意：干脆画一个年龄杠杠，省得摆不平衡。大家的意见是，王力、吕叔湘两位先生谈治学经验的时候，都已经是80高龄的老人，那么别人就也应该在80岁（包括冥寿）以上。当初规定70岁，现在水涨船高是应该的。不过这样一来，我心里就觉得对不住那些今年新应约的撰稿人，这里我表示诚挚的歉意。

我国语言文字学界迄今的唯一人瑞周有光先生，在1984年受志公先生之请,谈治学经验的时候,他很谦虚,只谈了指导一个年轻人研究输入汉语拼音字母转换成汉字输出的过程,因此我就他所谈的主要内容起了个题目叫《边缘科学和拼音电脑》。他在这个讲话的最后和治学确定课题联系了一下。这次结集,为了适合本书的主旨,把题目改为《根据实际需要找科研题目》。周先生百岁之际,我不满足他那次所谈,特地在家人的接送陪护下,又专门拜访了他一次,和他做了比较长时间的谈话,回家写成了《周有光先生治学经验访谈录》。《张志公先生传略》里,具体谈治学的欠详,这回我也写了一篇回忆作了些补充,算作附录编在集子里。

  我偏瘫的这些年,因为行动不便,不适合做学会工作而辞去学会的职务。因此结集的打算只能由我自己和一些学者、朋友联系,感谢这些学者、朋友给予了合作。特别是周有光先生,拨出时间接待了我作访谈,并不顾年高暑热,认真反复磋商审定文稿。我又多方打听,得知志公和寿康先生二位在世的时候已经由李一娟先生写下了有关文章。和李先生联系,李先生慨然应允,很快复印了寄给我。我又凭印象补充了志公先生谈治学的一些言谈,作为附录编在集子里。和胡先生电话约定:把他的自学经验提供结集。至此,北京市语言学会的三位主要缔造者的治学经验就都有了。

  应该说明,这个集子不是一个一般的论文集,而是请诸位作者结合自己的经历谈治学。有的作者是泛泛地谈治学,没有结合自己的治学经验;或者所谈离开了语言文字学方面;有的作者写作他的治学经验的时候,主要考虑的是论证某个学术问题,这些如果都编进集子,就会显得内容驳杂。因此为读者考虑,我们只好遗憾地删除。有些还做了一些文字上的修改而没有先和作者一一商量,也一并说明。改得如有不当,谨向作者致歉并请批评指正。

现在很重视版权。所幸收在集子里的稿子差不多都是20年前经过学者本人撰稿寄给我，或者经作者本人同意，又或学者本人向我推荐转载的。有些稿子，是经由他人协助著名语言学家写成的，这里也都在目录里一一注明整理成文的作者姓名，以免万一发生纠葛。两篇访谈，曾经以奚博先或焦立为个人名义发表过，这里实事求是地在目录里反映出访问者和受访人。这次在成书的时候，其中健在的作者，都再次请他们签字。许多故人都已经作古，或者个别不便劳动的，只好请他们的家人代签。

三

特别应该让读者知道的是：本书的编成得到几位现在还健在的高龄学者的大力支持。年龄最高的周有光先生已经100岁，创我国有记载的语言文字学家长寿的最高纪录。而且在我今年4月访问他时候，他不仅接待了我的采访，在两个小时里长时间谈笑风生，还在我整理成访谈录以后不顾暑热审定全稿。他现在还写作不辍，不断有新著问世。吴宗济先生也已经比史有明文记载的语言学家都高寿了。就是其中年纪最小的胡明扬先生，今年也已经80高龄。在本书编辑出版的过程里，多承他们的关照和支持。在此谨表诚挚的谢意！

因为工作关系，本书中的著名语言学家多是故交。但是可惜，其中多数已经由故人而成为了古人。在本书的编辑出版过程里，其中多数已经和他们的家人设法取得了联系，但是有三四位的家人，因为搬家、拆迁或出国，即使是向原单位、原居住地派出所打听也联系不上。希望他们在见到本书的时候，主动和本人联系，以便奉上样书和稿酬。

　　这个集子能够编成出版,我的这一心愿能够了却,多亏明扬先生对此事一如既往的关心。不过近年来出版界颇有一些让书籍编者为难的做法:出书要钱。我个人为编成这个集子出点力,花少量的钱不能报销,都还可以做到。因为我向来认为:国家给我工资,除了生活,就可以用来作些贡献;还因为从我从事学会工作开始,就已经决心为语言学事业的发展出一些力。正因为如此,我不顾好心人的主动提醒,虽有所牺牲也心甘情愿。但是要我大量投资出这个集子,我就不可能做到。"非不为也,是不能也。"

　　所幸出版界并非都这么短视。这里要特别感谢商务印书馆使我们这些老先生的治学经验得以面世,感谢周洪波同志所给予的大力支持。本书责编先是李青梅同志,她也为此付出了辛劳,后来因为另有任务,责编又换了金欣欣同志。金欣欣同志为本书的最后出版付出了卓有成效的劳动。另外,张华杰同志和李鑫同志也通读过书稿。在此一并表示感谢!

　　涉及外语的稿件,我没有把握,得到了北京大学胡壮麟教授的帮助,谨在此表示感谢!

奚博先

2005.12.3

我的治学经验*

王力讲述　奚博先整理

近几年来,要我写自传、谈治学经验的不少,我一向不愿意写,不愿意讲。因为我的学术成就不大,我的治学经验未必值得借鉴。可是作为北京市语言学会的会员,会议要求我和同志们交流治学经验,我只好勉强来讲讲,向同志们请教。

我认为,所谓治学经验,主要是修养问题。所以今天我就主要来讲讲研究语言学应有的修养。

一、方法论

我常常对我的研究生说:科学研究并不神秘,第一是要有时间,第二是要有科学头脑。有时间才能充分占有材料,有科学头脑才能对所占有的材料进行科学的分析。古今中外有成就的科学家都是具备这两个条件的。我在学术上成就不大,就是因为我没有能够完全做到这两点。

---

* 这是王力先生对北京市语言学会首届年会的全体代表所作的专题报告,奚博先根据录音整理。经王力先生本人审阅。

解放后,我学习了《马恩列斯思想方法论》,懂得了进行科学研究必须搜集丰富的材料。充分占有材料之后,要分析材料的种种发展形态,并探究这种种形态的内在关系。在研究历史的时候,要说明某种现象在历史上怎样产生,并根据它的发展情形去观察这个现象现在变成了什么。这个马克思主义的方法论,对我五十岁以后的科学研究帮助很大。

二、普通语言学的理论指导

我在我的《中国现代语法》自序上说:"中国语法学者应该有两种修养:第一是中国语史学;第二是普通语言学。"用普通语言学的理论来指导我们的汉语研究,就能开辟许多新的园地。有人说我做了许多开创性的汉语研究工作,其实并不是什么开创性,只是普通语言学原理在汉语研究中的应用。

普通语言学里讲到很多很重要的道理。例如"语言是一个系统"。这一个原理就很重要,我一生受用不尽。我从先秦古韵脂部中分出一个微部,主要根据是语音的系统性。要是从《诗经》用韵来看,好像独立不出来。因为微部字和脂部字合韵的相当多。但是我们得承认合韵。段玉裁在《答江晋三论韵》上说:"谓之合而其分乃愈明,有权而经乃不废。"

不承认合韵,很多韵脚就混成一团。段玉裁从真部分出文部来,文部跟真部就有合韵的,怎么又分出来了呢? 主要是看系统,要看它们在系统中能不能分。

从前,我在我的《中国音韵学》里批判了戴震,说他唯心主义。后来我想:戴震是对的。他的话的大意是:按照系统来说,应该分的就分,不能因为有一两个合韵就不敢分;按照系统不能分的,就不分。戴震提出的原理,从系统来看是对的。作为一个原理,批判它是不应该的。他的阴阳入三分,也是根据"语言是一个系统"看出来的。他的古音韵研究得不够好,是因为他没有能按照他所提出来的观点去做。可见,系统性很重要。

段玉裁从真部分出文部来,但是没有阴声、入声和文部对转。入声摆到哪里去了呢?摆到脂部(第十五部)去了。章太炎从脂部入声中分出一个队部(黄侃叫做没部),这就是文部的入声。按照语言系统,阴阳入对应,还差一个阴声。我从脂部分出微部,使微、物、文三部成为阴、入、阳三声对转,这是从系统性看出来的。两年前,我看到日本藤堂明保写的《汉字语源研究》采用了我的微部说,他说这样就有了系统性了。其实微部独立也不是我独创的。章太炎在《文始》里把"虽椎雷"等字归入队部①,我受他的启发,从系统性出发,分出了微部。当然单凭系统性,没有材料证明也不行。我是从南北朝诗人用韵的实例中发现这个情况的,因为在南北朝,脂、微还是分开的。

两年前我发表了一篇文章,讲普通话的日母字读音不应该是高本汉说的那样,是什么[ʂ]的浊音。当然不单是高本汉这样认为。很早的时候许多人都认为日母是[ʂ]母的浊音。我认为现代普通话的日母字的声母应该是[ɻ]②,而不是[ʐ]。这也是从语音的系统性考虑的结果。这当然要用几方面来证明,首先用语音实验证明。不必用机器,只凭听觉就行了。把"神"shén 中的 sh 念浊

---

① 章氏后来在《国故论衡》里,认为队是去入韵。

② 王力注:最近我又认为不是[ɻ],而是[ɻ̟],见《中国语文》1983 年 1 月号《再论日母的音值,兼论普通话声母表》。

音,就不能念出"人"字来。当然用机器实验就更好了。考虑系统性也是一种证明方法。大家知道,现代北京话已经没有全浊声母了,[p]系、[t]系、[k]系、[tɕ]系、[ts]都没有全浊声母,怎么在[tʂ]系中就会冒出一个全浊声母呢?从系统性来看,是不可能的。

再说,从语音发展看,浊上变去,古代浊音上声字会变成去声,但是次浊就不变。"柳"字的读音不会变为 liù,"忍"字的读音不会变为 rèn,"语"字的读音不会变为 yù。次浊上声不变去,这也是系统性的表现。因此,日母字不可能变为去声。如果日母是 sh 的浊音,为什么它的上声字不变为去声呢?

举出上面这些例子,意思是为了说明:"语言是一个系统"。这个原理我一生受用不尽。我用这个原理指导我的语言研究,相信是有成效的。

普通语言学还有这样一个原理:语言的历史发展也是系统的。从一个时代变到另一个时代,是一个新的系统代替一个旧的系统。它不是零零碎碎地变的。所以我们研究语言史决不能零敲碎打,而必须对整个语言系统进行全面的审查。

语言是社会的产物,没有社会就没有语言。这也是一个普通语言学的原理。我们研究语言,就要注意语言的社会性。我国古代的语言学家反对孤证。孤证之所以不可靠,是由于它缺乏社会性。

什么叫孤证?孤证就是缺乏社会性的偶尔出现过一次的例证。例如:某个字在一个时代只在一本书中的一篇文章里出现了某一种意义,于是就以此为根据,给这个字提出一个义项来,这样的根据就是孤证。近些年来我看一些字典、词典的样品,就发现这个问题。举两个例子。有一本字典中,"信"有一个义项是"旧社指媒人"，例证是《孔雀东南飞》中有个"信"字作媒人讲①。这就是个孤证。因为，除了《孔雀东南飞》以外，没有哪一本书或哪一篇文章里的"信"字是当媒人讲的——至少我还没有发现。我查余冠英注的《乐府诗选》的解释是："信，使者；断来信，就是回绝来使，指媒人。"他解释得很好。我们编《古代汉语》，经常讲一个字本来指什么，在这里受上下文的影响，指的是什么。这在语言学上叫做临时意义。

黎锦熙有句名言说得很好："例不十，法不立。"他还说："例外不十，法不破。"为什么这么说呢？也就是要注意语言的社会性。我在三十多岁的时候写了篇文章，说上古时代没有系词，直到现在还在争论。反对的就找例证，其中有个别例子是成立的。但是"例不十，法不立。"例子那么少，是不是应该怀疑这本书经过后人篡改了啊？《论语》中写子路问路于桀溺，桀溺问他"是鲁孔丘之徒与？"有人根据这个例子反驳我说："这个'是'字，就不是个指代词。"这个反驳是很有力的。但是后来我看到《史记·孔子世家》里，桀溺的问话是："子孔丘之徒与？"就没有那个"是"字。可以不可以说，"是"字是后人加的呢？很可能！"是"字作为一个系词，今天看书看报，满纸都是。但是在上古可不是这样，得辛辛苦苦地去找，很不容易找到一个例外。

文字也要注意社会性。我们说先秦时代"悦"字是"言"旁，不写作"忄"旁。如果先秦有"悦"字，《说文解字》就应该收它。没有收，可见没有②。可是偏偏《孟子》中就有它，《庄子》是两个（说、

---

① 古诗《焦仲卿妻》："自可断来信，徐徐更谓之。"
② 宋徐铉《进说文表》还说："悦，经典只作说"，"俗书伪谬，不合六书之体。"

悦)都用。还有一个"懸"字。《说文》中只有"縣"没有"懸",可是偏偏《孟子》中就有"懸"字。怎么解释?我认为很可能是后人传抄产生的错误。这一点也不奇怪。现在我们印书,经过校对,还出那么多的错误,古人传抄就没有错误?那么,为什么《论语》没有"悦"字呢?因为它是"经书",传抄的人不敢随便改。不是经书的,他就敢改。《孟子》虽然也是经书,但它是到宋代才上升为经书的,在这之前,人们也敢改。《孟子》里那么多"悦"字、"懸"字,就很可能是后人改出来的。不然,孟子那个时代没有的字,怎么会在书里出现呢?出现了,又有谁懂它呢?

再如"阵",上古都写成"陈"。颜师古在《汉书·刑法志注》里说:"战陈之义本因陈列为名,而音变耳。字则作陈,更无别体,而末代学者,辄改其字旁从车,非经史之本文也。"但是我们编的字典、词典倒有新发现:"阵"在《吕氏春秋》里就有。怎么看这个问题呢?这就要用语言(这里是文字)的社会性来分析了。别的书里没有,《吕氏春秋》里有,《吕氏春秋》的作者能造出一个人家都不懂的字吗?颜师古连《吕氏春秋》也没有读过?不可能吧?

上面说的是语言的社会性,这个原则非常重要,下面要说说历史比较法这个原则。

历史比较法也很重要,特别是对于研究汉语史。不研究历史比较法,就研究不好汉语史。举例来说,历史比较法有一条:条件完全相同的语音,它不会忽然就分成两个、三个。音韵学家说,"家"古代要念成 gū。后来汪荣宝他们认为古代"姑"要念成 jiā。谁对呢?谁都不对。为什么?假如"家""姑"在上古时代读音完全相同的话,怎么又会分成两个音的呢?这是说不清楚的。所以,我们要研究历史比较法。对于古音的拟测,这个原理十分重要。高本汉尽管对上古汉语的语音拟测得不好,但是有一点应该肯定:他是接受了历史比较法的。他不会把"家"念成"姑",也不会把"姑"念成"家"。

三、语言学和古代汉语

我从七岁启蒙,读的是文言文。先念《三字经》,接着就念《五字经》——我们家乡管《神童诗》叫《五字经》。什么"天子重英豪,文章教尔曹,万般皆下品,唯有读书高。"我们家乡不兴念《百家姓》,所以我没念。老师说《四字经》——我们家乡管《千字文》叫《四字经》——太深了,所以我也没念。我们家乡那个地方很偏僻,没有机会接触什么古书,连《十三经》都没有,顶多是"四书"、"五经",我好像只念过"四书",非常闭塞。

后来我到一个亲戚家当了小学教师。有一家亲戚的父亲在广雅书院当过学生,家中藏书很多,可是这个亲戚不怎么读书,把书堆在一个房间里,堆得满地都是。我说:"你的书不看,可不可以借给我看?"他说:"难得。反正我也不搞这个,你拿去替我保存好了。"我就把整整14箱书都搬到家里去了。这么一来,我就像进了宝山,发现了宝。那些书不只是"四书"、"五经",连天文地理,甚至还有《开元占经》之类,于是大开眼界。当然,我不能全都读,但是至少是知道了天下之大。这14箱书对我后来的科学研究有多大影响,当时我不知道,后来我才懂得:不懂古代汉语,要研究汉语史就没有基础,甚至研究现代汉语,也不能没有古代汉语的基础。

研究普通语言学要不要有古代汉语的基础呢?这个问题我们争论过。有人说,研究普通语言学就用不着先研究好汉语。我说:

不行！世界上那些研究普通语言学有成就的著名语言学家，都对自己本族、本国的语言有透彻的研究，否则写不出普通语言学的书来。我在自己的实践中越来越感觉到：所谓打基础，首先就要打好汉语的基础。

四、语言学和外语

几十年前，赵元任先生跟我说："什么是普通语言学？普通语言学是拿世界上的各种语言加以比较研究得出来的结论。"我们如果不懂外语，那么普通语言学也是不好懂的；单研究汉语，也要懂外语。两年前，有人埋怨我说："我考你的汉语史研究生，为什么非考我外语？"至于对考大学中文系而考外语有意见的，那就更多了。

为什么学中文、研究汉语的人要懂外语？一条理由是，现在越来越多的外国人研究中文，有的还研究出很好的成果，写的论文值得参考。我们花时间拼命研究的问题，很可能是人家已经研究出成果的。人家的论文是用外语写的，不懂外文怎么读呢？近两年，汉藏语系学术会议，我看到美国的、法国的一些作者寄来的论文很好，很有价值。例如，关于内外转的问题，罗常培先生写过文章，我看了不满意。我也写过这方面的文章，觉得也没有解决问题。两年前看到美国的汉学家的文章，我认为他解决了问题。总之，有些好东西，用外文写的，我们要看，就得懂外语。

另一条理由是：研究汉语史要用外国语言的发展情况来比较、参考。这有好处。最近我写汉语语音史，把上古喻母四等拟测为$[\lambda]$。我认为喻母四等在上古可能是某种 l(是与 j、q、x 同部位的 l)。这个意见跟李方桂先生的意见比较接近。他讲是一种$[r]$。

同法语[1]的湿音化（"mouillé"）比较，很像，说明喻母四等后来变成了[j]。

外语很重要，可是在这一方面，我的修养很差。由于我没有上过中学，我到24岁才学英语。27岁我开始学法语，因为要到法国去念书。到了法国，法语还不会说。50岁学俄语，那已经是解放以后的事了。我在39岁的时候休假一年，到越南学东方语言，主要学越南语。为什么说我的外语很差呢？我至今只能看英文书而不能用英语会话，俄语、越南语就更不行了，要借助于字典才能看书看报。我不懂日语，去年到日本去就变得"又聋又哑"。最近半年来，我每天早上听北京的日语广播讲座，但是年纪大了，记不住了。

尽管我的外语学得很差，可是就凭这一点外语知识，得到的好处却很大。我在30多岁的时候写了一本《中国语法理论》，讲汉语的语法特点。要看出并说明汉语语法的民族特点，就必须用外语和汉语比较。在书中我用了英语、法语来作比较（偶尔也引几段德语，那是抄来的，我不懂）。我还凭这点外语知识读了一些外国出版的语言学书籍和杂志。

我认为外语在语言学修养中是绝不可少的。

五、语言学和文学

语言学和文学的关系非常密切。高尔基说过："语言是文学的第一要素"，我说："文学是语言的精华。"

我在法国留学的时候，因为没有钱用，就卖文来维持生活。我先后翻译了30多部法国文学作品，似乎是脱离了本行，不务正业，但是我至今不后悔。因为,有了一些文学修养,可以使语言的研究工作做得更好一些。

大家知道我写了一些有关诗词格律的书。诗词是文学方面的问题,而格律又是语言学方面的问题。所以许多地方,语言和文学是不可分的。

六、语言学和逻辑

上面说过,从事科学研究要有科学头脑。对语言研究来说,科学头脑也就是逻辑头脑。

我在1932年写了一本《论理学》(即《逻辑》),收在《万有文库》里。1961年我写了一篇《逻辑与语言》,登在《红旗》杂志上。这里我要强调的是逻辑头脑对于语言研究的重要性。

科学研究所使用的方法,在逻辑上说,主要是归纳法。在充分占有材料以后,要对所掌握的丰富材料进行分析、归纳,才能得出结论。科学上犯错误,常常是由于没有使用归纳法,有点材料,马上使用三段论,演绎推理。科学的结论只能产生在分析、归纳之后,而不是在它之前。演绎推理还是需要的,但是合乎逻辑的顺序应该是:首先经过归纳,得出正确的结论,再用这个正确的结论作为前提,进行演绎推理。大前提正确,才可以演绎;大前提一错,一切全错。

循环论证是语言学界最容易犯的毛病,我们应该努力避免。我经常向我的研究生强调这一点。有的人口头上明白这个道理,可是实际上做起来却胡涂。去年有个研究生写了一篇论文,讲古汉语中的使动词。他说,使动词,就是能带使动宾语的动词。他又解释使动宾语说,使动宾语就是在使动词后边的成分。这样的话给人讲明白了什么呢?我再三警告他不要犯循环论证的错误,但是他写起文章来就忘了。

我认为逻辑思维是很重要的。如果有两个人一样下大工夫,而其中一位成就大,另一位就不行,区别恐怕就在于有没有逻辑头脑。

七、语言学和音乐

语言,特别是汉语,和音乐的关系是很密切的。为什么?因为汉语是声调语言。从前我在法国,有人问我:"听说你们汉语是声调语言,那说汉语不就等于唱歌了吗?"我说:"那也差不多。"

语言的声调和音乐的关系是很大的。我学过王光祈的《中国音乐史》,获得了许多中国音乐的知识。例如,我懂得了三分损一,三分益一的乐理。律吕的知识对研究诗歌很有用处。汉语的声调是可以用五线谱谱出来的。

最近我跟几个同志一起研究京剧的唱腔,这跟音乐的关系更大了。我们知道,中国的戏曲,唱起来常常是和语言的自然声调一致的。一致,才叫人容易听得懂;不一致,就不大好。现在有一些歌不讲究和语言的自然声调一致,听起来别扭。例如:"你是灯塔",唱起来好像在说"你是等他"。京剧,以及一些其他的地方戏有时听起来好像也不和语言的自然声调一致,那是因为方言的关系。

汉语和音乐的关系,如果没有一点乐理知识,就不容易理解。

八、语言学和自然科学

语言学和自然科学的关系十分密切,特别是现代,产生了语言学和许多自然科学的边缘科学,语言学和自然科学的关系就更加密切。

语言,在脑子里没有说出来的时候,叫语象,这是心理学问题。发出语音,气从肺部经声门、声带,到口腔、鼻腔、舌头、牙齿,这是生理学问题。声音发出来以后在空气中传播,这是物理学问题。这三个学科,和语言学的关系是太密切了。

语言学理论中有一个很重要的发展,叫音位学,这是从心理学来的。还有实验语音学,这是生理学、物理学在语言研究中的运用。我在巴黎大学学的就是实验语音学。我写的博士论文,题目就是《博白方音实验录》。开始的时候,我觉得困难重重。我没有上过中学,对物理学一窍不通,对生理学更是莫名其妙。我花了很多时间去观察人体解剖图,研究横膈膜、喉头、声带和各种发音部位。我学会了使用浪纹计和音叉,学会了音频的实验,这样,才把语音实验做下来。要是不懂物理学(主要是声学),很多东西就讲不清楚。例如:什么叫元音?元音的性质是什么?音色决定于什么?等等。如果我们没有一点声学知识,就不能进行语音实验。最近十多年来,实验语音学又有了更大的发展,要学会使用语谱仪,要学会分析共振峰(共振峰与元音的关系特别大)。

1970 年我翻译 R. Jakobson 的《语音分析初探》,觉得很吃力。许多自然科学术语我不懂,只好向朋友请教。最后,经吴宗济同志审改,才得以发表出来。

我在学习语言学的时候,碰到有些语言学著作是用数学来说明某些语音问题的,我就看不懂,也只好去请教朋友。1961年我主编一部《古代汉语》。《古代汉语·通论》中有《古代文化常识》,头一篇就要讲中国古代的天文。我急来抱佛脚,只好去学天文。学天文要懂三角,我又去学三角。拿中国古代天文与现代世界通用的天文进行对比,就不是简单的事。例如现代天文学中讲的某个星座相当于古书中所说的什么星,要弄清楚是不容易的。可是如果不弄清楚,古代汉语的有关部分就弄不懂。《诗经·豳风·七月》头一句"七月流火","火"是心宿,这还好办,什么叫"流"?依余冠英先生的解释是:每年夏历五月黄昏的时候,心宿当正南方,过了六月就偏西而下了。他讲的是夏代的天文,到周代就不一样了。戴震在《诗补传》上说,由于岁差的关系,周代夏天心宿到六月才中天,所以说"七月流火"。可见天文学对古代汉语的研究是很重要的。

自然科学重要极了。学了自然科学可以增长知识,更重要的是可以训练我们的头脑。我们搞文科的人常常缺少科学头脑。在自然科学里,对就是对,错就是错,没有科学头脑就不行。搞语言学的人有了科学头脑,语言学就可以搞得好得多。在这方面,我可以说是太糟糕了,因为我没上过中学。前年我在武汉开的中国语言学会成立大会上讲我对于语言研究的意见,冒出了一句讲稿上原先没有的话,就是:"我一辈子吃亏就吃亏在我不懂数理化。"后来许多报纸报道的时候说:王力说研究语言的人要懂数理化。这样的报道搞丢了一个字,不是研究语言,而应是研究语言学要懂数理化。

学点自然科学,懂了数理化,有一个科学头脑,在语言学研究中随时用得着。

＊　　＊　　＊

以上讲的八点,可以说是我的治学经验。八点都是讲的学术修养的问题。我认为除了修养以外没有什么可谈的。就我自己的实践来说,有成功的方面,也有失败的方面。失败的方面在于外语没有学好,自然科学也不行。我认为,我们研究语言学必须掌握与语言学有关的科学知识,然后才能把语言研究工作做好。这不是说要由博返约,不是说先打好基础,就可以研究好语言,而是说,要把各种有关的知识当作语言学的组成部分来对待。例如声学。声学应该是语言学的一个组成部分。不是学了声学,由博返约,再回来研究语言学。前面说的八点,都应该说是语言学的组成部分。不知我的意见对不对,说出来供同志们参考。

前几天,我写了一篇文章纪念赵元任先生。文章说到赵先生为什么取得了那么高的成就。赵先生就是因为有多方面的基础才取得那么高的成就的。这个话,我在授予赵先生北京大学名誉教授的会上也说过。赵先生26岁在哈佛大学拿到了哲学博士学位。1921年英国大哲学家罗素来中国,他当翻译。此后,他到他的母校康奈尔大学当物理学讲师。1925年他回到清华大学教书,开始他教数学,后来才到清华研究院当教授,教语言学。他文学也不错,翻译过《爱丽丝漫游奇境记》。他在音乐方面的造诣就更深了。1981年他回国,音乐界人士专门开会欢迎他。赵先生是由哲学家、物理学家、数学家、文学家、音乐家做底子,最后才成为世界闻名的语言学家的。我一辈子都想学他,没有学好,为什么？因为我先天不足,学术修养很差,特别是自然科学基础差,以致我的学术成就平平(这不是谦逊,而是实情)。

我说的八点,也可能有的对,有的不对,请同志们多多指教。

我作为一个语言学工作者所经过的坎坷历程

岑麒祥

一、小引

近些年来,我国语言学界掀起了一个小小的热潮:要为我国的语言学家编写小传;跟我有关的,在并不很长的期间,就为我写了好几篇:(一)时生写的《语文教育家——岑麒祥》,刊登在杭州大学出版的《语文战线》,1981年第三期;(二)由刘月华执笔的《岑麒祥》,载北京语言学院主编的《中国现代语言学家》第一分册,1981年出版;(三)邵斌用世界语写的 Vizito al Esperanto—Lingvisto Cen Qixiang(《世界语语言学家岑麒祥访问记》),载北京出版的 El Popola Cinio(《中国导报》)1982年4期。此外还有一两篇在香港编写的,我只收到一些复印得比较模糊的材料,还弄不清楚有关刊物的名称。这些论文的内容大同小异,只是编写的方式略有不同。接着,还有外省的一两家杂志约我写自传。我觉得没有什么意思,一直没有动笔。最近北京语言学会某同志约我写一篇有关我的专业的文章。我对他说:"不是有人写过了吗?"他说:"不然。您在我国语言学界泡了几十年,其中酸甜苦辣各种味道,比许多人都更清楚。古人说:前事不忘,后事之师,如能把平生的经验教训总结一下,不但对您有好处,对大家也很有参考价值,何乐而不为呢?"我听了觉得似乎也很有道理,于是接受了他的邀请。拟分以下几节来写。

二、准备阶段

语言学是以人类语言为研究对象的。没有语言固然无从产生语言学;光懂得一些语言或方言也不能说已经成了语言学家。我这里说的主要是指我怎样从小就学会了一些语言和方言,但实际上只是为我以后学习语言学作好了一些准备。

我1903年出生于广东省合浦县(现已改属广西壮族自治区)附城的一个穷苦的读书人的家庭,从小就习得了城关一带所使用的廉州话(属粤方言系统)。小学毕业后升中学(旧制的,四年毕业)。有些教师是从广州聘请来的,他们不会讲廉州话,我又从他们那里学会了广州话。中学从第一年级开始教英语,直到毕业又学习了四年英语。那时,从小学起,各种课本都已改用白话文编写。白话文其实就是汉语普通话的书面形式,只有读音要按照廉州话或广州话的发音念,所有词汇和语法都是普通话的,而不是廉州话或广州话的。可见我自脱离婴孩时期以后,从小学到中学这十年间已经学过了多种语言和方言。

我1921年在廉州中学毕业,找不到事情做,每天呆在家里,日子很不好过。有一天,偶然看报纸,知道上海商务印书馆附设函授学校招收英语科学生。全学程共分四个年级,有一定程度的可以随时插入相当班级。全部课程学完后,经审查合格的发毕业证书。

我看后,心里想:这对我不是很合适的吗?我在中学的最后两年,对学习英语特别感兴趣。现在乘这机会往上面多加一点油,如果学业确有进展,不说别的,就在家里搞些翻译工作也是可以的呀。想定了,就按规定把应交的学杂费等如数汇寄该校办事处,报名加入三年级学习。不多几时,果然收到了他们寄给我的学生证以及讲义、抄录练习的课卷等等。我居然成了他们的一个正式的函授学生。

函授学校的课程是分四个年级的。我在家里用全部时间去学习,只消半年就把三年级的课程学完了。看看效果还不错。商务印书馆出版的《英语周刊》已勉强可以看懂,有些不太专门的英语读物查查词典也可以翻译。于是再汇钱去继续读四年级的课程,也只用半年的工夫就全部读完了。他们给我寄来了一张印得很漂亮的毕业证书。

函授学校学完了。可是在我们穷乡僻壤的家乡能干些什么呢?有一天,我正在纳闷,我的一位堂兄弟跑来告诉我,他准备到广州去考学校,问我去不去。我感叹地说:"哪来的钱啊!"他继续对我说:"听说广州有一间广东高等师范学校是全部公费的。可是从合浦到广州去的路费当然要自己筹措。"我听了这话,心里动了一动,赶快去跟母亲和姑母商量。我的姑母一口答应借给我一百块现洋,并向我说了一番勉励的话。那天晚上一直睡得很不好。经过几天紧张的准备终于和几个伙伴决定取道北海乘海轮到香港然后转赴广州。想不到船刚到香港,由于时局关系,由香港到广州的水陆交通全部被截断了。人心惶惶,进退两难。有些人主张先返家乡,等时局平静了再来。我坚持要等下去。幸好过不了几天,省港交通就恢复了。我赶紧动程前赴广州,搬进一所会馆里关起门来温习功课,经过初试、复试,居然名列前茅考上了国立广东高等师范学校英语部,结束了我准备的第一个阶段。

广东高等师范学校是我国当时五所高等师范学校之一。内分文史、英语、数理化、博物四部和一个图工科,全部公费待遇,四年毕业。由于地处南陲,交通不便,规模比较小,但它究竟是全省唯一的一所国立高等学校,并且全部公费待遇,学生挑选得比较严,师资也比较出色,还是全省的一所办得比较完善的高等学校。1924年,国共合作,除开办黄埔军校以外,并将广东高师和法专、农专等校合并为广东大学,原广东高师改称广东大学高师部,仍保存原有体制;1926年广东大学改称中山大学,原广东大学高师部又改称中山大学高师部。那时正是我国大革命时期,随着全国政治、经济、文化中心的转移,广州的地位也日益提高,俨然成了全国文化中心,许多知名人士,如郭沫若、郁达夫、鲁迅、顾颉刚、傅斯年、刘奇峰等等也纷纷南下到中山大学任教。我本来是以学习外语为专业的,但因特别重视翻译工作,对好些名作家的教诲也毫不放松。那时广州、香港以至上海的一些报纸和杂志时常看见登出我的作品和翻译文章。

我1926年夏在广东大学高师部已读了两年,按规程已属毕业之期,许多同班和同届的同学都已纷纷离校奔赴各处就业,忽消息传来,为了纪念孙中山先生,要把广东大学改为中山大学,今后师资和设备将更为宏厚。有些同学很希望能继续读下去,派代表去跟学校当局磋商。高师部的学生都是旧制中学毕业的,又没有念过预科,要进大学,学校答允可以增设大学三年级和四年级来收纳他们,但不能再享受公费待遇。大家都认为这种办法是很合理的,我于是决定再多念两年大学。在这两年间,除了法语以外,我还多读了一门德语作为第三外语,其他课程都是更高一级的,毕业时由大学授予文科学士学位。

三、留学法国

1928年我在广州中山大学毕业,并由学校授予文科学士学位。我暗自揣度,今后恐怕要和学生生活告别了。想不到过不多久,有一位朋友来告诉我,中法协会今年还是像上年一样要在广州招考公费留法学生,问我去不去。我心里想,既然有这个机会,不妨去碰碰运气,因此按照规定的时间去报了个名,并参加考试,最后才知道在九个人当中只录取了我一个,想不去也要去了。我赶紧去找我的系主任和文学院院长,征求他们的意见。据说:"学校正在筹备设立一个历史语言研究所,语言学的人还找不到。目前,法国的语言学是很有名的,你去学习语言学不是很合适吗?"我听完他们这样说就再也不敢说什么了。经过一段时间的准备,终于那年八月中旬和几个伙伴在香港踏上法国的邮船,在海上航行了整整一个月,于九月中旬抵达法国最南的商埠马赛,改乘火车于当天傍晚到了中法协会所在地里昂,暂时住在中法大学宿舍。

休息了两三天,中法协会秘书长顾朗(M. Courant)教授约我去聊聊。他曾担任过法国驻华公使,能说一口相当漂亮的汉语普通话。我把我的履历和我的老师对我的期望向他作了汇报。他听了很高兴,沉吟了一会对我说,现在法国大学对像我这样的留学生有两种学位:一种是大学博士学位,只要对法语有一定的认识能力,找一位大学教授和他商量好一个研究题目,在他的指导下写出一本有相当学术价值的论文,经答辩被认可后就可以获得。这种论文的范围比较狭窄,只能适用于外国留学生,本国学生不能采用。另一种是国家硕士学位。要取得这种学位必须通过笔试和面试取得一定数目的高等研究证书(文科四张,理科三张)。每张证书指定国内外有关的名著让学生自己研读,教师只讲其中有关键性或他自己认为有独到见解的一部分。他们从来是不印发讲义的,你听不懂,做不好笔记,那只好自叹晦气。一般来说,准备一张证书大概需要一年,四张证书就需要花上四年。至于国家博士学位,那是更高一级的学衔,需要提出两本论文:一本是用法文写的,要求有世界水平;另一本是用拉丁文或外文写的,作为第一本论文的副本。准备国家博士学位没有规定的课程和年限。有些人在取得国家硕士学位之后再考取一张或两张高等研究文凭获得在大学教书的资格,就一面教书,一面准备国家博士学位,什么时候准备好,什么时候提出申请举行答辩会。国家博士学位答辩会往往是布置得非常辉煌庄严的。

顾朗秘书长这样向我介绍法国高等教育的体制和做法,使我明白了他们的各种措施都是非常严格认真的,但是我作为一个外国留学生应该怎样去接受他们对我的教导呢?还不很清楚。他好像已经看出了我的心情,于是继续对我说:法国没有私立的大学,全国13间综合大学都是国立的,所开设的基本课程也都是相同的。比方每间大学的文科都分哲学、历史、古典语言文学和现代语言文学等几个大系,每个大系又分若干小组,都是全国一致的。但是除此之外,每间大学又可能各有它的一些特点。例如离里昂不远的格勒诺布尔,因为那里的风景秀丽,每年前去旅游的外国人很多,大家都想乘便学些法语,那边的大学为了适应他们的这种要求,特别训练了一批很有本领的语文教师去担任教学,成绩卓著,年复一年,竟成了该大学的一个固定的附属机构。全国最完备的是巴黎大学。它的文学院(Sorbonne)的基本课程跟其他大学的虽然没有什么不同,但是除此之外,它有许多研究所,如语言学研究所、语音学研究所和民族研究所等等却不是其他大学所有的。停了一会儿,他明白告诉我,要学习语言学,里昂并非理想的地方,最好先到格勒诺布尔补习一下法语,那边没有什么中国人,对听、讲的训练都很有利,补习后回里昂学习一些一般的课程,最后到巴黎去学习一些深造的课程。这是一个最理想的办法。不过这牵涉到经费开支。在里昂有现成的宿舍,宿舍里有公共食堂,费用比较低廉,到别处要多花一倍以上的费用。这可不是他一个人所能决定的,要开会讨论。他最后叫我放心,他一定设法为我解决困难。顾朗教授这种诚恳负责的态度令我非常感激。过几天后,我果然接到他给我的一个书面通知,同意我分三个阶段学习的计划。过了两天,我就动程到格勒诺布尔去了。

格勒诺布尔是在里昂东南部的一个中等城市,坐火车二三小时可以到达。全城建筑整洁华丽,北部伊塞尔河畔一带,风景秀丽,是法国著名的旅游胜地。当地大学附设的法语专修科分小班、中班和师范班进行教学。小班五六人,中班也不过十来个人,师范班却多达一百多人。小班从字母教起,自编讲义,采用一种新方法进行教学,不管学习时间长短,达到一定程度就可以跳到中班去,中班的情况也是一样,达到一定程度就可以跳到师范班去。其所以叫做师范班,是因为这一班的学员绝大多数都是各国的法语教师以至大学教授前来作短期进修的。我在国内虽然作为第二外国语学习过两年法语,但只限于阅读一些书面语言,听、讲、写的能力都很差。现在的情况却完全不同。格勒诺布尔大学和法国的其他大学一样，对学生都是只管教，而不管住宿和伙食的。食宿的问题只好由每个人自己设法解决。我在一个老百姓的家里租一个房间住，在一个家庭饭馆包伙。一早起来，无论去什么地方都免不了要和法语打交道，所以进步得特别快。我在法语专修科小班只读了一个星期就把我调到中班去，中班的教材当然比较高深，我大约也只读了半年就被调到师范班去了。师范班除语文教材和作文、翻译等练习外，还经常约请一些知名人士来利用幻灯等设备向学员作一些有关法国历史、地理和文化的报告。大家都觉得很受教益。

　　补习法语完毕后回到里昂。情况可与上次来时完全不同了。上次初来时，像聋子，人家说话一点也听不懂，我说的法语人家也很难听懂。这一回却可以随便交谈，没有什么障碍了。可是里昂大学没有单开的语言学课程，我学些什么呢？想来想去，只好按照顾朗教授给我的指示，在文学院现代语言文学大系中上些与英、德、法语有关的课程，集中精力获得"英国语文学"和"实际研究"这两张高等研究证书。

　　关于英语的知识，我在国内已经有相当宏厚的基础，只把注意力集中在"英语史"和"英法、法英翻译"两方面就可以了。第一年考取"英国语文学"高等研究证书不算很费力气。第二张高等研究证书"实际研究"注重在实际研究工作。如果有条件，我本来可以到英国去住上三几个月进行直接观察。但是因为没有条件，只好留在里昂在有关教师的指示下从事一些实际研究的工作。一年中我做的主要是从英国出版的图书杂志中找材料为当代欧美著名作家用英文或法文写些有关的传记或轶事。有些我还把它们译成汉文寄回国内发表，最后于1938年编成《欧美现代作家自述》交给上海商务印书馆出版。我从前在国内已经学过两年德语，这次作为第二外语也在这个时候在此通过了。

1931年秋,我又从里昂大学转学到了巴黎大学。法国各大学对学生的学习成绩都是可以相通的,转学并不需要办理什么特别手续,只把我的档案从里昂大学的注册部转移到巴黎大学的注册部就行了。

巴黎是法国的首善之区,举凡政治、经济、文化以及其他一切莫不以它为中心。就我所学的专业来说,除文学院的基本课程与其他大学的相同以外,语言学研究所、语音学研究所、民族研究所等等都不是其他大学所具备的。法兰西学院虽非普通教学的场所,可是著名语言学家梅耶(A. Meillet)所担任的比较语言学讲座和著名实验语音学创始人卢科洛(P. Rousselot)所遗留下来的"语音实验室"都设置在这里。至于图书仪器的丰富充实,教授品质的优良,更是全国首屈一指的了。

我到巴黎的最大愿望是想尽可能学完它所开设的各种深造课程,主要计有房德里耶斯(J. Vendryes)主讲的语言学、傅舍(P. Fouché)主讲的语音学、柯恩(M. Cohen)主讲的语言调查和梅耶主讲的比较语言学,集中在要考取语言学和语音学两张高等研究证书和一张语音学高等研究文凭。这样就可获得国家硕士学位和一张高等研究文凭,一切需要面授和参加考试的课程都已囊括其中了。

傅舍主讲的语音学在文学院语音学研究所上课。它和奥地利维也纳大学语音学研究所并驾齐驱,是世界上设备最完整的语音学教学研究中心。我国刘复曾在这里在法国著名语音学家博瓦洛(Poirot)的指导下通过他的博士论文《四声实验录》。博瓦洛逝世后,法国政府本来要把格拉蒙(M. Grammont)从蒙贝里耶调来补缺。格拉蒙因年老体弱,不愿离开他的家乡,特推荐他的得意门生傅舍来担任所长。傅舍年富力强,办事很得力,在不太长的时间内把全所的教学工作搞得蒸蒸日上,井井有条。我把头一年的时间全部用来听他主讲的"高等语音学"和仔细研读他所指定的各种参考文献,一点也不敢苟且。他特别重视语音的实验工作,专门委托他的助手杜朗女士(M. Durand)教我们制造假腭和操纵浪纹计等仪器。他时常抽空来检查我们的学习,非学到能够自己安装和利用不可。为了学好这一套本领,我还到民族研究所去旁听柯恩教授主讲的"语言调查"课,利用所学到的方法整理出汉语广州方言的语音系统作为实习的对象,一年零三个月内,考得了语音学高等研究证书,还以《中国广州方言发音实验录》为论文,取得了语音学高等研究文凭。这篇附有许多图表的论文后来由顾朗教授介绍刊登于1934年的《中法年鉴》。

我到巴黎后另一张要考取的是语言学高等研究证书。主讲教授是巴黎大学文学院院长兼语言学研究所所长房德里耶斯,上课地点是在法国最有名望的高等师范学校,指定的必读参考书除房德里耶斯本人的《语言》以外,还包括瑞士索绪尔(F. de Saussure)、丹麦叶斯柏森(O. Jespersen)以及美国萨丕尔(E. Sapir)和布龙菲尔德(L. Bloomfield)等著名语言学家的各种大部头著作,我自己还要到法兰西学院去听梅耶的比较语言学课。范围广,问题多,大家都认为是一张难度很大的证书。可是我自己想,我这次到法国来就是为了拿这一张证书。这一张证书拿不到岂不等于虚此一行?所以在最后这一年间,几乎把全部精力都放在考获这一张证书上面。有些书看了一遍又一遍,似乎还没有吃透,六月份那场考试始终不敢提出申请。暑假时还不断温习,直到十一月才决定去考,一次就通过了。主考人因为知道我是中国人,口试时还特别邀请著名汉学家卜罗克来提出了一些与汉语方言有关的问题,结果都被我答对了。

我在法国学习了这么几年,凡他们所开设的有关语音学的课程都已学完了,而且给了我一个国家文科硕士学位,外加一张语音学高等研究文凭。按理说,可以在那里一边教书,一边准备国家博士学位。可是据说,因为我是外国人,这些问题按当时规定很不好解决。"那是否可以在国外解决呢?"我随便向有关人员问了一句。"看来可以",他回答,"准备法国国家博士学位没有规定开设什么课程,也没有时间和空间的限制。论文写好后,定期举行答辩会就行了。但是答辩会一定要在本国举行"。我听了,那似乎不是什么迫切要解决的问题,且容以后再去解决好了。于是决定于那年冬季沿着来时的道路离法返国,在茫茫大海上度过了一个别开生面的新年,于翌年春初经过香港回到了广州。

四、初出茅庐,试图腾飞

广州是我的旧游地,中山大学是我多年的母校,一切虽然没有什么大改变,可是我从前熟悉的几位教授都已离校到南京或上海任职。好些相识的旧友恳切地把我留下来担任语言学、语音学和方言调查三门课。因为那是1933年度的下学期,先开语言学,语音学和方言调查两门留待下学年与语言学同时开出。我只好暂且答应了。

1934年度开始,我被委任兼文科研究所指导教授和《语言文学专刊》(季刊)主编。幸好在前半年间,我前三种讲义——语言学、语音学和方言调查方法都已基本上完成,只略加补充修改就可以拿去铅印。为了充实《语言文学专刊》的内容,我还把法国梅耶的《历史语言学中的比较方法》(*la méthode Comparative en linguistique historique*)译成汉文先后刊登于该刊第一卷第一期、第二期和第三、四期合刊。此外,为了便利于修习语音学和方言调查的同学学习辨音和标音起见还撰写了一本《国际音标用法说明》交商务印书馆出版。不久之后,我把语音学讲义改写成《语音学概论》一书交中华书局出版,也颇引起读者的注意。接着,如1934年在中山大学《文史学研究所月刊》第三卷第一期上发表的《音节论》一文也可以说是比较重要的。

1936年,南京管理中英庚款委员会招考留英学生,我被聘请为考选委员之一。趁大家集中在南京阅卷之便,和中央研究院历史语言研究所同人开会讨论如何分区进行全国汉语方言和少数民族语言的调查研究计划。我被推选为华南地区的负责人。南京历史语言研究所答应极力予以协助。我返中山大学后即开始着手做些准备工作,一方面尽量鼓吹应届毕业生用汉语方言和少数民族语言的材料写毕业论文,另一方面把我的方言调查的讲义改写成一种倡议书在《语言文学专刊》上发表,争取校外人士起来跟我们一起做这种工作,我们将尽量予以指导并提供所需要的调查表格。工作正待展开。不幸自"九一八"事变开始后,战争的威胁日益扩大,直到广州沦陷后,我们的一切计划都成了泡影。后来我到北京才知道当时辅仁大学有位教授叫贺登崧(W. A. Grootaers)的曾在《燕京学报》上发表过一篇关于语言地理学的论文,对我这一计划十分欣赏,但多年来没有看见我将所得结果撰文发表,非常悬念。我听了无限愧恧,深悔没有把事情做好。

广州失守后,我们历尽千辛万苦把学校辗转迁移到云南澂江县。稍事安顿后就想以西南联合大学为榜样在附近、少数民族地区做些小规模的调查研究工作。想不到事情刚刚理出个头绪,忽又奉命把学校再迁回粤北乐昌县坪石镇。我因特殊关系不能在贵州境内崎岖地带随校长时间忍受颠簸,只好遵医嘱乘火车到越南西贡堤岸知用中学友人处暂住,等到学校新校址布置妥当才打电报要我回去。一家大小决定乘海轮经香港绕道广州湾转入内地。刚到香港,当地巡警上船检查行李,把我的几包未及整理的调查原稿当做犯禁的密件强行没收,不容分说,我也只好徒呼嗬嗬了。

回到坪石,我又重温故业,恢复我的粉笔生涯,间或写些零碎的稿件,投寄重庆和昆明各地的报章杂志发表。适值有人在贵州贵阳开设文通书局,来信向我征稿。我当时的几本书稿都已交由商务印书馆和中华书局出版,身边只有一本《语言学概要》还待字闺中。我把它整理了一下准备寄去,并承文学院院长吴康慨兄写了一篇长序作为介绍,不久得书局复信决定出版,并且在报纸上登了广告。后来因为时局吃紧,书局倒闭,我那本书稿就犹如石沉大海,杳无音息了。

1944年是我在中山大学连续任教满十年纪念。按规定,可以申请休假进修一年。我申请到广西去调查少数民族语言。经批准后,就单枪匹马拿着学校的介绍信到桂林峤岭师范学校去报到。首先去会见该校校长将来意说明。他极表欢迎。据说,该校学生都是派人到各少数民族地区经过筛选录取的,在校里就可以找到全省各少数民族语言的标准发音人。他还帮助我制定了一个全面的调查计划,按日派定有关同学利用课余时间到我住宿的房间里让我按照预先制定的调查表格进行调查。工作进行得非常顺利。

有一天,忽然接到由坪石我的家里发来的急电,说时局紧张,要我立即返家商议办法,我不知就里,大吃一惊,撂下带来的行李,只拿一个手提包赶回坪石,只见全校的人乱如热锅上的蚂蚁,东奔西窜。有的要随校搬到江东梅县一带,有的奔赴附近乡间暂且躲避一下,我一家决定跟农学院全体师生取道湖南逃到连县三江,临时雇不到人挑东西,随手拿一些轻软的包裹就牵男带女上道蹩行。到目的地后,幸得当地乡绅赞助,成立了一个临时分教处,总算马马虎虎上了多半年的课,直到抗战胜利后分批复员广州。我全家剩下的就只有一肩行李和两袖清风了。

五、重整旗鼓

对日抗战胜利,是我国全国上下着手医治战祸创伤,努力重整家园的时候。许多战时迁入内地暂避的院校,也相继迁回原址筹备复课。中山大学也逐渐由东江各地和连县三江迁回广州石牌,气象为之一新,人员也略有改变。例如王力,原是北京清华大学教授,战时在昆明西南联合大学任教,战事结束时回到广州,应中山大学之聘担任文学院院长。他和我都曾留学法国,对语言学研究有浓厚兴趣。我们又都是南方人,深知华南地区到处蕴藏着极其丰富的语言资源,但大都没有开发。倘若在此开辟一个基地,培养一些人才专门做这种工作,岂不是很有意义的一桩事儿?经几次磋商后,1946年我们决定设立一个语言学系,从一开始就授以一些语言学的基本知识和技巧,以后逐步向今古汉语和若干外语深入。教材是我们老早就准备好了的,既有理论,又有实践。连办了几届,人数虽然比较少,但历届毕业生成绩都比较优秀。解放后最后几届的遵从当时中央指令全数送到北京,经过短期训练后按需分配给各单位,也都能各尽其职。未毕业的学生,参军的参军,其余遵从政府的命令从业的暂时去从业,剩下来的虽然为数不多,但是大家还是尽力继续教学,毫不怠慢。1951年秋,除个别老弱者以外,全系师生随中央少数民族访问团到广东省北江和海南岛访问瑶族和黎、苗族同胞,担任调查语言工作,成绩卓著。1952年院系调整时,语言学系恢复招收新生,其中有不少高才生成绩很好。1954年全系调到北京,与北京大学中文系合并,改称语言学专业,多能保存以前的优良传统,努力学习。

1956年继汉语规范化,推广普通话和全国少数民族语言调查研究大会之后,我们在各综合大学的文科参照苏联新制定的教学大纲先后开设了"语言学概论"、"语音学"、"语法理论"、"语言学史"和"普通语言学"等纯粹语言学课程。大致说来,"语言学概论"是一门入门的课程,着重讲述语言、语言学的本质、起源和发展,及各部门的基本概念和组合原理。"语音学"讲各种语言的语音材料。"语法理论"讲语言的语法构造,包括形态学和句法学两部分。词汇学讲语言的词汇、语义和词源等等,因内容复杂,暂付阙如。此外,"语言学史"讲各国研究语言学的历史,"普通语言学"因为语音学、语法学和语汇学等都已各自独立出去,则结合各学派的不同观点专门讲述语言学的本质、起源、发展和研究语言的方法以及世界上各种语言的分类等等。苏联的这几份教学大纲都是经过对无产阶级文化派和马尔语言学新学说的大讨论后拟订出来的,我们不能说有什么大错误,但是内容包罗万象,十分复杂,其难度之大是可以想见的。我自1954年从广州中山大学调到北京大学中文系就开始担任"普通语言学"和"语言学史"这两门课。其实,我自

1934年返国后,由于第二次世界大战战火纷飞,与欧洲语言学界的关系几已完全断绝,对各学派的情况和主张都知道得不多。所以在备课时虽已费了九牛二虎之力,几经补充修改,写成《普通语言学》和《语言学史概要》二书交由北京科学出版社出版,且曾一再得到苏联《语言学问题》杂志介绍赞扬,其实有好些地方我自己还是很不满意的。其后到了十年动乱时期,这一类书更已被打入犯禁之列,我除了在晚间更深人静之际偶然偷偷摸摸做些修补的工作以外,更没有心思和闲暇去大加修改了。

  1978年在党的十一届三中全会之后,形势有了很大的改变。当时的教育部曾一再通告,全国高等学校,无论是综合大学、民族学院或外语学院,凡有语言课程的,都必须开设"语言学概论"和其他有关语言学的课程。好些已停版多年的语言学杂志都已复版并且增加了不少新的。有些高等院校近年来招收了好些硕士研究生并准备招收博士研究生。这些都是此前所没有的。语言学是促进各种科学发展的重要学科。我国有悠久的历史,丰富多彩的语言资料,前途是不可限量的。我从事语言学研究半个多世纪,用力不可谓不勤,但都因国事多舛,随得随失。但愿今后长治久安,俾能以余热补救过去所失,并竭尽全力为我国的四化工作作出自己所能做的贡献,那就是我的衷心祝望了。

学习·工作·体会*

吕叔湘讲述　奚博先整理

我的经验很不典型,因为虽然我现在的工作是在汉语研究方面,但是我学的是外语。学外语跟研究汉语是隔了行了。所以今天来谈治学经验,不一定有多大参考价值。

我想分三部分来谈:(1)学生时代,(2)工作经历,(3)几点体会。

一

我是"五四"时代念的中学,周有光先生跟我是中学里的老同学。① 我们念的中学在常州,是江苏省立第五中学(现在是江苏常州中学)。那个时候,这所学校很有名,实际上呢,放任得很,跟现在的学校不一样。大概和当时所有的学校差不多,学生比较重视的课只是国、英、算三门(国文、英文、数学),别的就都很马虎。其实在这三门课里,国文老师也抓得不那么紧。他选些文章在课堂

---

* 这是吕叔湘先生在北京市语言学会 1984 年 6 月 23 日召开的治学经验座谈会上讲的治学经验。奚博先根据录音整理,经本人审阅。

① 周有光先生是那天座谈会上第二个介绍经验的。

上讲一讲,学生有什么问题,他就不大管了,我们也不大提问。我遇到的两位数学老师也是很马虎的。除了国文课的作文得交给老师批改之外,所有各科的作业,你交给老师,老师就看,你不交呢,他也就算了,很自由。只有英文,四年里教过我的三四个老师,一般都比较认真,念过的东西,有些要求背。中学的学习情况,可以说的也就是这些。

进了大学,有一个情况值得谈一谈。我上的那所大学在南京,叫东南大学。① 这所大学有工科、农科、商科(商科设在上海,不在南京),主要的部分是文理科。② 文理科第一年不分系,更不分什么专业,你就是文理科的学生。尽管一年以后分系,但实际上系外的课程还是念了不少。

我们这所大学,是国立学校中间最早实行学分制的。160个学分毕业,一共八个学期,每学期20个学分。学什么课程,不作硬性规定,学生有自由选择的余地,不过所选的课程要符合某些条件,并且要系主任签字同意。

根据我的记忆,是把文理科的课程分为五个组:中文、外文一个组,历史、地理一个组,哲学、政治、经济一个组,数学、物理、化学一个组,生物、心理、教育一个组。这五个组的课至少要各选读六个学分,可以分在四年里选修,一般都尽早在头两年里修完。这样,即使你学的是中文或外文,你也得念点历史、地理,还得念点数学、物理、化学,念点生物、心理、教育,念点哲学、政治、经济。这是

---

① 全称是国立东南大学,是由南京高等师范学校改组而成。名称改过几次,按次序是国立东南大学,第四中山大学,江苏大学,中央大学。解放后,它的文学院理学院和金陵大学的文学院理学院合并称南京大学。

② 工科、农科、商科、文理科的"科",相当于后来的"学院"。

规定的,不管你喜欢不喜欢。也不管你进哪个系,你都得学一点其他方面的课程。一般地说,念一门课是三个学分,一组的课程要得到六个学分,那就最少要学两门。第二年开始分系,你决定进哪个系,那个系的课程就得念40个学分。还要求有个副系,副系的课要念20个学分。此外的七八十个学分念什么,那就很自由了,学校里不来干预。所以我虽然主要念外文,其他方面的课我也都念了不少。

我们那个时候,许多课程,哪怕主要是给外系学生开的,也都是由鼎鼎大名的教授来讲的。例如给我们讲化学的是王季梁(王琎),讲文化史的是柳翼谋(柳诒徵),讲地学通论的是竺可桢,讲生物学的是陈桢,讲心理学的是陆志韦。

尽管这些课程,我们是外系,不和本系的学生在一起上课,可是学校里还是很重视、很认真的,并没有随便派个助教来敷衍。例如化学念三个学分,要上两节讲课,一节辅导课,还要做实验。上课听讲是一个70人左右的大班,辅导的时候分成三个20多人的小班。就连辅导课也是大教授承担。王先生自己辅导一班,张志高教授辅导一班,孙洪棻教授辅导一班,三个人都是在化学界很有名的。

我们学文的学一点地学,竺可桢先生也不是随便讲讲就算的,他要带我们出去实地考察。我记得有一天一个大早,他就带我们从成贤街(学校所在地)步行到燕子矶,又顺着江边走到下关,然后回来,走了一整天。一路上,竺先生到处指点,讲解岩石、地层,等等。

有一件表现竺先生认真、严格的事给我的印象很深。选修地学通论的,我们这个班有30多个同学。考试的时候,竺先生把教室里的课桌摆成梅花形,每个学生的前后左右都是空的,无从交头接耳。尽管那个时候考试作弊的事情很少,竺先生也是严加防范的。

由于大学里是这样学习的,我就什么都知道一点,变成一个杂家。后来在搞语言文字的同行面前,讲到数理化,讲到生物、心理、地学,我就比他们多知道一点。杂家有杂家的利弊。有可能什么都知道一点,什么都不深入,"门门精通,门门稀松"。但是有点杂家底子,在专门研究某一门的时候,眼界就比较开阔,思想就比较活跃,不为无益。比如搞翻译,尽管译的是文学作品,里边也难免会冒出有关物理、化学、心理、生物等等的事情。要是你有这些方面的常识,问题就比较容易解决。

二

大学毕业之后,我在中学里教了九年半英语。

我在大学里念外文的时候没有认真学过一个英语教员必须学会的一套本领。那个时候,我们那所大学里有两个外文系,一个叫英语系,一个叫西洋文学系。为什么会产生这个"双包案"的呢?这跟人事有关系。当时主持英语系的是张士一教授。张老是研究教学法的,他到处鼓吹直接教学法,在系里也强调基本训练,重视语音、语法、会话。对于念文学作品,他不怎么强调。后来学校里来了两位留学哈佛大学的教授,一位是吴雨僧(吴宓),一位是梅迪生(梅光迪)。① 他们认为张士一搞的那一套只讲实用,不讲文化,

---

① 吴宓、梅光迪,学衡派代表人物。他们标榜反对胡适,以人文主义反对实用主义。

不讲思想。他们不愿意参加英语系,要自己另搞一个系。那时候是自由主义,只要校长同意,一个系就搞起来了,不像现在,搞个系那么难。我在大学里念的就是他们搞起来的西洋文学系,念英国文学,念欧洲文学,包括翻译成了英语的希腊文学、罗马文学。什么语音啊,语法呀,会话呀,我上学的时候是不去多管的。这叫做好高骛远。这跟当时的时代潮流有关,我们是"五四"时代的青少年,很受新文化运动的影响,有点"志大才疏"。

这样学,出去教英语可就吃苦头了。"老师!这个字你刚才念的跟字典不一样啊!"坏了,自己念了个白字!"老师!这个成语是什么意思啊?""老师!这个句子怎么分析啊?"哎呀,一时答不上来。怎么办呢?只好补课,补语音,补语法,特别是多翻词典,再不敢"不求甚解"了。我教英语,起码是在三年之后才基本上过关的。

我和汉语语法第一次发生关系,说起来很可笑。我大学毕业之后,头一年是在我们家乡丹阳县中教书。那个中学是在我毕业的前一年刚刚办起来,我进去的时候才招第二届学生,全校一共两个班。校长是北京师范大学毕业的,也是学英语的。两个人教两个班英语。他是校长,教一个班就可以了,我这个普通教员,教一个班钟点就不够。校长说:"这样吧,你再教一个班的国文文法。"我说:"国文文法我不会教啊!""你找本书看看嘛",他说,"不是有本书叫《马氏文通》吗?"其实他也只是听说有这么一本书,并没有看过。我没有办法,就莫名其妙的教起"国文文法"来。明天要讲,今天看一看;今天看懂多少,明天就讲多少。这是我跟汉语语法第一次发生关系。《马氏文通》本身就不大好懂,很烦琐,内部矛盾很多。所以一年下来,我对《马氏文通》还是稀里糊涂的。学生听我的课到底懂多少,我很怀疑。不过那时候的学生好说话,反正国文课只考作文。当然在这一年里,《马氏文通》里的名词术语跟我经常见面,我也多少知道了点皮毛,但是以后有好些年没有再接触这个方面的东西。

后来我到苏州中学教英语。这所学校,老底子叫紫阳书院,它有不少书,其中有许多是木板书。苏州中学的前后几任校长都比较开通,学校里每年总拨出相当一部分钱来购置图书。在这些书里,我就看到叶斯柏森(Jespersen)的《语法哲学》,后来又看到他的 *Essentials of English Grammar*,现在是译成《语法精义》还是什么别的,不大清楚。这些书在解放后是翻印过的,但是我在那个时候就在这所中学里看到了这些书的原文版。苏州中学当时用的英语语法教材是 D. Lattimore 的《英文典大全》。那本教材完全是实用性的,讲的是传统语法,有图解(跟黎锦熙的语法图解类似而不完全相同),但是不讲多少学理。我在那时看到叶斯柏森这些书,大开眼界。我曾经把 *Essentials of English Grammar* 翻译出来交给正中书局,不久我就到外国去了,回国以后有人告诉我曾在上海看见译本,我问重庆的正中书局,他们说不清是否出版,因为如果出版也在日本侵占上海前不久,市面上没怎么流通。

我到国外去了两年。我没有去学英语,也没有去学文学,而是去学图书馆管理。我考的是江苏省的公费。到国外去学什么呢?考取以后我到教育厅请示。教育厅的人说:"你可以自己考虑,不过我们有一个意思你可以放在一起考虑。江苏省有三个省立图书馆,你可以考虑学图书馆管理,回来帮我们把几个省立图书馆改进改进。"我进大学的时候,正值"五四"运动高潮。那时候讲思想、讲文化,所以我就学了西洋文学。经过将近十年的中学教员生活,思想也有些改变,觉得应该多做点切合实际的工作。图书馆工作是很实际的,是推动文化教育的一个重要环节。所以就去学图书馆管理。只是在闲空的时候也找些有关语法的书来看,例如 Poutsma 的英语语法,Kruizinga 的英语语法。Brunot 的《思想和语言》也是这个时候看的。

1938 年我回国,已经是抗战时期,江苏已在敌人手里,自然没有可能到江苏去搞图书馆管理。我先到了湖南,不久就到了云南,在云南大学任教。当时的校长是数学家熊庆来。我在那儿仍然是教英语。就在那时候,有这么一个插曲,跟我后来研究汉语语法有关。

当时因为昆明老是有日本飞机要来轰炸的警报,所以把家搬到乡下去了,我一个人住在城里,跟我同住一屋的是施蛰存先生。他认识沈从文先生,从文先生那时候参加《今日评论》的编辑工作,他老向蛰存先生要稿子,蛰存先生就找到我了。他说:"你是不是也帮我写点东西去敷衍一下?"我说:"我没有东西可写呀!"恰好在那个时候,朱佩弦(自清)先生在《今日评论》上发表了一篇文章,题目叫做《新的语言》,里边讲到一个句子总要有主词有谓语才成。我跟蛰存先生在晚饭后闲聊的时候说起这篇文章,我说:"朱先生的这个话不全面,中国话里有很多没有主语的句子。"所以当我说"没东西可写"的时候,他就给我出题目说:"你就写这个!"我说:"我不写,我何必跟朱先生过不去呢?"他可是非要我写不可。平常,星期天我们总是两个人一起上街,逛逛书店,吃点小吃。此后又到了星期天,他说:"你今天不能跟我一起出去,你得在家里写文章。"我没有办法,只好写了,题目就叫做《中国话里的主词及其它》,登在《今日评论》第一卷十二期上。这是我第一篇谈语言文字的文章。我是通过这篇文章才和朱先生认识的。这是 1939 年的事情。

1939年的暑假之后,系里排课,就给我安上了一门"中国文法"课。一星期两小时,一个学期共讲三十几个小时,倒也容易交卷,所以我也就教开了。一边讲一边准备,写了一个讲稿,这就是后来《中国文法要略》的初稿之初稿。

1940年夏天我搬家到成都,在华西协合大学的中国文化研究所当研究员,两年之后转到金陵大学的中国文化研究所,从此,我就算和语法结上了不解之缘。这些研究所的条件是很好的,一年交那么两篇论文就完成任务,剩下的时间由自己支配,只要你人在办公室,随便你干什么,没有人来干涉。我真正念书,是在这个时期,主要是从四〇年到四五年,有那么五六年工夫。那是真的没有任何干扰,就是念书。当然有时候写点稿子,《中国文法要略》就是那个时候写成的。

日本投降以后,1946年,我从四川回到南京,继续在金陵大学中国文化研究所工作,同时在中央大学兼课。那时候通货膨胀已经相当厉害,靠学校里给的那点薪水养活一家子是很困难的了。为了维持生活,我就得兼课,写文章,看书的时间就越来越少了。从此,我就再也找不到那样从容不迫的坐下来看书的条件了。

解放以后我在清华大学教课,先是忙于政治学习,后来又忙于写《语法修辞讲话》,1952年调到语言研究所,又管上行政,看书的时间就很少了。常常是临时为要解决一个什么问题去找一些书来翻看,不是很自由的、很从容的读书。

从我的工作经历来看,我有两次改行。从教外语到研究汉语,这是第一次大改行。第二次改行是在解放之后。我原先的研究方向主要是历史语法,基本上是一种考证之学,理论的味道不多。到语言研究所之后,一方面要管行政,一方面参加现代汉语研究组的工作,就少不了要搞点语言理论。50年代,搞理论的呼声甚高。如果你只是研究一个词的用法,一个句子格式的用法,怎么样就对,怎么样就不对,在那个时候,这样的研究被认为是低级的,必须"提到理论的高度"才像样儿。这对我是一个很大的威胁,因为我见了那种玄之又玄的理论,比如语言有没有阶级性之类,实在有点害怕。

这可能跟我上大学的时候学哲学的经过有关。教我们哲学概论的是汤锡予先生,就是后来曾经担任北京大学校长的汤用彤先生,他讲哲学概论用的是德国哲学家泡尔森的书(英文译本),这本书讲身心二元论,很枯燥。再加上汤先生讲课有一个特点:从开讲到下课,他的声音总是不高不低,不快不慢。老是那样,听的人就不知不觉的打起盹儿来了。汤先生的讲课特点加上枯燥的教材,结果是使我见了"哲学"以及一切类似"哲学"的东西都敬而远之。

做行政工作,研究现代汉语,原先搞的那些东西就只好搁到一边。40年代我打算写一本《近代汉语语法史》,或者叫《近代汉语历史语法》,搜集了一些材料,写了一小部分初稿,解放后这30多年,一直放在箱子里。前年我把语言研究所所长的职务交了出去,去年我把那写好的初稿让江蓝生同志帮我一块儿整理了一下,写成了一本《近代汉语指代词》,送到一家出版社去,现在还没印出来。至于那些还没写成初稿的材料,我已经没有勇气去处理。这种工作多少有点像画工笔花鸟,我现在只能学着画点齐白石式的小鸡或金鱼了。

三

现在来总结一下经验,谈点体会。第一,我前面说过,我的经验不典型。为什么这么说呢?因为我不是中国语言文字的科班出身。我研究语法,从某个意义上讲是逼上梁山:出于偶然,写了一篇关于语法的文章,然后学校里就要我开语法这门课,后来就有地方让我去当研究员来研究这个东西;原来我研究近代汉语,后来研究现代汉语,原来以考证为主,后来又要搞点语言理论。这些过程都有点逼上梁山的味道。

逼上梁山又怎么样呢?得补课。你不懂梁山泊的规矩,就得从头学起。我在1940年以前接触中国古书不多。1940以后那几年,经史子集,诗词曲,乱翻一气,以数量而论是很可观的。

再举一个逼上梁山的例子。1961年,朱德熙先生发表《说"的"》。不久,南京大学有位叫黄景欣的青年学者针对朱先生的论文写了一篇文章叫做《读〈说"的"〉并论现代汉语语法研究的几个方法论问题》。语言研究所的一些同志觉得这些问题很复杂,不好懂,要我把它讲讲清楚。我没有办法,只好自己下工夫去钻一钻了。钻的结果是写成了一篇叫做《关于"语言单位的同一性"等等》的文章。写这篇文章的过程,我到现在还有很深的印象,那是很苦的。什么"对立"啊,"互补"啊,这类东西从前我是似懂非懂的,现在可就得闹个一清二楚了。

所以说,逼上梁山的结果,就是要补课。这就叫做压力产生动力。我是不断受到压力,不断在补课。我听说现在有些大学生,他准备考大学的时候很用功,考上之后就不用功了。因为毕业之后总会分配给他一个工作,而且无论到了什么单位,不管他卖力气不卖力气,反正不会为难他,所以他就不用功了。这叫做没有压力也就没有动力。现在讲改革,其中有责任制一说。责任制就是要加点压力的意思。你身上有了压力,就会产生动力,就会使你动起来,动起来就好了。

尽管我是在不断地补课,现在还是深感缺少的东西很多。中国的传统语言学,我只是遇到问题的时候现抓,现翻书,解决一下,没有很系统地从头到尾学过一遍。到现在,我认为在这方面我还是很差劲的。外国的语言理论,英文书我是能看的,解放以后自学俄语,能靠词典看点语言学方面的书,多时不用也丢生了。"文化大革命"前,我多少能跟上国外的语言学进展,经过十年动乱,新书新刊看不到,也没有看书的心情,显然跟不上了。无论如何我总还算是在不断补课吧。从某种意义上说,对于任何人,补课都是很重要的。即使不改行,也要常常补课,因为科学在前进,事业在前进。谁要是认为他的学问大,不需要补课,渐渐地就会寸步难行了。

第二,讲到补课,也还有一个先决条件,那就是,得有点基本功。这所谓基本功其实也很简单。首先就是不管什么时代的、什么门类的中国书,除了少数特别困难的,一般能拿到就看下去,遇到不懂的地方,知道上哪儿去查考。我从中学时代起就喜欢乱看书,什么书都要看一看。后来进了大学,我们那个大学当时学生少,不到一千人,一年级学生都能进书库,对于我们这些喜欢翻书的真是太好了。那时候,学校藏书不算太多,一两年工夫,那点家底就让我们摸透了。当然不会一概从头看到尾,多数只是随便翻翻,知道它是个什么东西,在脑子里留下那么一个印象就是了。这也算是一种杂家作风吧?

这样做有好处。我编过一本《笔记文选读》，给那么八九十篇笔记文加注。这些注解，有的不费事，有的就很费事。例如，文章里提到一个人，是个什么样的人；提到一样东西，是个什么样的东西，就得查。有时候还真是不好查呢！我居然把《笔记文选读》里该注的地方都注了出来，是得力于看杂书的习惯。因为看杂书，所以许多东西多少懂得一些，知道到哪儿去查。这里边有个别条目很难注，有时候耗费整整一天才注出那么几十个字来。当然，古书比我熟的人，可以少花一点时间，但是古书比我更不熟的人，很可能耗费一天也没把那一条注出来。这是很考人的啊！

我常常想，无论是教书还是做研究，咱们应当专一门，这是没有问题的。可是不能画地为牢，一步都不肯迈出去。比如说，研究语法，就完全不管语音，不管语义；研究现代汉语，就完全不管古代汉语；研究汉语，就完全不管别的语言，能行吗？显然是不行的。可是现在确有这种倾向。我常常嘱咐青年同志，不要把自己孤立起来，一定要照顾前后左右。

讲到基本功，也应该包括外文。研究汉语也用得上外文吗？用得上，很有用处。第一，关于语言学理论和方法，要参考外文资料。翻译过来的很少，也不能保证没有译错的地方。其次，外国学者，其中包括华裔，他们研究汉语的文章是用外文写的。我的英文除了个别困难地方，一般都能对付。不甚了然的地方，也有法子去查明。法文、德文，我在大学里都学过，法文书报现在还能对付看，德文丢了。后来我又自学过一阵子俄文。

第三，根据我个人的经验，做学问的人应该具备五个条件。第一是理路要清，也就是思维要合逻辑。从前人常常提到悟性，悟性跟逻辑思维不是一回事，但是有关系。我这个人还算是有点数学头脑,能做点逻辑分析。做学问,脑子得有条理,这很重要。有的同志书念得很多,但是什么东西在他脑子里都搅成一团,没有条理,这样是不能做学问的。

第二是记性。从前中国学者很强调记性,博闻强记,念过的四书五经之类能背,这样的人很多。现在记性好的人当然也不少。例如钱钟书先生,那是很难得的好记性,几十年前看过的东西,他还记得。一本外国书,哪一年在什么地方出版,第二版是哪一年,里面有什么改动,他都能说出来。有一位波兰学者叫赫迈莱夫斯基,50年代到中国来过好几次,他告诉我,波兰的著名语言学家库里罗维奇认为做学问记忆力最重要,他说,人没有好记性,什么都是空谈。当然我们不必强调到这种程度,记性不好是可以补救的。勤快一点,多复习,多做笔记等等,就是补救的办法。但是记忆力是可以锻炼的,做学问的人总得有个不太坏的记性,如果连一个起码的记性都没有,那就很难做学问了。

第三是眼明。所谓眼明,是指善于发现问题,善于抓住有关的材料。很多人眼睛不亮,问题从他眼前溜过去,材料从他眼前溜过去,他视而不见。我常常遇到一些打算做点研究工作的人问我:"吕先生,你看有什么问题可以研究?"我就很难回答。问题到处有,要你自己去发现。老是伸手跟别人要问题,那怎么行?自己不会发现问题,这恐怕跟我们的学校教学不得法有关。我们的许多学校,从小学、中学到大学,都是给自行车胎打气似的,gù,gù,gù,一个劲地往学生头脑里灌。老师不训练学生自己找问题,学生没有自己发现问题的习惯,也就是眼睛不亮。眼睛不亮,不能发现问题,还怎么做学问?

第四是手勤。记性好的人往往手不勤。"唏!这个,我记住了!"赶到有一天要用这个材料,想来想去想不起来在哪里,找来找去找不着。多误事!所以手勤是很重要的。如果发现一个好例句,或者想到一个意思,一种看法,最好立刻记下来。如果因为有客人在座,没能记下来,那么等客人走了,就要赶快把它写下来。写下来放好,那就跑不了了。

第五是心细,包括耐烦。对于有些比较麻烦的事情,有的同志总是不耐烦。不讲别的,就讲看校样吧。你的文章,可能有错字、有落字,需要改正;也可能有不妥当的语句,看校样的时候可以做点修改。有人不耐烦,就像看报纸那样看校样,看过就送回去。等印出来,发现有错也没法子改了。这是我的经验之谈,因为我的书,我的文章就常常有遗留下来的错误。可我不算是差的,比我差的还大有人在。至于有的人写文章,写完都懒得复看一遍,那就更加不足为训了。

心细,还包括把字写清楚。我说这个,是因为在这方面有人太不讲究。我经常收到一些连名字都写得认不出来的信件,弄得我连回信都没法子寄。

以上说的,有用无用,谨供参考。浪费各位的宝贵时间,请多多原谅。

我的学、教与研究工作生涯*

陆宗达讲述　王宁整理

我的祖籍是浙江省慈溪县,但从我祖父那代起,便世居北京。1905年,我就出生在当时的皇城北京。

1905年是光绪三十一年,那是一个封建王朝已近崩溃,旧中国走上半封建半殖民地的时代。在这个古怪的时代,新与旧交替,新与旧斗争,新与旧又并存。我小时候受的就是那种说新不旧、半新半旧的教育。我六岁时,伯父的干亲杨家成立学馆,请老师教他的养子读书,我便去附学。老师姓王,上午教三本小书(《三字经》、《百家姓》、《千字文》)、四部大书(《大学》、《中庸》、《论语》、《孟子》),下午讲报,用当时宣传革新的《启蒙画报》作教材,主要讲每日时事。所以那时我脑子里是子曰诗云、武训办学、辛亥革命兼而有之的。当时的革新并不彻底反封建,这些东西在我脑子里还都能和平共处。我的启蒙老师是个很忠于职守又讲究文人气节的人,对我的童年有很深的影响。到我九岁时,杨家辞退了老师,我也就离开了学馆。

1914年,我投考当时的新学校师大附小,考的是二年级,学校

---

* 陆宗达先生口述,王宁笔录整理。

特准我上三年级。那时初小四年、高小两年,我读到五年级,便在一位张老师的支持下,提前一年考入了四中。四中最早叫顺天中学,我去的时候已改称国立四中,招住校生,开德文课。主课有国文、数学,第三年还开设了物理、化学、生物。难得的是当时已开设了体育课,练棍棒和打篮球,吸引了我们这些好动的青少年。在四中,我接受了民主思想的影响。入学的第二年,发生了"五四"运动,我参加了街头宣传,在护国寺演讲的时候曾被捕过,关到当时的北大三院,但当局并没重视我们这帮"不更事的娃娃",不久就把我们放出来了。从此,政府加强了思想控制,而我们也增强了思想抵制,新思想的潮流涌进学校,封建意识再也束缚不住学生了。

我在中学学习时,最爱好的是数学,很多老师解不出的难题,我都能解出来,所以,中学毕业后,我很想报考数学系,可是因为我学的是德文,而当时只有学英语才能考理学院,于是,我便在1922年考上北京大学国文系预科,不久升入本科。北大的课分三个专业:文学专业、语言专业和文献专业,我选的课以语言专业为主。有钱玄同先生的音韵学、马裕藻先生的古韵学、沈兼士先生的文字学等;同时也选了一部分文学课。印象最深的有两门:一是刘毓盘先生的词学,分词律、词选和专家词三部分,还要求选课的人每两周交一篇自填的词。刘先生对我的词很赏识,1927年,我去了东北,听说刘先生还问起我:"陆宗达怎么好久不见,他填的词我一读就认得出来!"另一门是黄节先生的汉魏六朝诗。"九一八"事变前夕,黄先生赠了我一副对子:

海棠如醉　又是黄昏　更能消几番风雨

辽鹤归来　都无人管　最可惜一片江山

颖民弟属书楹帖集宋人词句　甲戌中秋前十日黄节书于北平

黄先生的课，他的字，以及他的忧国之心，当时都使我十分钦佩。

1926年，我通过吴检斋先生认识了黄侃（季刚）先生，为他的学问和治学方法所倾倒，当即去他家拜师。从此，我的生活和学习便发生了很大的变化。我入北大后，受同宿舍同学胡廷芳（曲园）、王兰生的影响，秘密参加了共产党，当时党内执行的是瞿秋白同志的路线，我也经过很多飞行集会的考验。党内跟我单线联系的是当时北大党总支书记彭树群，他是一个大无畏的共产主义战士。1927年10月，他被捕后在天桥被杀害了。他一死，我的关系就断了，反动政府又不断追捕共产党员，于是，季刚先生便提议要我跟他一起去东北。1927年冬天起，我便亲随季刚先生到了沈阳。1928年，季刚先生到了南京，我随后也去了，和季刚先生的侄子黄焯一同住在教习房。在此期间我路过上海，两次亲见章太炎先生，得到他的指导。在南京，我跟季刚先生学习以《说文解字》为中心的文字音韵训诂学，深深体会了治学之苦。我在东北，就跟着季刚先生作了整半年的《集韵》表，夜以继日地伏案填格子，一百来天过了音韵关。这时，季刚先生开始要我治《说文》。他的办法很独到：首先要连点三部段注，他对我说："一不要求全点对，二不要求都读懂，三不要求全记住。"头一部规定两个月时间，点完了，他看也不看，也不回答问题，搁在一边，让我再买一部来点。这样三遍下来，有些开始不懂的问题自然而然懂了。之后，我又开始看大徐本白文《说文解字》。季刚先生教我的方法是利用全书进行形音义的综合系联，就是把书里有关一个字的散见在各处的形音义材料都集中在这个字的头儿上。这种系联工作工程相当大，需要高度集中注意力，还需要对《说文》十分熟。不过，这项工作做下来，我对《说文解字》的理解似乎发生了质变，几十年来，我解决古代文献的许多疑难问题,总离不了用《说文》作桥梁。在南京的一段时间,我随季刚先生学习经史子集,同时在诗词歌赋上也受到他很多熏陶。季刚先生是一个性格浪漫的人,但在读书上却是一个难得的苦行家。每天白天,他让我陪着他遍览南京的名胜古迹,午晚饭时边吃边论学,晚上燃灯畅谈,夜阑方休,之后我回教习房去休息,第二天一早我回到他那儿,他的桌上已经有了几卷书,全都密密麻麻批点过了。他督促我们读书也很严格,《说文》之外,让我点《文选》、十三经和诸子,限期极短,记得有一次让我点《盐铁论》,只给了我两天的时间。他必得等我点完了,才拿出自己校注过的书来,让我过录。他一定要我读过了书,并且有了自己的看法后才谈他的看法,时机不成熟时,你问他,他也不开口。我常说,如果自己在学术上还有些造诣的话,多为季刚先生所赐;如果自己在后来的教学中也还有些方法的话,就更是得季刚先生的身教了。

1928年秋天,因为通知我回北京的电报转递耽延,我无法赶到北京去参加北大国文系的毕业考试,满以为拿不到毕业文凭了。不料到了九月,北大忽然贴出一张布告,说是凡本届毕业生,不再考试,一律发给毕业证书。于是,我便于当年正式毕业。不久,北大国文系主任马裕藻先生聘请我到北大任教,教预科的国文课,1930年,我还兼任了国学门研究所的编辑。当编辑期间,我做了两件事:一件是接替戴明扬编写《一切经音义》的索引,另一是整理王念孙的《韵谱》与《合韵谱》遗稿。这部遗稿是罗振玉刻《高邮王氏遗书》未采用的,被北大买到。我发现,王氏在《合韵谱》中分古韵为22部,将"东"、"冬"分立,对他自己的古韵学又有发展。于是我在罗常培(莘田)先生的支持下,承担了整理任务。1932年,我写了《王石臞先生的韵谱合韵谱后跋》。1935年,又写了《王石臞先生韵谱合韵谱稿后记》,现在,王念孙古韵学晚年分 22 部的结论,已被语言界接受。这部书,莘田先生要印出,因为抗日战争爆发,便搁下了,至今整理稿还留在北大图书馆善本室。

1931 年,大学取消预科,我仍在北大本科开课,除自己开设训诂学外,还跟罗庸先生讲汉魏六朝诗。1932 年,上海十九路军抗战,季刚先生在这年阴历除夕到了北京。他一来,吴检斋先生就请他在中国大学讲课。同时,我给他组织了兴艺社,每周讲一次《易经》,坚持了半年。阴历五月,季刚先生始回南京。从 1931 年起,我先后被聘请为辅仁大学、冯庸大学("九一八"后冯庸大学遣往关内)、中国大学、女子文理学院以及民国大学的讲师和教授。但我在北大任教九年,为时最长,职称却永远是助教。

1937 年,抗日战争爆发了,北大南下,马裕藻、沈兼士都没有走,我也留在北京。我受太炎先生、季刚先生强烈的爱国思想影响,和许多共产党人抗战到底思想的教育,坚决不愿在日本人接管的学校教书,便只在进步势力很强的中国大学和德国天主教办的辅仁大学任教。吴检斋先生去世后,我把他在中国大学担任的课(除"三礼"外)都接过来,每周 12 节课。当时在中国大学任教的还有郭绍虞、张弓、俞平伯等教授。

中国大学因为由吴检斋先生主持工作,所以进步势力很强。我在原有的思想基础上,很快和地下党的许多同志建立了深厚的友谊。我的老师吴检斋、同事齐燕铭、辅仁大学学生周奎正以及城工部的魏焉同志等,都对我有过重要的思想影响。1946 年后,国民党反动派加紧镇压进步势力,为了抵制特务对学校的控制,地下党组织让我出任中国大学训导长;但是到了这年暑假,国民党市党部和三青团对我怀疑起来,终于免了我的职。这期间我的几个儿女都参加了共产党,有的跑到了解放区,我的家也成了北京地下党联络的地方。在这种尖锐斗争的环境中,我仍坚持治学,除了担任课外,还写成了《音韵学概论》的讲义。1947年起,我便在北京师范大学专任教授。1948年北京解放前夕,我在地下党崔月犁同志的筹划下,准备到石家庄去参加迎接解放的华北人民代表大会,我知道同时去的还有吴晗同志。但走到半路,一个中国大学的特务认出了我,结果,一再绕道,也未能通过,只好回到了北平。这时,解放的炮声隆隆,新中国由此诞生了。

解放后,经过院系调整,我仍在北京师范大学任教。那时,文字学、音韵学、训诂学都已经取消,我未能发挥自己的专长,只能教现代汉语。50年代,和俞敏一起研究北京口语,写了《现代汉语语法》。俞敏是我留在语言学界最老的学生,在北京口语的研究上很有独到见解,那本书,也主要是他写的。我一直想在新中国发挥自己的专长,但那些年,除了1960年初吴晗同志的邀请,担任了他主编的语文小丛书的编委,并写了《训诂浅谈》这部小书外,关于传统语言文字学,几乎没有做些什么。

50年代我带过两届研究生,专业都是现代汉语,直到1956年,高校才设古代汉语课,我开始在北师大中文系讲授《说文解字通论》,这部讲稿几经整理,一直没有机会出版。1961年,我开始带第一届古代汉语研究生,这在我的教学生涯中应当算一件大事。那时我身体强健、记忆力尤佳、思路敏捷,亲自教授以《说文解字》为中心的文字学、音韵学、训诂学、《毛诗》选、《左传》选、《论语》《孟子》选、汉魏六朝诗选、唐宋诗词选……我每周给九位研究生上两次课,还给个别学生亲自辅导。我得以把季刚先生当初教我学习《说文》和古韵的方法传授给他们,他们之中,确有几位是认真照我的指导做了的。我又邀请俞敏教授给他们系统讲授了《马氏文通》、肖璋教授给他们讲了《毛诗》训诂、刘盼遂教授给他们讲了"古代文献学"。我的这届研究生是王宁、谢栋元、钱超尘、余国庆、杨逢春、傅毓钤、张凤瑞、黄宝生、王玉堂九人,现在,他们大都在各地从事古代汉语的教学工作,为继承我国丰富的传统语言文字学作出贡献。给他们上课,又充实了我打算写的《说文解字通论》的内容。十年浩劫前后,我又带过两届研究生,一届因临近1966年,等于中途搁浅了;另一届与第一届距离近20年,我的精力已大不如前,工作中心也有了转移,指导上不能再像1961年那届一样细致了。

　　我在著述问题上,一直受着季刚先生的影响,季刚先生生前常对我们说,他在50岁以前要认真积累资料,50岁以后才写书。不幸的是他在49岁便与世长辞,留下了大量的札记、批注和短文。他去世后,我感到深切的哀痛,作为理解和崇拜他的学生,我知道,如果不是爱国伤时的慨叹和各种压抑的痛苦以及那种不规律的生活使他这样早就离开人间,他确是一位能够产生巨著的大师。尽管如此,我始终认为,他对传统语言文字学的研究方法以及材料不充实不要写书的主张,是非常正确的。传统语言文字学以古代文献语言为研究材料,没有大量的材料积累,不从具体的文献语言出发或者对语言材料缺乏一定量的分析,只凭几个例子,其实心中无"数",是很难总结出正确的规律来的。我目睹季刚先生的渊博和敏锐,自叹相去极远,所以50岁前,迟迟不愿提笔著述。1955年是我50岁的界限,但那时正在大批考据学,我还在教现代汉语,于是,我把自己著述的时间向后推了整整十年。没有想到,这十年其实就是20年。从1965年开始,我正准备写几部书的时候,十年浩劫到来了。

史无前例的浩劫把我的著述计划冲得一干二净。等"造反"、"打倒"的口号声停息以后,我的记忆简直成了空白。过去,我要在《说文解字》里查找材料,总是信口报出哪一卷哪个部,尽学生去翻,可在前些年,我已经健忘到很多字要通过索引去找了。光是恢复这点记忆,就用了大半年的时间。

1977年以来,老朋友们每每谈起,都感慨年逾古稀,时光飞逝,也都打算坐下来写点东西了。我的老同事吴晓铃、白寿彝都勉励我及早动手,但我惊魂未定,心有余悸,一直很迟疑。这种情况下,有三位同志促使了我决心行动。一位是老师大的党委书记马建民同志,其时他已调到社会科学院。1977年春天,他遇到我,询问我的情况,并且对我说:"您该尽快写书了。及早物色人协助,赶快动手吧!"不久,他便请我到社科院去讲课,课后又一再勉励我抓紧时间。如果不是他的一再敦促,我是不会那么快就投入著述的。另一位是北京市委老统战部长、市政协副主席高戈同志,他对我的关怀是非常实际的。我的助手王宁从青海调入、书的出版和生活的安排,他都给了我切切实实的帮助。没有他的那些有力的支持,以我20年的耽延,其时已年过70,何能再有创造!还有一位是原师大党委书记聂菊荪同志,他可以算作我在中国大学的学生。他在师大工作期间,一直关心着我的教学和科研,时常来探问我。他们的关怀实际上也就是党对我的关怀。除了这些领导和这些老友对我的关怀和支持外,在我的晚年,我的学生们也都对我有很大的帮助。他们不但协助我进行了几部书的整理和写作,而且对我近来的学术思想的更新和进步,也有不少启发。在全国训诂学会的组织工作、研究生培养工作以及各种教学、科研、生活安排方面,他们都是我很好的助手。现在,他们也都是具有高级职称的教育科研骨干了。在上述这些人的鼓励、关怀和具体帮助下,我从1977年起,进入了专门的著述阶段。

我早期的专业学习涉及古代汉语、经学和"小学"(即以古代文献的书面语言为主要材料的文字、音韵、训诂学,我把它称作传统语言文字学),而我跟从季刚先生学习的则主要是"小学","小学"在今天属语言文字学范畴,用60年代的话说,是一门工具科学。我在近年来试着对自己的学术研究作一点不成熟的总结,我以为,自己的研究状况可以归纳为以下五点:

(一)中国"小学"的重要传统是"为实",也就是严格地从文献语言材料出发,不事空谈,不作空泛的推论。因此,我把自己的研究工作的基点,放在对古代文献语言材料的解读、辨认、分析和归纳上,也就是说,我所提出的课题来自文献语言,得出结论所需的证据也采取于文献语言。

(二)传统语言学分成音韵、文字、训诂三个部门,我的学习和研究是从音韵学起步,以文字学为桥梁,在训诂学上落脚。也就是以文献词义作为主要的探讨对象。这是因为,从文献阅读的实用目的来说,意义是它探讨的终点;从发展语言科学理论的目的来说,中国语言学最薄弱的环节是语义学。

(三)我对训诂学的研究,是以《说文解字》为中心的。《说文解字》贮存了系统的文献词义,并且在汉字一形多用、数形互用的纷繁情况下牢牢地抓住了本字,又在一词多义、义随字移的复杂关系中牢牢地抓住了本义,为通过字形与词音探讨词义提供了最重要的依据。加之自汉代以来将近两千年的研究,特别是经过清代乾嘉学者的大力发展,《说文》之学是"小学"中成果极丰极嘉的一个门类,我的老师黄季刚先生又特别精于此学,因此,我多年的研究都是把《说文解字》作为中心的。

（四）我主张有选择地继承古代文献语言学的理论和方法,从中发展适合汉语情况的语言科学。当代语言学以引进为主,传统语言学只被看做历史,很多人以为不再有发展的必要和可能了。我认为,要研究汉语的现在,首先要研究它的过去;要研究古代汉语,必须同时研究汉字。汉语的特点加上记录它的汉字的特点,都决定了汉语的研究必须吸取传统的文献语言学的理论和方法。借鉴国外语言学的研究成果是非常必要的,但这种借鉴不是搬用,而要在考虑到汉语和汉字本身的特点和规律的情况下进行,要把是否适合汉语的实际情况作为标准来加以取舍。重要的是把传统的汉语言文字学发展为更先进的语言科学,以丰富世界语言科学的宝库,而不是切断历史、抛弃和排斥传统、从别种语言中总结出规律来为汉语的研究另辟蹊径。

（五）研究语言的目的,是为了正确解释语言现象和解决语言运用中的诸多问题。我们研究古汉语的人,目的是为了解决古代书面汉语也就是文献语言中的实际问题。在振兴民族文化的今天,这种研究不应当只进入科学家的殿堂,而应当同时面向社会,注重普及,强调应用。音韵、文字、训诂之学由于材料较古、方法与理论总结不足,因而不易普及,所以,我以为要注意提出群众所关心的问题,写一些应用的文章,这些文章讲解要深入浅出,还需要运用现代人可以接受的语言,从道理上把许多现象说清楚,便于大家应用。

以上这五点：从文献语言材料出发；以探讨词义为落脚点；以《说文解字》为中心；重视继承,建立适合汉语特点的汉语语言学；面向现代社会,重视普及和应用。这便是我研究文献语言学的指导思想。

在这种思想指导下,我写出了《说文解字通论》、《训诂简论》,以后又与王宁合写了《训诂方法论》和《古汉语词义答问》。我在80年代发表的一些文章,也是以总结文献语言的规律、探讨古代汉语科学的原理和方法、宣传传统语言文字学的普及和应用为主要宗旨的。

现在,我正在同一思想指导下,进行汉语同源词的研究,我已为季刚先生的"《说文》同文"作出了考证,还准备以批判继承的精神对第一部系统研究《说文》同源词的专著——章太炎先生的《文始》进行评注;并且将与我的学生一起,继续就《说文解字通论》写一部以探讨文献词义为中心的《说文解字研究》。我对硕士研究生和博士研究生的教学,也将以此为中心来进行。而在完成这些工作的过程中,我还有很多新的东西要学习呢!

回想我80年的生涯,中心是三件事——学、教、研,三者互相促进,实际上很难分开,但从工作内容的侧重看,大约可分三个阶段:1928年以前以学为主,1928年至1965年以教为主,1976年以后以研为主。我这个在人文社会科学教育战线上干了一辈子的人,这种学、教、研的生涯,既无轰轰烈烈的业绩,也无惊险离奇的遭遇,更无莫名神秘的逸闻,不过是平平常常、合乎一般规律吧!尽管留下的时间已不算长,但我对完成我的学习、教学和研究计划,还是很有信心的。我将力求用今后的有限时间加紧工作,弥补过去几十年因客观的干扰和主观的疏懒而造成的损失,为祖国的昌盛,献出余年。

根据实际需要找科研题目

周有光讲述 奚博先整理

今年,1984年,可以说是在中国开始进行新技术革命的一年。在今年,许多中央领导同志到各地去视察,了解新技术革命的情况。可见,我国现在对新技术革命是非常重视的。

大概是三年之前,我看到了美国未来学家托夫勒写的《第三次浪潮》(1983年国内出版了朱志焱等合译的中文本),我曾和一些人谈过这本书。在那个时候,很多人不能接受这本书的思想。有一位很有名的科学家撰文说:"《第三次浪潮》无非是马克思主义过时论的滥调而已。"三年之后的今天,情况已经大不相同。虽然我们对《第三次浪潮》里的某些论点采取批判态度,可是对书中所讲的事实是基本承认的。

我国的新技术革命要追上两个时代。一是要追上工业化时代,这个时代,大体上说是三百年前开始的。二是要追上"新技术革命"时代。新技术革命是第二次世界大战之后开始的,已经有了30几年的历史。

---

* 周有光1984年6月23日在北京市语言学会举行的治学经验座谈会上的讲话。奚博先整理录音,经周有光先生审定。曾在《北京社联通讯》(内部刊物)1984年第5期上刊登过。原题为《边缘科学和拼音电脑》。

为了追上新技术革命的脚步，我们要做许多工作。其中之一，叫做信息化。信息化工作主要是利用计算机处理语词。一些发达国家搞办公室自动化已经搞了好多年了，我们还在公文旅行。我们现在的公文这一套，比清朝好一点，可是离现代化很远。许多人不理解办公室现代化的重要性，可是我们的四个现代化建设要求我们非搞办公室现代化不可。

许多人以为，搞现代化、搞信息化，只要有自然科学就行，社会科学是没有什么用处的。这个认识不符合事实。第二次世界大战以后，科学技术的发展有一个非常重要的特点，就是边缘科学的崛起。边缘科学不仅仅是自然科学和自然科学的结合，更重要的一个方面，是自然科学和社会科学的结合。打倒"四人帮"之后，教育部恢复了《人民教育》杂志，复刊第一期上有一篇文章介绍了边缘科学。那篇文章对边缘科学的定义是：边缘科学是自然科学和自然科学的结合。这种对边缘科学的认识，至少落后了 50 年。这个定义只说对了一半，另外的一半没有说，那就是自然科学和社会科学的结合。譬如 50 年代，我国的语言研究所就开始机器翻译的研究。这在中国，算是最早研究机器翻译的一个单位。研究机器翻译，既要有计算机工程方面的知识和数学知识，又要有语言学的知识。这就是自然科学和社会科学相结合，产生一门边缘科学。在中文信息处理这件事情上，语言学和计算机工程的结合更为重要。中文是用汉字来做主要的书写工具的，中文信息处理当然要叫计算机来处理汉字。这就有一系列的问题要研究解决。有些问题，外国人解决了，我们可以搬过来用。可是有些问题，外国人不会替我们解决，或者不会用很大的力量来研究。汉字怎么输入（input）计算机就是这样的一个问题。这个问题，是中文信息处理的"瓶颈"。为了解决这个"瓶颈"问题,国内有很多人研究,国外也有一些人在研究,提出的输入设计已经有450多种。这好像是件好事,但是,输入方法不是越多越好,而是越少越好。英文的输入方法只有一种,汉字的输入方法有这么多,只能说明汉字跟现代化格格不入,没有一条无可争议的通往现代化的大道。

钱玄同在50多年前说过:汉字这个老寿星,他过不惯现代化生活。这话很有道理。可是老寿星也可以想办法过现代化生活。今天八九十岁的老人也在过现代化生活。怎么过呢?要帮助他,给他创造条件。他走不动,就请司机用汽车送他一下;他牙齿不好,消化不良,就做些软食给他吃。诸如此类。那么中文信息处理这个"瓶颈"问题用什么办法帮助呢?方法很多,看来比较好的办法是利用汉语拼音。

现在的450多种汉字输入的设计,可以分为三类。第一种叫字表选择法,或者叫字表笔触法("笔触"是外来语pen-touch)。《新华字典》七千字左右,可以列成一个字表。要输入哪个字,就在表上找到哪个字。用光笔点一点,这个字就输入进去了。大字表不便于携带,还有一些其他缺点。

第二种办法是汉字编码法。一百多年之前,要用汉字打电报可不是一件容易的事。怎么办呢?清政府请了一个丹麦人来设计,这个丹麦人用四个阿拉伯数字代表一个汉字,这种办法最多可以代表一万个汉字(包括实际不用的0000),这是最早的汉字编码,也是迄今为止完全没有重码的汉字编码。这种编码是根据字典里的字序编出来的,没有什么规律,不好记。电报员工作十年,记忆力好的可以记3000多字,记忆力不好的只能记1500多字,即使是专业人员使用,也要查电码本。不好记,不好用,不能在群众中间推广。因此许多人在设计其他的编码方法。四百多种汉字编码方法又可以分成三类。一类是字形码,一类是音形码,还有一些运用其他方法的汉字编码。无论哪一类,都不是容易记忆、容易使用的。

第三种输入法是拼音转变法。打进汉语拼音,让计算机自动变成汉字输出。汉语拼音电脑 FMB 语词处理机采用的就是这个办法,用这种办法,只要像英文字似的打拼音就可以了。汉字拼音打对了,一些简单的打法知道了,电脑就会自动输出标准的汉字。即使记错了汉字的写法,甚至根本不认得汉字,电脑也会照样输出汉字。这个电脑的设计者叫林才松。

林才松,毕业于华南工学院。1980 年学校里要他和另外两个同学——一个三人小组搞一个把汉字输入计算机的毕业设计。他们从广州千里迢迢到北京来找我,跟我谈这个毕业设计。那是 1981 年,我对他们说,不用编码,而搞拼音输入,由计算机自动转变为汉字输出,这条路是肯定可以走得通的。领导他们的徐秉铮教授(现任华南工学院副院长)对此大为赞成,积极支持。三个人毕业后,一个到日本留学,一个分配到北京工作,林才松分配在广州电子技术研究所继续进行这个课题的研究。这几年他常常到北京来,从去年 10 月起就一直住在文改会进行这项设计的最后阶段的研究。

这样的拼音输入设计有什么意义呢?意义非常重大。汉字编码虽然能输入汉字,但是不能避免某些困难。最大的困难是要记忆代码,而且汉字要写得很规范,或者在头脑里想清楚字形,然后才能变成准确的代码。这种方法基本上是拿单个汉字作为输入单位的。一个汉字一个汉字地处理虽然可以成功,但是很不理想。

拼音转变法不需要另行编码,只要掌握小学里学习的汉语拼音,就无需另外特别训练。我国现在每年新入学的小学生有 2600 万人。如果只有 1% 的小学生真正学好拼音,那么每年也有 20 几万人,他们不用特别训练就会用这种电脑。编码训练班每年要训练 20 几万人是不可能的。拼音转变法的计算机,程序设计比编码复杂得多。设计者的加倍辛勤劳动,换来了使用者的方便。

拼音转变法还有一个特点,这和语言学的关系特别重大。这种方法,输入的语言单位是词或词组,词组越长越好。主要不是以单个汉字为输入单位,而是要尽量避免单个汉字输入。为什么?因为要避免同音干扰。以"中国电话公司"为例。如果用单个汉字输入,首先要输入"中"字。这时候,计算机里一下子就会显示出好多读 zhōng 的汉字,你得在许多 zhōng 字中间选择一个。"电话"和"电化"同音,两个词的拼音都是 diàn huà。输入 diàn huà,计算机会显示出两个同音词。如果把"中国电话公司"作为一个单位输入,计算机就不会把"电话"误作"电化","公司"也不会误作"公私"。用词或词组作为输入的语言单位,计算机就知道"此鸭头不是那丫头",绝大部分同音词问题就避免了。

"同音汉字多",吓坏了许多人。其实分析一下,同音汉字或同音词问题不像普通人想象的那么严重。举个例子:读 yì(去声)的同音汉字,《辞海》里有 195 个。哎呀,打一个 yì,计算机一下显示出 195 个汉字。选择起来岂不要眼花缭乱?事实上,问题不是那么严重。因为这 195 个同音汉字可以先分为现代语用字和文言古语用字。这么一分,现代汉语用字只有 35 个。再分析一下这 35 个汉字,其中只有 7 个是可以单独成词的"词字",其余 28 个汉字是"词素字",它们必须同别的汉字结合起来才能成词。在 7 个词字中,3个是科技用字。如镱(ytterbium),代表一个元素,这要在特别情形之下才用得到,可以特别处理。剩下的4个字呢,也还是可以分析的。这里不一一详谈了。总之,同音问题不像有些人想象的那么可怕。运用语言学知识,在计算上用词和词组作为输入单位,可以使同音干扰的问题减少到最低限度。这就是说,语言学和汉字的知识,用上一点儿,可以帮助改进中文信息处理。近来为了计算机输入汉字,搞编码的人做了许多研究。这些研究也就是汉字学的研究。搞计算机的人,都是学计算机工程、学计算机软件设计的,可是他们在搞文字处理机的时候,要用到语言学和文字学的知识。以前没有学过语言学、文字学,怎么办呢?一个办法是他们自己去学习语言学、文字学,另一个办法是跟原来学语言学、文字学的人合作。自然科学和社会科学就这样结合起来,形成边缘科学,在现代化建设中发挥作用。

5月份文改会和教育部联合举行的"拼音电脑击键比赛",用的电脑就是林才松研制成功的 FMB 语词处理机。比赛的冠军叫王毓琪,二十几岁,是美术品进出口公司的一位职员。她每分钟平均输出 116.7 个汉字。比赛之后,还有表演。有一项表演很精彩:两个青年边听广播录音,边打汉语拼音,通过计算机,输出了这个广播的汉字文稿,追上了广播速度。

打字速度追上说话,这在使用字母文字的国家并不稀奇。欧美国家的打字机很普及,小孩子都会用打字机写文章。打得好的英文打字员,都能用打字机把广播内容打下来。可是用中文打字机,就不可能有这个速度。中文打字机是誊写机,向来只用来抄写,没有人在中文打字机上写文章。现在有了汉语拼音电脑,我们也可以在电脑上写自己的语言了。打字的速度可以不比英文的慢。通过拼音电脑,我们的办公室自动化就可以实现。

使用拼音转变法设计的电脑不需要长时间的训练。这次比赛,初赛是比打音节的速度,每人只给15分钟的练习时间;复赛是看着一个一个的词打,不连成文章,只给六个小时的练习时间。决赛要打一篇文章,给三天时间练习。这说明根据拼音转变法设计的电脑使用是比较方便的。电脑就是要节省使用者的脑力。从这方面来考察这个设计,可以说是基本上取得了成功。当然,还需要不断改进,精益求精。

这个成功也说明,搞应用语言学要就中国的特别情况来找课题加以研究,解决我国现代化建设中面临的迫切问题,适应新技术革命的形势。

周有光先生治学经验访谈录

周有光主谈　奚博先访问

整理者按: 2005年4月17日上午,我(文中简称奚)偏瘫5年后在我爱人刘湛书的陪护下访问了周老(文中简称周),就周老的治学经验作了两个小时的访谈。整个谈话中,周老一直谈笑风生。谈完,我回来整理了录音。文稿经周老反复斟酌,认真审订,补充修改,最后定稿。

奚: 您家老早就是个文化家庭。您在这样的家庭里,从小受到什么样的熏陶和教育?

周: 我老家是常州。我们常州的周家是从宜兴来的,家谱从晋朝的周处开头。周处就是京戏《除三害》里的周处。我们小时候都听过他为民除害、勇于改过、折节向学、终成大器的故事,也看过京戏《除三害》。

在太平天国之前,我曾祖父做官,家里还开办了纺纱厂、织布厂①,开了当铺(那个时候没有银行,甚至没有钱庄,当铺就相当于

---

① 在沪宁一带,以前纱厂区别于丝厂,就指棉纺织厂。据周老说,当时的工厂,实际是手工工场。周老曾祖父开办的纺织厂,早于太平天国之后开始的洋务运动。

现在的银行)。太平军来攻常州,常州清军守城的军费都是他提供。太平军打不进来,就撂开常州去打南京。南京打下来,就建都南京。隔了几年,又回来打常州。常州被打下来以后,我的曾祖父投水而死(这件事情,《常州府志》里有记载)。

清朝因为我曾祖父有功劳,就赐给他一个世袭云骑尉。世袭云骑尉是清朝封赏给打太平天国因公而亡的重要人物的封爵。随着封赏,还每年给俸禄。此是后话。不过当我家一部分人逃难出去回到常州的时候,工厂、当铺都给太平军烧光了,我们家的好多处房子也被烧得只剩下地皮和少量的住房。我的祖父很灰心,官也不做了,就在家读书教子。

我们家在常州青果巷。我刚刚收到常州市政协寄来的《魅力常州》,里面说青果巷"小小的一条街,近代走出了几十位文才武略享誉中外的知名人士"。"尤其值得称奇的是,在一条巷子里居然出了瞿秋白、赵元任、周有光这三位语言文字学家。"他这里面说赵元任是现代汉语语言学的"开山鼻祖",说周有光是"《汉语拼音方案》的主要设计者"。也不知道他们是从哪里找来的材料。

我的祖母在当时的女人当中有比较高的文化水平。我3岁,她就教我背唐诗。不过这只是当作一种玩意儿。当时的常州,在沪宁一带现代化开始得比较早,我上小学的时候已经有了新办的小学。我没有照老规矩进私塾,而是进了庙改成的[①] 新式小学。我进的小学叫育志小学,就在我家后门运河对面的下塘,每天要有大人接送过河。

[①] 民国初年,新式教育大发展,一些小的祠堂庙宇撤去木主,拉倒菩萨,改为学校。周先生目睹拉倒菩萨并进了这样的学校。

当时常州只有3所小学,那个时候还没有中学呢。我们的老师思想比较新,主张白话文,但是课上不教。课上读的都是古书,白话文叫我们课外看。因为那个时候觉得白话文用不着教,自己会看。

奚:您的年纪,应该是经历和参与过"五四"运动的。"五四"运动对您有什么影响?

周:我小学快毕业的时候发生了"五四"运动。那个时候,老师带着我们上街游行。手拿小纸旗,纸旗上面是老师叫我们写的字。因为都是文言,是什么意思,我们也讲不清楚。记得到了一个很大的茶馆,老师让我演讲。我个子小,听的人看不见,有客人把我抱到桌子上面。讲的话,都是老师教的。讲完了,大家鼓掌。但是我在这样的运动里,朦朦胧胧受到了一次爱国主义教育。

奚:您中学、大学的教育跟您后来的治学有什么关系?

周:中学上的是江苏省立第五中学(现在叫江苏省立常州高级中学)。那所学校非常好。从礼拜一到礼拜六都住在学校。礼拜六家里有人来接,你可以回家,礼拜天回学校。

现在学生一个礼拜读5天书,放两天假。学生一玩儿,就把5天学的东西都忘掉了。报上说这叫 $5+2=0$。每天走读,走来走去,把时间、精力都浪费在路上了。中学生住读,我认为是非常好的。那时候的学生少,好办。现在中学的学生多,都住到学校是困难的。不过我认为,一个礼拜放两天假(欧洲已经在提倡一个礼拜放3天假了),对大人来说有道理,学生不要跟着放嘛!学生要读书,学习有连续性。小孩子你放他两天假,容易玩儿得把学过的都忘了。

我们那个时候能住读,条件好。第一,住在学校里,生活有规律，行动有规矩，容易接触老师。我们的老师都非常有水平，思想很新，学问很高。那个时候，整个江南都没有中国人办的大学，有学问的老师都在中学。

第二，我们上中学负担轻，上午9点才上课，只上3节，没有作业。下午是选修的游艺课：美术、音乐、书法，有人要学古文也可以。下午的课不考试，也没有家庭作业。这样，就不用家长辅导，不用另外花钱请家教学音乐、美术、书法等等。老师的水平都很高，同学们根据兴趣选修，学生的水平也都很高。刘天华有名得不得了，他就是我们的音乐老师。我们别的老师也都很有名。

冀：打基础对于治学是非常重要的事情。您能不能再具体谈谈您打基础的事情？比如您有哪些有名的老师？他们用了什么好的教学办法？您中学的成绩怎样？这样的基础后来在治学当中发挥了怎样的作用？

周：基础主要是"国英算"和常识。中学毕业应当中文和英文都学到能用，上大学以后就可以利用语文工具知识求取实用知识，大学时间不再花费在语文（中英）上，水平就容易提高。

冀：您在上个世纪20年代初就发表文章了。那个时候还没有上大学吧？

周：那是在大学里面。1923年我就进了圣约翰大学。我有一篇文章，上面写到这件事情，编者给我改成了1932年。他想我不可能那么早就进了大学。用阳历算，我是17岁进的大学。

圣约翰大学是美国人办的，是中国最早的大学之一。它的入学考试很妙，要考一个礼拜（那时是6天）。考的时候，课堂里没有人监考，你作弊也不管。因为试题很多，假如你不是快快地做，就做不完。所以不论中文英文，拿到卷子就只有振笔疾书，很紧张。

你一停,就来不及做。6天当中,只有1天用中文,5天都用英文。理科都是英文的。恰好我上的中学外国历史、地理,还有物理、化学都用英文课本。

奚:您最早发表的那篇文章什么内容啊?

周:噢,关于文法的。那是很幼稚的。因为我读的是经济,不是语言学。语言学的书,只读过一课语音学,学国际音标的发音。就那么个基础。当时搞语言学,只是业余觉得好玩。

20年代初,叶籁士从日本回来,办了一个《语文》杂志。当时戏剧有左翼戏剧,文学有左翼文学,语文有左翼语文。左翼语文是人家都不注意的。而且此前也没有语文两个字连在一起成一个词的,语言就是语言,文字就是文字。把语文两个字连起来,是《语文》杂志开的头。当时受日本的影响,《语文》杂志讲的一些问题比较新。而当时讲文法的书都是文言,连举的例子都是文言,我认为这不对。我说我们研究文法首先要研究口语文法,这是基础。这个说法很皮毛,不过在当时提出了新观点,用了一些新方法。

后来我参加文改会倒不是因为早期的这篇文章,而是后来搞拉丁化运动。我写了一些关于拉丁化运动的文章,提出了一些改进意见,还介绍了世界各国的文字。在当时看起来,这些是新的东西。因为这个缘故,他们叫我到文改会来工作。

奚:您说的这个口语文法,在当时很先进。当时普遍认为,只有文言有文法,而符合口语的白话文是没有文法的。黎锦熙就在1924年发表了他的《新著国语文法》,针锋相对地对这个错误提出了一整套的国语文法,说明白话文也有文法。

周:这个说法在今天来看是应当的。中国的传统是重文字轻语言。我发表的文章比黎锦熙的还要早。可是他是专门研究,成系统,有水平。

奚: 您很年轻就注意了语文现代化,说明您很早就有这个志向。您觉得确立这个志向对于治学有什么意义?

周: 可以说一早就有这个倾向,但是"现代化"3个字那个时候还没有。那个时候叫文字改革。

奚: 这个文字改革,在国民党统治后期有革命嫌疑。您搞文字改革就有可能被抓。倪海曙先生就是因为国民党要抓他而躲到安徽教书的。

周: 那是后来的事情。国民党起初是放任自流的。历史在变,国民党后来要抓,是因为拉丁化运动跟共产党联系了起来。我业余搞没有危险。解放前是一个历史转折时期,几年一过就变样了。譬如办报,本来可以随便。要检查批准,是后来的事情。国民党的检查,是一步一步严格的。国共斗争越来越厉害,检查就逐步变得厉害起来。解放前国民党起初容许邹韬奋办《生活周刊》,到后来就密令查封。邹韬奋是我的同学,比我高几届,他是我的跳舞朋友。

奚: 您最早上的是圣约翰大学,为什么后来又进了光华大学了呢?

周: 当时上海发生了"五卅惨案",圣约翰大学学生也罢课、游行。我们的美国校长不让出去游行,学生会跟校长争论,闹得很厉害。最后我们中国学生和中国老师都离开圣约翰大学。这就是有名的"六三离校运动"。

那个时候,在江南所有的大学都是教会大学,没有一所中国人办的大学。学生离校以后,就办了一所中国人自己办的大学。光华大学是很好的。一股爱国热情支撑着,一个上海大地主捐出了

100亩地,许多有钱的就捐钱,在国外的华侨也捐,很快就造出3座大楼。因为它是反帝,尤其是反日的产物,日本人当然就仇恨。后来日本人打上海,首先就把这个学校打光。解放后,私立学校不许办了,光华大学没有恢复。

学生离校以后,除了少数之外,多数都到了光华大学。当时爱国热情驱使,全国都决心办好我们自己办的大学,所以第一流的学者我们都请来做老师。不仅请上海的、南方的,还请北京的著名学者。徐志摩怎么死了呢?他本来在北京教书,每个礼拜坐飞机来讲课。那个时候飞机不行,一次飞机出事掉下来,他就摔死了。

冀:印象当中,您原来学的是货币学,业余爱好是文字改革——

周:不能说原来学的是货币学,因为早先专业分工没有那么细。原来学的是经济学,所以毕业以后,就在银行界做工作。抗日战争我们就到了重庆。那个8年是非常苦的。抗战完了,新华银行就派我到美国。在美国代表银行工作的同时,我又兼了一点工作,还在美国业余读书。

冀:您精通英语,学经济学,后来又专门从事经济工作。这些可能和您研究语文现代化有些矛盾。您是怎么处理的?

周:外文是一个基础,搞经济一定要懂外文,搞语言学也一定要懂外文。英语跟业务没有矛盾,刚刚相反,它对业务有利。不过学外文一定要结合专业。

我原来语言学是业余搞的,所以1955年到北京开完了文字改革会议,就赶快要回上海。领导说:"你不要回去了,留在文改会工作。"我说:"上海我兼了好多工作,再不回去,就耽误了。而且,语言学我是外行。"领导很会说话,说文改工作是新的工作,大家都是外行。那个时候提倡"哪里需要哪里去",他们一定要我留下来,我就离开经济学界啦。改行搞语言文字学,不懂的就要从头学起。

奚:您英语非常好,还曾经托我介绍懂得希腊文的一个司徒雷顿的学生。外语对研究语文现代化有些什么帮助?

周:英语对于了解世界动态、掌握积累资料非常重要。现在跟过去不一样,过去你懂得中文就行,现在你做任何事情,甚至研究中国历史,不懂英语都不行。一个在中国社会科学院研究中国近代史的朋友说,他研究中国近代史,许多重要材料都要到外国去找。所以我一早就提出:现在是双语时代。任何国家的知识分子,除了首先要掌握本国语言,还要掌握第二种语言,主要是指英语。英语实际上就是世界共同语。不掌握英语,离开中国就寸步难行。

奚:您这一辈子跟倪先生打了很多交道,最早一起搞《语文知识》,后来一起从上海调到北京,又成了邻居。他对您搞语文现代化有什么影响?

周:《语文知识》是他办的,开头不叫《语文知识》,只是一个很小的刊物。我是业余搞的,他呢,是真干革命。他把什么都丢了,全心搞拉丁化运动。这是根本的不一样。我的背景也跟他不一样。他可以说受瞿秋白,受共产党的影响很大。我是从美国回来的,看法跟他有许多不同。所以这个文字改革的理论,怎么搞拉丁化就不完全跟他一样。不一样交朋友的好处,就是可以互相补充。两个人看法相同就没有多大意思了。

奚:您一辈子研究,主要是围绕一个问题,就是语文现代化。有些人因为您没有什么古汉语成果,就说您没有学问。从您对八股文和世界字母的了解可以看出,您的学问涉及很多古今中外的知识。治学就应该古为今用,洋为中用。请您谈谈您是怎样做到古为今用、洋为中用的?

周:我在国外实际读了不少书。主要是自修,也听了许多有名学者的课,却没有去读学位。我读的也不是中文古书,主要是英语的。这些学习,对我很有用处。至于中国的古的东西,在我的时代,特别是中学的几年,都是古的。那个时候,青年都知道古文化。在我们的时代,知道中国古文化并不稀奇,倒是知道现代文化困难。古今相通,理解古的东西这一点,我们不觉得困难。中外相通,因为我能用英语经常了解世界情况,所以我也没有觉得困难。

冥:自学是治学的重要内容,差不多所有治学有成的学问家都要自学。您能不能详细具体谈谈您的自学情况?

周:我认为,做任何学问,都应当以自学为主。因为在学校读书的年限少,离校以后自学的时间很长。

冥:您认为应该怎样搞古的东西?

周:我认为搞古的就应该超越古人。中国一向重古轻今。我是相信孔夫子的。他的主张是为封建时代服务的,两千多年取得成功。为"后"封建时代服务不是他的任务,而是我们的任务。我们今天要搞新儒学。我有一篇文章叫《90而学儒》,就是谈这个主张的。

中国的古书,时代隔得远了,语文不一样了,背景不了解了,所以读不懂了。为此,现代人要考古。但是,考古不应该误入歧途。比如《易经》。历来把《易经》说得神乎其神,什么学问都能够在里面找到答案。譬如说《易经》里面是早就知道电脑了。把古人说得能够未卜先知,这是错误的。科学不能神秘化。神秘的东西不是科学。一定要明白这一点。

孔夫子说"述而不作",他的重要成果就是整理古代的东西,就是述。不过"不作"不对。我在《90而学儒》那篇文章里把它改了,叫"述而又作"。要整理古代的东西,还要创造现代的、新的东西。我们重视古的,要把真理继承下来,把错误改掉,发现古人所没有发现的东西,创造超越古人的新文化。儒学现代化,就是这个道理。

"述而不作"不对,要改为"述而又作"。

奚: 利用古代人的成果,在古人的基础上有所超越,这就是古为今用。那么洋为中用呢?

周: 我上圣约翰大学,校园语言就是英语。当时我们很反感:帝国主义。现在想,这样的环境,对于学习语言倒是一种有利条件。印度人独立之初反对英语,后来就不反对了。他们利用英语,认识到英语对他们有好处。我们不能因为要中国古文就反对传播学问的主要工具英语。

文化就像河流一样,上游下游不能隔断的。你搞任何文化工作,都离不开世界。现在是全球化时代,全球化时代要求跟世界挂钩。日本人侵略我们,打仗,我们就被封锁了。我们的学术水平本来跟外国差不多,因为封闭了8年,就跟外国差别很大。打完仗,我一到美国就利用英语补课。

意识到落后很要紧。我们搞"文化大革命",吃了很大的亏。到今天我们的社会科学还没有开放。许多重要新闻我们不知道。不仅是外国的不知道,中国的也不知道。我因为看外文报刊,知道现在流行的"30年河东,30年河西"这个观点是多么不合时宜。会外文,就可以不自我封闭,就可以弥补不足。

奚: 研究语文现代化和改革开放有怎样密切的关系?

周: 语文现代化是国家现代化的一个部分。不只是中国在搞语文现代化,各国都在搞语文现代化。不了解世界,就不能很好地了解中国。日本叫文字改革,欧美不叫文字改革。他们的条件不一样,改革的具体内容也不一样。可是改革也好,语文现代化也好,这是一个全世界的共同现象。

整个世界在前进。特别是20世纪后几年进步快得不得了,21世纪的这几年进步就更快。你不了解外国,你就跟不上。我呢,可以说是运气,到解放前才回来。我只隔了那么一段,就是解放初到打倒"四人帮"。"文化大革命"以后呢,我又联系上了。现在我的外国朋友,特别是香港朋友,每个礼拜都寄英文杂志、外国材料给我看。你不看就不了解情况呀。今天是这样:许多重要情况,此地完全不了解。

语文现代化跟国家现代化分不开。全世界都在前进,国家现代化跟全世界现代化分不开。

奚:您上个世纪60年代到北大去讲《汉字改革概论》,后来又到人民大学去讲。您觉得教学和研究有什么不一样的地方?

周:我以前虽然在银行工作,但是也长期在大学教书。我认为教学跟研究是一码事,分不开的。不研究,我就没有东西教。要引导学生:读书就是研究。这个非常重要,特别是在大学里面。

奚:您1984年参加北京市语言学会治学经验座谈会,张志公先生点您的将,您很谦虚,只讲了一点:从实际需要中找课题。我觉得找科研题目是很重要的事情。请您谈谈这方面的心得。

周:我认为理论跟实际要结合。要根据实际需要来找题目。研究不仅要解决实际问题,还要解决理论问题。凡是理论上面讲不通的事情,你做起来就一定会有困难。我们的文字改革,一向被人看不起,黎锦熙先生很有学问,他搞文字改革,别人就认为这没有什么学问。这是一个错误。他由于搞文字改革而提出的许多问题,是许多语言学家面临的重大问题,需要科研去解决。理论跟实际是分不开的。实际是科研题目的最重要的、几乎可以说是唯一的来源。

奚:选题确定以后,积累材料就很重要。您在这方面有些什么方法可供借鉴?

周:积累材料,还有消化材料,很重要。我一到文改会,就有一个任务:研究汉字在人类文字中的地位。这是一个很难的题目。要研究这个题目,单看古书不行,还要看外国的书。当时因为我同外国有些联系,所以通过各种方法从国外找材料。我写《世界文字发展史》和《比较文字学初探》的材料,大部分是从国外来的,不是中国的。因为这方面中国人只研究中国的东西。

中国是文明古国,可是它一向很封闭。所以外国人就讥笑中国,说中国人的历史学成就了不起,古代就有《史记》,但是中国人研究历史不知道世界。语言文字学也是一样,说文字学中国也很高,文字学是中国人创造的。许慎在公元100年就写出了《说文解字》,很了不起!可是两千年来,不研究外国,只研究本国。所以整个来看,落后了。

假如历史学只研究一个国家的历史,历史学就不完备;假如生物学只研究一种生物,生物学就不完备;假如语言学只研究一种语言,语言学就不完备。研究文字学,一定要研究世界的文字。不了解世界文字就难于了解汉字在世界文字中的地位。这一点非常重要。许多国内发生的争论,就是因为视野太小了。

这两本书,我是50年代一到文改会就开始研究的,一直到90年代才写成书。许多人很奇怪:你怎么那么老了还能写书?我说我不是老了还能写书,是一早就研究的,几十年的积累。只是现在把它整理成了书。

冀:在现实生活中总有些不如意的事情,你遇上了都能淡然处之。这种心态,当然就值得年轻人学习。请您谈谈,您的这种心态跟治学有什么关系?

周:我在大学听一门课叫哲学,其中说到尼采。尼采讲过一句话:你生气,就是拿别人的错误责罚自己。这个话,发人深省。所以我一早就训练自己:什么事情都不要生气。我母亲经过太平天国。那个十四五年,闹得比"文化大革命"还要痛苦。逃难出去,她经历了很多困难。她就告诉我:人生就像船一样。她经常讲:"船到桥头自然直"。这句话对我影响很大。所以我不生气、不着急。有人是"吃小亏占大便宜",我是吃小亏不占大便宜。吃点亏没有关系。心胸要宽大一点。心胸宽大,对于健康有好处,对于学问有好处。

冀:记得师母在世,曾经说您年轻的时候得过肺病。您现在活到100岁,是我国语言文字学界自古至今的唯一人瑞,而且还这么精神矍铄。您的许多论著,50年代就开始酝酿,到八九十岁才发表,这说明健康长寿对治学是非常重要的。您能说说长寿之道吗?

周:很多人问我长寿之道。我讲一个笑话:我93岁到医院去检查,填表的时候,我写了93岁,医生帮我改成73岁。他怀疑我把9字写错了。当他知道我确实是93岁的时候,问我:"你的长寿之道是什么?"我说:"长寿之道要问医生呀。"

中国的传统,祝福小孩儿的时候说长命百岁,认为100岁是个极限。前两天我收到一封信,说是据联合国统计,全世界活到100岁的人只有十万分之四。100岁以上是例外。1岁到10岁的人,发展得快得不得了,90 到 100 岁衰老得快得不得了。我现在的耳朵就不行了。10 岁到 20 岁受教育,20 岁到 80 岁是工作阶段。

在我年轻的时候,江南一带肺结核很流行。我 20 岁以前就得过轻度的肺结核。还得过青年抑郁症。怎么得的呢?因为在我读书的时候,特别是我上大学的时候,家境最困难,困难得我考上了圣约翰大学没有学费,因此我又去考了一个不要学费的南京东南高等师范(后来成为中央大学)。当时圣约翰大学的学费贵得不得了,考上圣约翰大学是件不容易的大事情。我的姐姐的一个同事,她听到我考上了圣约翰大学不去,就说,太可惜了!没有钱,我给你想办法。她借钱给我,我才去上。

那个时候经济困难,青年容易得抑郁症。表面上看不出来,就是心情很不愉快。我的健康不是很好的。

有一个医生告诉我,他说人哪,饿死的很少,吃死的很多。吃东西不当心,乱吃,经常参加宴会。特别是我在银行的时候,宴会多得不得了,而且都是最讲究的菜。越是讲究的菜越不符合卫生,不好消化。所以医生告诉我:碰见宴会,千万不要随便吃东西。有些东西,你咬咬就吐掉。家常便饭可以吃,山珍海味你都吃进去肯定爱生病。我以前长期在银行工作,又长期在大学教书,双份工作,很忙。人家宴会完了回去睡觉了,我宴会完了还要备课。这种忙碌情况下,我一直注意生活的正常规律。人家问我:你吃什么东西?我说我什么都吃,没有忌讳。可是主要吃四样:青菜、豆腐、牛奶、鸡蛋。

还有锻炼自己心境平和。最困难的抗战 8 年,前后加起来是 10 年,"文化大革命"又是 10 年。我这一生,这个 20 年是颠沛流离。可是你要安然处之。好多人问我:"你想不想活到 100 岁啊?"

我说:"我不考虑这个事情。"这是上帝的事情,不是我的事情。在四川,日本人扔炸弹,一个炸弹在我旁边。我旁边的人炸死了,我没有受伤。人家说:"你真是命大。"还有一次命大,就是调我到文改会来工作。想不到因此就逃过了一个反右运动。反右,上海的重点是经济学教授。等到平反,已经过了20年了,死掉一半。还有一半,老了,没有用了。我逃过了自己也不知道,因为我换了一个工作,到北京来了。

我的孙女儿上小学的时候就说:"爷爷,你亏了。搞经济你半途而废,搞文改你半路出家。两个半圆,合起来是个零。"一点不错。改行而要把工作做好,要花很大的工夫。不是下了班就休息。没有这回事!有许多东西你要看。所以要维持一个平静生活,要自己善于在精神上掌握。

奚:您一生做学问,取得了丰硕成果,但是都围绕着语文现代化,好像您老早就规划的一样。您从小就受爱国主义教育跟这个语文现代化研究——

周:我小学的时候就遇到"五四"运动,老师就用爱国主义教育我们。那个时候是广义、普遍性的爱国教育。近几年有人问我教育的问题,我说最重要的是要让青年独立思考,要培养完备的人格。这样才能发展。

现代化是一个整体,语文现代化是这个整体的一部分。

奚:您从经济学改行做语言文字研究,是改行。改行要取得成功,应该有些什么办法?

周:我不鼓励人家改行,因为改行是不容易的事情,要有牺牲。1955年我改行到文改会,要看很多书。这语言文字的书,要认真看。单是基础知识的培养就是一个大工程。

我赞成大学不是培养专家的。大学是培养完备的人格,培养好基础知识。这样,毕业以后能够自己发展。假如你受的教育是广泛的基础教育,你改行就比较容易。你受的教育是狭隘的专业教育,改行就更困难。

奚:那不得已而改行呢?

周:那你必须努力。如果基础不好,很容易失败。

奚:今天您谈了很多,也累了,休息一下吧!

周:我不累。不要休息,还早得很呢。

奚:您夫人搞昆曲对您有什么帮助吗?

周:夫妇有两种:一种是夫妇同行,那就有共同的专业,可以互相启发、扶持,相辅相成。一种夫妇搞不同的专业,也可以相互补充。我一早受外国教育,所以我对西洋音乐很喜欢。我的老伴张允和在她们家受昆曲教育。昆曲是中国比较高雅的艺术。在上海,有一年夏天我买了两个银元一张的票请她听音乐,她听到中途睡着了。她的昆曲,我开头只欣赏中国的文学。昆曲的舞蹈、昆曲的音乐我不能欣赏。后来我们家里请了一个昆曲老专家,每个礼拜来一次教她。我没有事情就在旁边听、旁边看,渐渐了解一些。

不同的方面可以互补。昆曲的语言特别是汤显祖的剧本,的确可以跟莎士比亚比美。可是他的语言是诗词语言。假如你连一点中国诗词的基础都没有,就很难听得懂。假如有一点中国诗词基础,那么你看这个剧本啊,那真是妙得难以言传。我就从她的昆曲里感受到中国戏剧的文学、音乐、舞蹈等艺术美。

奚:您休息吧。

周:结束了吧? 结束了我们可以随便聊聊天。

治学方面的两点体会

肖 璋

我是1931年北京大学国文系毕业的。我喜欢文字、声韵、训诂之学。在校期间受沈兼士、钱玄同、马裕藻、吴承仕诸位老师的影响很大。从他们身上,不但学到很多专业知识,还学到治学精神和方法。他们那种严肃、认真、攻坚、创新的难能可贵的精神,时刻激发着我,鞭策着我,使我一生难忘。特别应该提出的是沈兼士先生对我的教导。因为我对文字、声韵、训诂三门学问虽然都喜欢,也都研究,但最喜欢也最下工夫以至老而弥笃的是训诂文字,这是和他的教导分不开的。他教训诂,不用讲义,直接讲段玉裁《说文解字注》,阐述许例段例,很有启发。他虽讲《说文》段注,但亦不时提到王念孙《广雅疏证》。常常说"讲训诂王氏不求本字,比段氏弘通",我对这句话印象最深。由于这些教导,使我懂得怎样研读段王之书,从而领会到他们在训诂学中的造诣,并由此产生了研治训诂学的志愿。

50年来,由于时代的变化,工作的需要,我的教学工作和科研工作,也时有变化,但不管怎样变化,治训诂之志,未之或失,训诂工作,亦未全断,尤以近几年来我着手于训诂学史和古代汉语同义词的研究,朝夕从事,没有间歇。在长期研究过程中,自问没有忘掉一本上述诸先生治学的精神,奋勇前进。今年北京市语言学会号召在京久事语言专业的老语言工作者写点治学经验,以遗后学。此事很有意义,应该积极响应。惟我从事训诂工作虽久,实在没有什么经验可言,无已,只好写两点体会供大家参考。

第一,要熟读古书,具备丰富的感性材料。

研究乾嘉学派,读了段王的书,感到他们在"以声求义"方面,其发明所在皆是,对训诂学的贡献,确实伟大。他们为什么能够做到这一步呢？我在从前作的《王石臞删订尔雅义疏声韵谬误述补》那篇文章里有几句话,似乎可以作这个问题的解答。文章说:"段王二家,于学博洽覈实,善于融化。于音学尤能各有发明,自立系统。复以持论矜慎,矩矱不乱。故论训诂,言多有中。"(文见1948年《浙江学报》第二卷第一期)现在看来,"博洽覈实"最要紧。必须先做到这一步,才能谈到"融化",才能谈到用声音去通,最后才能发明训诂。这就是说搞训诂学,首先要具备丰富的感性材料,就是要先多读古书,特别是多读经书。当然这和从前提倡读经有本质的不同,我们是为了取得古汉语语感,脑子里多积累些古汉语材料。因为训诂学是研究古书的词义的,广言之,还包括古书章句的研究。从实用方面说,它对正确理解古书的语言有较大的帮助。所以搞这门学问,脑子里不积累点古汉语的感性材料是不好办的。过去我在北京大学读书,文字、音韵、训诂这类课程很不少,但都是讲理论。老师们不是让学生去翻《说文》段注,就是让学生去翻《广雅疏证》或《尔雅义疏》等等,根本不提阅读有关古汉语感性材料的书。这在当时还说得过去,因为学生在入大学前已经有了相当的古文基础,例如那时候我脑子里记得的一些零碎古汉语感性材料,就是童年时代在家里学的。现在学生都没有上过私塾,四书五经根本没有接触过。学训诂学,脑子里一点古汉语的感性材料都没有,或者有点也不多,试问怎么能读懂段王之书呢?又怎么能谈得上"融化"呢?因此,我认为现在学训诂学,小学专书固然要读,四书五经更要读,而且最好先读,先读办不到,也要和小学专书同时读。四书五经都读办不到,也要读一两部经书,譬如《毛诗》、《左传》。今天的情况不可能要求背,但总是读得越熟越好。当然,古汉语的感性材料,我们可以从词典、引得一类的工具书里去找,我们说,工具书自不可少,但光靠工具书而不读原材料书,就不能熟悉语感,要想做到"融化"是很困难的。

第二,要既善于继承、发展乾嘉,又善于学习、继承汉唐。

段王大师之所以能在训诂学中作出伟大的成绩,首先在于他们善于学习汉唐,继承汉唐。这点做到了,然后再谈发展。他们不满足于继承,但亦不空讲发展,他们既注重继承,更注重在继承的基础上的发展。譬如他们最擅长的破借字,读本字,王念孙就说毛亨已开其先河,郑玄则大为发明(原话引入王引之《经义述闻》序中),点出他们不过是继承发展汉人而已。又如段氏喜辨词义,王氏善谈语源,两人又都有不借传注或无传注可借而直接用古书文句以阐古义,证古训的本领。凡此种种,都离不开所受汉唐注疏家的影响,也是继承而发展的。我们今天研究训诂学除了学习他们在掌握古汉语原材料上下工夫以外,还应该学习他们那种既继承、又发展的革命精神。

因此,我们讲继承,决不能简单地只继承乾嘉,不顾汉唐。我们也要懂汉唐,对汉唐要善于学习,善于继承。不懂汉唐就不能领会段王诸人是怎样把汉唐之学既继承过来,又发展下去的,就学不到他们的治学精神和方法,更谈不到在他们的基础上作进一步的发展,我们搞的训诂学就是无源之水,无根之木了。

再则,我们讲继承,首先是讲继承学术体系。一个伟大学者,一个学派,不管他们有没有意识到,他们的学术都是自有体系的。抓住体系就抓住了精神实质。我们怎样学习汉唐,继承汉唐?就是学习汉唐人的小学专书和注疏。汉唐注疏看来很零散,但也是有体系的。对此,我们要善于发掘,善于学习。譬如毛传就是一例。毛传全书条例很多。条例可以说就是体系。研究毛传,首先就得把它各方面的条例发掘出来,弄清楚。条例弄清楚了,疑难的训诂问题和其他问题都比较好解决。拿单字相训来说吧。毛传的单字相训中,有不少是训释字的意义和被训释字的意义,相差很远。按照一般训释情况看,实在扞格难通。如果知道毛传在这方面除了有义近相训、义同相训之外,还有义隔相训的话,就会按照义隔相训条例贯通训释字和被训释字的意义关系,问题就迎刃而解了。(见拙著《谈毛传单字相训》收入1958年湖南教育出版社出版的《古汉语论集》第一辑)这种义隔相训的现象,孔颖达已开始注意,段玉裁也继承了这点。前人治学是注意学习继承学术体系的。

此外,我们还要注意一点,就是讲继承是继承其历史本来面目,这点对研究训诂学史来说,特别重要。但是搞训诂也要注意。所谓在继承的基础上发展,是说先把某一学者或某一学派的学术观点弄清楚,还它的历史本来面目,然后就它的本来面目吸其精华,去其糟粕,加以发展。绝不能历史的本来面目还没有搞清楚就先分析批判。譬如研究许慎的六书说,特别是他的转注说,就必须先把许慎本意纯客观地研究出来,丝毫不搀杂己见,然后再加评论,正像戴震所说:"使许氏说不可用,亦必得其说然后驳正之"。(见《戴东原集·答江慎修先生论小学书》)不这样,是不科学的。

两点体会是我治学体会中的荦荦大者,但都是老生常谈,不足为奇,因为是亲身感受,所以还想说出来。错误之处,请大家指正。

知从实处来

吴宗济

"道向虚中得,文从实处工。凌空一鹗上,赴海百川东。气骨真当勉,规模不尽同。人生易衰老,君等勿匆匆!"

陆游《示友》

一、治学历程

我的求学及治学经过,是有很多曲折的。60年来,数起数落,因此到老尚无成就。但这些经历,作为回忆写点出来,对己对人应该不是毫无意义的。

1909年我出生于山东济宁,我的求学启蒙阶段还在辛亥革命后不几年。那时家庭守旧,我自幼是在家塾读书的,老师是冬烘先生,没什么大学问,只是教你死背四书五经,并作些八股式的文章,模仿千家诗唐诗习作些旧体诗词而已;十几岁后才进中学,因是四年的旧制中学,不能考大学,再上了一年大学预科,就以"同等学力"资格考入清华大学。我到清华原攻读市政工程系,后转中国文学系。那时系主任是朱自清先生,系中名教授不少,如杨树达、刘文典、俞平伯、刘盼遂、吴其昌等。主修课程偏重古典文学,特别爱好诗词。那时除必修课程外,还可酌选其他课程。于是我在毕业前一年选修了罗常培先生的《中国音韵沿革》。罗先生只教了上学期,下学期由才从巴黎回国的王力先生接着讲授,这才知道语言文字学之外,还有一门音韵学。由于我从小知道点"平上去入",自己又在苏南生活过,因此对声母清浊、声调平仄等较易掌握,也就对这门课程产生了兴趣。

1934年我在清华毕业后,留校到出版事务部门。《清华学报》的来稿篇篇由我校对,这就从王力、陈寅恪、闻一多诸先生的稿件中得到一些音韵学的、特别是音标的知识。次年适值中央研究院历史语言研究所招考一名助理研究员,当时史语所在南京鸡鸣寺建了新楼,北京北海静心斋的旧址留作办事处,北京的考场就设在这里。主考是该所研究员李方桂先生。我只读过一年的音韵学,当时同考生多有语言专业的饱学之士,我是抱着碰碰看的心情去应考的。谁知那一届除音韵学等主科之外,还加考乐曲听记知识。主考在钢琴上弹了几组和弦,要考生写出谱来。幸而我在校参加过几年管弦乐队,就交了答卷,这样我竟被录取。后来得悉,这一年史语所李方桂先生要去广西调查壮语和壮歌,要一助理同去,所以会有既考语音又考音乐的试题。这次偶然的机会竟决定了我一生的行业。

1935年10月我到南京报到时,李先生已先去广西,我独自带着一套"流动实验室"(那时的录音工具是唱片灌制机,连转盘、铝片、电池等,足有上百斤重),经上海乘轮到香港,转广东三水到广西梧州,再换乘汽车到南宁与李先生会合。那时尚在内战,国民党中央与粤、桂各自为政,只能这样绕道儿走,半个多月方到达驻地。这时调查的目的地东至柳州、武鸣,西至龙州、百色,有时是水路,有时是山区,行李、仪器,人挑马驮;我既要跟着记音,还得当技术员,这对一个初出茅庐的外行青年是一次严峻考验。

在广西四个多月完成了调查任务。李先生写成《武鸣壮语》一书,我也写了一篇《武鸣壮语中汉语借字的音韵系统》的初稿,这是我的第一篇有关语音的文章(后来直到解放后才加以整理在中国科学院语言研究所编的《语言研究》上发表)。我在南京期间,又随赵元任先生和几位同事去武昌调查了湖北全省的方言。不久"七七事变"发生,全所在南京沦陷前夕撤退到长沙,住了四个月,参与调查了湖南全省方言(后来都以调查报告形式刊印)。抗战期间,调查研究经费无着,我也因家累离开昆明另行觅职,直到解放初期,中国科学院成立语言研究所,我才应所长罗常培师的号召,回到语言研究岗位上来。

这些年来,我主要从事语音实验研究。我们早期的设备是30年代刘复先生和罗先生置备的,当然早已过时。50年代后,由语言所逐年补充了新设备,才建成稍具规模的语音实验室。我们大部分力量是放在普通话的语音分析上,通过实验提供了若干生理和物理的参量;并按期补充了人员,培养了研究生,后来又常与国内外同行交流。

在语言所的30多年中,我们一方面从国际上的交流和文献中吸取新知识,一方面提高自身的实验水平,以求努力追上时代。但是由于十年动乱的干扰、停顿了我们的工作,直至70年代后期,才有了恢复扩充。大致说来,我们历年来发表于国内外有关期刊的论文(如《中国语文》、《中国语言学报》、《国际语音学会志》等),多少反映了我们的工作进展情况。在此期间,我曾参加过好几次国际语音学会议,培育了几届研究生。在1979—1980年度并应北大之邀为该校及其他几个院校的研究生开设实验语音学选修课。现在这些位研究生有的正在国外深造,有的已经学成归国。其中有些人并已经或正在筹建实验室,开设语音实验课程。此外,还有不少有关语言信号处理的单位,前来咨询或委托培训。回想40年前的这一学科冷冷清清,而目前此道风起云涌之势方兴未艾。这固然是形势要求使然,但也因语音知识从口耳之学到科学实验,是一个必然的进展过程。所以陆诗的"文从实处工"可以借用为"知从实处来",而"道向虚中得",更使我联想到,一门科学如不务虚就难有创新,实验语音学尤其如此。一个研究课题从实践上升到理论,又从而指导实践,虚实相成,才有进展。

二、治学一得

"愚者千虑,必有一得","一得"不一定是成功的结果,失败的总结也是有得。自己在这条道路上摸索了半生。行年八十而知七十九年之非,朝华虽落,尚可夕拾,总比毫不自知的好。拉杂体会,略得数端:

1. 博而能约　清末学者王国维曾引用几句宋词概括了治学或立业者的三个境界。简言之,第一境是"独上高楼,望尽天涯",是说先要博览周咨,为此后研究工作做好准备。第二境是"带宽不悔,为伊憔悴",是说认定目标后,要深入钻研,不惜废寝忘食,努力攻关。第三境是"千度寻他,那人却在",是说量变到质变,功到自然成,这只是概括的比拟。实际上学无止境,代有新猷。这三境不是走过算数,而是轮流不断地在螺旋上升,往往一个问题解决了,新的难题又来,有时甚至还得从头做起。有的更是一曲未终,周郎已顾,就得虚心向人求教,改正错误。不过第一境界很重要,应该在年富力强时打好基础。譬如造塔,塔尖可以小,而塔基不能不大。吕叔湘先生前几年在一次治学经验座谈会上,曾谈到他在大学时钻进书库遍览群书之益。我也有过这种体会和经验,当时清华图书馆的藏书颇富,善本亦多。书库上下三层,排架长达几十里。学生可以自由进库选书,我在一年级初进这宝山时,真是眼花缭乱。我除了需要借阅的书外,其他一般都想去涉猎一下,看看是些什么内容。这当然谈不上去读,不过先有一个印象,到用着时再去查,就方便了。当我在毕业前写论文的一段时间,照规定分到图书馆中的一间写作小屋,不必出库,把书大量搬来应用,也不用写借条。我就是在这样环境里生活了好几年,也许就养成了一种所谓"杂家"的作风吧!这个"杂"有时却颇有用,不过要杂而渐化为专,博而终反诸约,那是后话了。那时清华的制度,文科生必须修一门理科,中文系必须读两门外语。而且在所修学分不足时,可以自己选修喜爱的课程。这些都对我后来的业务有帮助。例如我在大学的五年中(因转系加一年),这两系的必修课,除中国语文和三门外语外,还学过大学物理、化学、数学、机械画、车间实习等。虽都只得皮毛,但却开阔了视野。我的课外活动还有乐队、话剧、昆曲、摄影等。体育锻炼在体育名教授马约翰先生的严格要求下,每早要长跑一英里(即1.6公里),这些杂学和锻炼,给我后来在实验中的动手能力、考虑问题的思路领域以及工作中的体力耐劳等打下了基础。

还有一件事更重要,就是吕先生在治学座谈会上提到的"补课"。我是到了语言所之后,才"补"了课的。任何学问的研究方法和成果,都一直在发展更新中,语音学更是这样。X光机未应用到语音研究时,无从知道声腔舌位的活动状况。近来的高速照相的喉镜揭示了声带颤动的奥秘,言语声学使语音处理开了新纪元。生理、声学和感知的特征研究促成音位系统的新分类法……,这些知识我不仅在大学时是闻所未闻,就是在各届的国际会议的论文报告内容,也都有不同的面貌。因此现在写出一本《语音学》,也许不用过上七八年就得重新修订。我们干这行的如果只吃老本,在这日新月异的学海中做个蜗牛,不多时将会被新潮淹没。这对我的压力是大的,但也养成不敢自足的习惯而时时有求新的欲望。最近有一位语言学权威曾说,现在国外的语言学文章,都快要看不懂了。这并不是过谦之词。当然,国际上新的理论和方法,有的并不一定解决问题,有的还在萌芽阶段,这都要能辨别取舍,不一定一概去盲从。

前人的著作代表了当时的先进思想和成果,不能一概摒弃,要紧的是如何加以整理和利用。清代的音韵学家只要能辨别"五音",就觉得神秘非凡,这是那时的条件所限。今日语音学的内容随时有新的修正补充,单单注意眼前这点资料是不够的。所以这个"博",不但应该继承传统,更得面向世界。吕叔湘先生在《给一位青年同志的信》中说过,在动手研究一个问题之前,应当把跟这个项目有关的文献,都找来看一遍。这些材料不是呼之即来的,而是全靠平时留意。这就是"博"。他又说到收集材料要有针对性,不是无目的地乱找一通。所以普查资料是作好未雨绸缪;而集中攻关则是探骊得珠。这又是"约"。两者不可偏废。这些看似容易,实际不是人人都能做得很好的,最难的是持之以恒。这点我自问是做得很不够的。

总的说来,博而不泛,约而有鹄。陆诗的"百川赴海",是"用宏","一鹗凌空"是"取精",治学之道,应该这样。

2. 三到——眼到、手到、心到　在工作中平时多看文献,随手摘抄卡片,这样做的人是很多的,但是持之以恒却不大容易。多看文献不仅是为了广知,还可得到信息。例如,你自己提出的方法或创见,可能早已有人发表过了。自己钻研未成的问题,可能早已有人得出成果了。造成的结果是:别人已有一定成果,而自己不去采用,还在从头做起,这是浪费时间,事倍功半;别人已经发表,而自己不加引证,还作为创见公之于世。这往往会暴露其寡闻,或甚至引起剽窃他人的误会。

3. 联系实际　学问无国别,但应用范围则有环境的限制。学习别人的东西,不但为了治学,更重要的是要致用。因此别人的方法结果要联系到我们自己的应用范围来。其间或同或异,就要根据实际需要来辨析取舍。就语音研究来说,由于有地区的差别、时代的推移,前人学说的可靠程度,都会有局限性。罗常培师早在30年代所写的讲义中就已说过:"辨章声韵,审音为先。前人操术弗精,工具不备,或蔽于成见,或囿于方音,每致考古功多,审音功浅。自近代语音学兴,而后分析音素,可用音标以济汉字之穷;解决积疑,可资实验以补听官之缺。举凡声韵现象,皆可据生理物理讲明。从兹致力,庶几实事求是,信而有征矣"。这一段话到今天还是值得好好体会的。在生理学和声学技术应用到语音研究以前,许多语音描写都还是停留在口耳之学上,其可靠程度会因个人的辨音能力、主观判断不同而大打折扣。"囿于方音"用现代的术语来说,叫做"语音偏误"。在双语者学习目标语音时,每用母语音或中介音来代替,这是现代双语教学研究中最感兴趣的问题。罗先生早在半个世纪之前就郑重提出了,可是我国目前还很少有人作过科学性的探讨。这是今后应该进行大量调查和统计分析的一项课题。

前人学说并不都是出言无据的。例如,中古、近代的韵书中对语音的极有系统的分类,明清音韵学家和曲学家的著述中对于发音部位、方法的描写,都是宝贵材料,这些论点早于西方好多年,都有待我们用新方法来看待和整理,以便好好地加以利用。还有,近代语音学理论,大多数是由西方传教士或侵略者对各民族(特别是少数民族)的语言调查中所得的语音材料归纳出来的。他们为有的民族创造了拼音文字,整理出语音系统,是有成就的。可是方言语音是"十里不同风",未调查到的地方还占多数。现有的标音符号和音系规则肯定不能代表全部。近年来国际语言学界对语音规律及历史音变的有无普遍性,已常常展开讨论。这是因为搜集到的资料日多,范围也日广,就每每发现原有材料的不足。因此研究一个特定语音,重在调查实验。已有的材料和方法不是不能利用,而是要针对实际,斟酌取舍;更要紧的是要能总结出规律来。

实验材料固然重要,如没有正确的理论和方法来指导整理,就不易得出正确结论,有时往往还钻进了牛角尖。在这里我想提出一点不成熟的看法。西方的语音研究分析,从微观的要求来说,细致精密,值得效法;从宏观的看法来说,则往往攻其一点,愈钻愈狭。特别是对研究多变的语音序列来说,如无很好的理论来指导,可能失于繁琐,或至胶柱鼓瑟。辩证法的矛盾论中对量变到质变以及"变革是永恒而静止是暂时的"许多说法,都给语音研究提示了方向。音位变体因人而异、因语境而异,如果执一以求,只顾计量,而不考虑相互关系,将致陷入机械的论证。所以研究语音,既需调查实验,取得精确数据,还应适当地联系唯物辩证法来看问题,才不至于走进死胡同。

三、面向未来

半个世纪以前,语音实验还只是语言教学和研究中的辅助手段。近代语言交际日益频繁,由于多种需要,这门学科已成为一门边缘学科。最近到了信息时代,无论自动控制、人工智能、特殊通讯、影音教学、语病矫治、人造喉和耳,以及一切言语工程上都无不需要实验语音学,乃至现代的语言学理论如:韵律特征、区别性特征、自构音段、言语知觉、动感理论、语言音系学等等新的语言研究,都无不以大量的语音实验材料为依据。但是,人的语音只是语言的运载工具,说出语言的语音,无论是生理的、物理的和心理的千变万化,都自觉地或不自觉地服从语言的动态规律,而不仅仅是那些肌动程度、声波分量、频率高低……等孤立的、离散的最小单元或代码;听到的语音也不是这些离散单元。特别是,语音变化在不同发音人以及在时间上的分布都不尽相同,很难只用现有的数学公式来处理就能给出满意的模式。现代开明的语言学家和言语工程学家已能认识到,今日的语音学研究已越来越离不开语言学的理论指导了。不过目前的语音学虽大有革新,还远不能适应新需要。对言语代码中什么是变量,什么是不变量;哪些个性之中有共性,一个共性能包括多少个性,个性与共性在什么条件之下会转化……这些知识在语言自动识别和人工智能等方面是极其重要的。其中奥秘的发掘,还有待于这一代和下几代的语言学家的共同努力。因此在1983年的第十届国际语音学会上,瑞典皇家理工学院方特教授的中心发言就有这样的呼吁:"我们对作为语言代码的言语的认识,仍然是很贫乏的。我们需要的是第五代的言语科学家,而不是第五代的计算机。"他并指出,"今天的语音学受到新的重视,这是因为它在越来越重要的人类职能的研究中有着极其重大的作用。"……所以今天的"文科院校的年轻人正在研究信号处理的数学问题。反过来,电工学系和计算机系的学生对语音学和语言学的研究也作了出色的贡献……"这个趋势也正是国际上语音学者和言语工程学者共同的目标。

方特教授所谓的第五代言语科学家,可以有几种解释,如按实验语音学的进展来划分,则50年代以前都算第一代,主要是生理分析,50—60年代是声图仪的大量应用,声学分析达到高潮。60—70年代是第三代的计算机的分析与规则合成。70—80年代是第四代,主要是大规模集成电路在语音信息处理上的应用,有限词汇的自动识别以及言语感知的研究。80年代以后,所谓第五代,语音处理可以和"第五代计算机"配合,来解决人类语言信息处理的诸多方面,特别是语音学方面的问题。

第五代语音学应该在我国汉语的园地上生根、发芽、滋长。汉语的传统音韵学给我们留下了许多财富,以及尚待解决的问题。广阔的国土、众多的民族为我们提供了极其丰富的方言和声韵材料,都待我们去开发、整理。在不久的将来,要能拿出无可辩驳的材料,建立新的音系学和知觉学的理论,为我们的语言学语音学,在国际学坛上争取地位,陆诗的"气骨真当勉,规模不尽同",可为此写照。

从事现代语音学研究,在博与约之外,还有个根本问题,就是要遵守科学。无论是自然科学或是社会科学,都同样要有严密的空间标准与时间标准的概念。语音的共时研究,不但要分析语音生理、物理、心理的共同特征，还要因人因地注意其空间上的区别。历时研究不但要探索纵的历史音变规律，还要照顾到横的社会渗透影响。而且无论共时或历时研究，都可以有语音学或音系学的两种表达方式。目前我们常看到的一些语言学上或语音学上的争论，也许可以说，绝大部分还是由于两种标准概念的混淆，以及两种表达方式有别，于是各执一词。因此未来的语音研究，先要扫清这些障碍，树立科学概念，才能阔步前进。

关于人才和设备的配备，在欧美从事这方面研究的专业人员何止数千人，而我们则少得多，而且有许多还只是停留在现成技术的移植应用，而且缺乏自己的语言、语音实际研究的基础。科技方面的人才，多忽视语言语音学的知识，而语言学方面的人才，又缺乏数理的基础训练；这样将使我们的这门学科长期停滞不前，最多也只达到第三、四代的水平。

"君等勿匆匆"，现在老的一辈虽有余热，然精力已差，岁月无多。光阴是一瞬即逝的，新来者如果只作匆匆"过客"，而不去埋头苦干、抓紧赶上，这门学科就很难有飞跃的希望。今后如何急起直追，将是教育界、语文界、工程界的共同职责。我自己虽已届伏枥之年，仍愿不断求知，所得乐与人共。兹录我在前年甲子岁首的书怀一联，以结此篇，并以言志：

    文章有新意 事业让群贤

1988 年秋于语言研究所

漫谈我的治学经验

葛信益

我没有什么好的治学经验,只想把我几十年中先是怎样向老师们学的,自己是怎样做的,后来又是怎样教人的等等总结一下,写出几条来,作为现在及后来者青年们参考。说得不对的,请读者批评指正。

先说说我的简历

我是1910年2月出生于山西稷山县杨赵村一个务农兼经商的大家庭。初中在邻近的新绛县绛垣中学学习,四年初中毕业后因为这里无高中,得到别地念二年高中。是继续上高中,还是另谋他途?如果上高中就得需要一大笔钱,我家就供不起了。就在这时我同村表兄罗眉仙家伸出援助之手,愿每年出160元钱供我到北平上学,一直供到大学毕业,即使那样我家还需要每年出一百四五十元。

1930年暑假初中毕业后,我就同新绛县的同班同学韩梦麟,一起来到北平考入辅仁大学附属高中二年级。1932年毕业,考入辅大国文系。1937年毕业,留系做助教,后改为《广韵声系》编辑部编辑。1938年考入辅大文科研究所,作为在职研究生。1941年毕业,升为讲师。一方面做编辑,一方面又在大学兼课。1956年升为副教授,1986年升为教授。1986年底退休后又被返聘,培养研究生。

现在还想附带说明两件事:

一是罗眉仙为什么能资助我上大学?罗原是山西介休县人。由于我的曾祖父帮助过他的祖父,把女儿许给罗家,并安排罗家住在我村。后来罗家经营盐业发了财,不忘我家对他们的恩惠,于是慷慨解囊。这是以德报德,我身受其惠,应没齿不忘其恩,我家子孙后辈也应永志不忘。

另一是当年在北平上私立学校,学杂费很贵,很不易维持到毕业。我每年在三百元中除交学杂费、住宿费、饭费等之外,所剩无几,要维持每年的学习生活,全仗自己省吃俭用,刻苦自励。久而久之,也就养成勤俭刻苦、不乱花钱的习惯。这样,不仅学业有成就,而且身心也很健康。

做学问要读原书,讲授原书

我在辅仁上学时,有幸遇上好几位全国有名的饱学之士,如陈垣、沈兼士、余嘉锡等老师。他们都提倡做学问要读原书,不应只满足于念几本概论以及讲义之类。

陈老师教过我们史源学,教材用顾炎武的《日知录》。每周上课前先让我们在家查找《日知录》文章中哪些是顾炎武的话,哪些是他引用别人的话。陈老师常说,顾氏的文章写得很美,很简洁,他能把别人的话融化在自己的文章里,使之天衣无缝,觉不出是别人的话。开头查找时很苦,辨别不出来。后来习惯了,入门了,老师也不断在课堂上面授机宜,慢慢就能找出来了。这样,一方面可以熟习古书篇章及其内容,另一方面对自己写考证文章大有裨益。可以窥见有名作家写文章是怎样安排材料,怎样遣词造句等等。

沈老师教我们《说文解字注》,课名叫"《说文》点读"。他先叫我们在一年之内把段注点读一遍。他每周在课堂上逐篇逐字讲一些他认为段注没有涉及到的字的形音义问题,往往能启发我们怎样深入研究文字的形音义。他在讲解时很注意在死文字中联系活语言,使学生学起来不仅不觉得枯燥,反而有兴趣愿意继续深入挖掘《说文》和段注中的无限宝藏,丰富自己的知识。点读《说文》开始时觉得是一件苦事,沈师早就说过:"初次点读段注,难免有错误,读不下去,但不要怕错,更不要半途而废,慢慢习惯了,可以上瘾。什么兴趣都是从坚持中来的。有些句子不好断句,可以多读几遍,也可以先放过去,过些时候再回过头来读,可能就读通了,这说明自己有了进步。"这些就都是经验之谈,不能等闲视之。沈师还教导我们说:"许书有许书的体例,段注也有段注的体例,点读时应分别摘抄出来,加以研讨,就可便于阅读。"以上这些都是十分宝贵的经验,学到手就可以一辈子受用无穷。我这些年教研究生做学问,有些就用来明确要求他们这样做,打好基础,逐步深入。也告诉他们做学问要务实,千万不要好高骛远。

余嘉锡老师是个前清举人,走起路来迈四方步,目不旁视。他做人处世,一丝不苟。他教我们目录学,教材用张之洞的《书目答问》。余老师是个有名的博闻强记的人。他谈经史子集中的每一部书的内容版本等等,都能头头是道,如数家珍。写黑板似乎有腹稿。他讲每部书都涉及到内容如何,有评介,有补充。这门课是旧日大学中文系一年级的必读课,它使学的人了解到每部书的大体内容以及版本的好坏。读书人知道了这些,对自己以后看书或买书就不会上当了。

我现在体会到提倡读原书,讲原书,好处很多,其中最主要的一点就是作为教材的一部好书,由老师示范性地作些讲解之后,自己根据需要还可以进一步作些钻研,也可以对某些问题有所发明创造。俗话说:"师傅领进门,修行在个人",就是这个道理。如果在学校里只读几本概论或讲义之类的现成的东西,可能开始时觉得很不错,慢慢就会感到很不够。因为学到的东西太有限,始终不能摸到做学问的门径,升堂入室,发挥自己的才能。

整理课堂笔记,非常有用

整理听课笔记,也是一种自己用功学习的好办法。每门课都应这样,这里只想谈谈我是怎样整理范文澜老师的讲课笔记的。我在大学二年级时,范老师给我们讲中国文学史,没有讲义,也没有指定的教材。他每周上课就是他讲,学生记。他经常在黑板上写许多书名及引文的开头一二句和末尾一二句,因时间关系他不可能把引文写全。范老师那时已是一个马列主义者,他的观点新颖,处处以经济基础作背景来说明文学史的发展情况。我当时每次听范老师课之余,就钻到图书馆找他写出的书名及引文。先找到书,再把引文写全了,然后晚上在住所里,顺着他讲的意思把引文串起来,成为可读的东西。如果有不清楚的问题,在下次上课时就抓机会向范老师请教。经指导之后,我再到图书馆找书看,在笔记上作补充。范老师课讲完了,我的笔记厚厚的两大本也整理完了。

　　后来我亲自带上笔记到他家请他审阅,他答应留下随时看。半年之后,我又去他家,他除了夸奖我几句之外,还提了一些意见,我回来又作些修改和补充。这部中国文学史笔记很有些特点,它是由马列主义观点这根红线贯串起来的,摆脱了多少年来的旧框框,尤其是在30年代那时期用马列主义新观点讲文学史更是难能可贵,使人耳目一新。对我自己来说,我因而还读了不少书,也练习了写作,受益很多。现在学生们在课堂上也记笔记,但是由于老师讲得很细,很完整,学生们不必跑图书馆再去查找书作补充。这样嚼碎了喂学生吃,终究是乏味的,不是好办法。不如让学生自己亲口吃、嚼有味。现在学习的风气已经变了,学的人只想得到现成的东西,不肯自己下苦功夫,得到的益处自然就少了。研究生的心理也是这样,总想得到现成的东西。这种情况不改变,学生学习的质量便提不高,基础也就打不好。由于我后来搞语言文字,我就把这个笔记送给搞中国文学的我的学生聂石樵了。

参加编校工作,可以学到很多东西

　　我从大学三年级起就先在辅仁《广韵声系》编辑部帮助沈兼士老师(他主编《广韵声系》)做编校工作。

　　1937年我大学毕业后留系做助教,1939年又改为编辑员。先后几年间,我学到了课堂上学不到的许多东西。现身说法,我愿把学到些什么告诉大家。我刚去帮忙时,编辑工作一时还插不上手,先帮忙做校对。校对工作,有些人瞧不起。其实把这种工作做好了很不易。首先得具备对《广韵》这部书的常识,对编《广韵声系》

的宗旨等等有个了解,即先得自己学习一番,不懂就问;其次,用《广韵》原书去校对《广韵声系》需要耐心细心,一点都不能马虎。这是丁对丁,卯对卯的工作,没有耐心,根本不成,不细心也不成,耐心细致是可以从磨炼中得来的。

再其次,要深入了解《广韵》内容,发现问题。校对出有异同处改正,这比较容易。在异同中深入分析研究,得知《广韵》书中有种种讹误现象,加以纠正说明,这就比较难了。总括起来,有以下五点可以说说:一是正文夺落而注释误系于他字之下。例如平声模韵哀都切"㺃"字注云:"盘㺃,旋流也。又忧惧切。"根据"又忧惧切"这个又音,知道平声虞韵忆惧切下应有个"㺃"字。可是忆惧切下无"㺃"字。而忆惧切下的"尪"字,注云"盘旋"。这显然与模韵"㺃"字义同。查考《说文》、唐诸家切韵以及《集韵》结果就可发现:《广韵》虞韵忆惧切"尪"字的原注及正文"㺃"字都夺落,遂误以"㺃"字原注"盘旋"二字系于"尪"字下。张冠李戴了。如果写成这样:"尪, 股尪也。 㺃、盘旋。"就可一目了然。《广韵》中这种讹夺的错误,我已发现了十处之多,这是自《广韵》以来读者未曾注意到的。

二是考出处,明是非。例如平声歌韵得何切"侤"字下注云:"汉有侤宗",重文作"倗"。考《汉书·王尊传》作"倗"。《广韵》平声登韵步崩切作"倗"。《汉书·注》:"苏林曰倗音朋,晋灼曰音倍",无得何切一音。后来"倗"讹为"倗",又由"倗"讹作"侤",误认为从多声,韵书遂收入得何切下。实际上"侤"、"倗"均为讹体当删。

三是据形以审音,知其反切有误。例如平声侯韵"谁"、千侯切。案"谁"字从崔声,不得音千侯切。"千侯"乃"千佳"之误。考《广雅·释诂三》谁字,曹宪音千佳反,可证。是此字当收入平声脂韵取私切,因反切下字"佳"讹为"侯",韵书遂据入侯韵。查《切韵》及唐诸家切韵侯韵均未收此字,知其误在《切韵》之后。

四是依音以定字形讹误。例如去声霁韵"愣"字,奴计切,注云:"愣㤿音慢,又相愣摩也。"案"愣"字从骂声,与奴计切绝不谐,"愣"字必有误。考《集韵》霁韵郎计切下有"懰"字,注云:"懰㤿,欺谩也。"据此,"愣"字疑即"懰"字之讹,本音郎计切,钞胥误入奴计切下。《广韵》平声齐韵郎奚切下已有"懰"字,注云:"懰㤿,欺谩之语,出《方言》。"此郎计切即其去声也。又注云"音慢"二字,疑即"欺谩"之误。

五是本无其字,因讹成他字,遂添音切者。例如平声东韵"涫、居戎切。县名,在酒泉。"考"涫"、《汉书·地理志》酒泉郡作"冾"。《广韵》平声桓韵古丸切自有"涫",注曰:"东涫县,在酒泉。"可证此"冾"为"涫"之讹。因"涫"讹而为"冾",韵书遂据入东韵居戎切。这就是重纰貤缪,音随形变者矣。检唐诸家韵书东韵已收讹体"冾"字,知其误不自《广韵》始。

编辑工作更需要具备专门知识以及各种常识,比校对工作难度大得多。我当时比较侧重在检查修订补充《广韵声系》的案语方面的工作。案语有简单的,有复杂的。复杂的有长达几十个字或一百多字的。百余字的案语像一篇短小文章。这就需要把考证材料安排得当,说理简明扼要。这种案语,说起来容易,实际写起来就不见得容易了。我当时总是先起草好案语,呈沈老师批改好了再誊清,最后让文书正式写在《广韵声系》稿内。记得《广韵声系》"篴"字下的一百二三十字的案语我就反复修改了几次才定稿。"篴"字在去声霁韵丑戾切,注云:"胡竹名也,杖也。"这个字不仅读音有问题,而且注释也讹误,不可读。查《广韵》各版本都一样,无从纠正。这就得查考《广韵》以前的字书韵书的记载。先看这个字有无丑戾切之音,再查注释是怎样讹误的,最后加案说明。"篧"字与鱼韵丑居切及模韵同都切的"筡"字为一字。《集韵》模韵同都切下之"筡"字或作"篧",可证。惟"篧"字从途得声,不得音丑戾切。考《说文》《玉篇》及《尔雅·释文》等,此字均无丑戾切一音。疑此"戾"字盖即"居"字之形误。既误为"戾",写者不审,遂据入霁韵。查《切韵》《王一》《王三》及《唐韵》去声霁韵均不收"篧"字,《王二》虽收"篧"字,然在韵末,知为后加。又《王二》此字注作"又杖胡反,竹名"。"杖胡"与"同都"为类隔切。是《广韵》"篧"字注当作"竹名,又杖胡切"。今注"胡竹名也,杖也"。已散乱不可读。

我当时还注意到《广韵》的异读(也叫又音)问题。我的硕士论文就叫"广韵异读字研究"。我发现了《广韵》中有许多因字形误同而误注又音,会使后之读者上当的。例如平声侵韵余针切"婬"字注:"贪也,又延求切。"这"又延求切"就是误注的又音。为何会误注?是因平声尤韵以周切下有"䍃"字,与"婬"字形近似,但非同一字,必是编书的人误认"婬"、"䍃"为一字,于是在侵韵"婬"字下误注"又延求切"四字。查《王二》侵韵"婬"字即讹作"䍃",与尤韵以周切"䍃"误同,《王三》侵韵"婬"字不讹,与《广韵》同,但"婬"字下未注又音。均可证明《广韵》"婬"下"又延求切"四字当删。

总之,我觉得参加编校工作,除在知识方面得到很多东西外(几十年中我写了有关《广韵》的论文约 20 多篇,拟出《广韵论文集》),还在写作上如何查找材料、安排材料、剪裁材料等等方面学到许多东西。回忆每逢拿到沈师修改的案语,仔细琢磨他为何这样修改,为何那样删去几个字,等等,就可得到启发,举一反三。老师的指点,自己的思考,就是学习的最好方法。还想到,沈师在讲

《说文段注》时,曾告诉我们:段氏每个字的注就是一篇小文章,应细心读,用心琢磨,考证的文章就慢慢会写了。这些经验之谈,我始终没有等闲视之!经过草拟案语的实践,深知多动笔写东西,是一个人提高写作表达能力的重要途径。我在给研究生讲课过程中,也不断找些病文让他们练习修改,最后我再总结式地讲讲。我认为在培养人才方面,提高他们写作的表达能力也是非常必要的,必须坚决克服他们一般所说的眼高手低的毛病。又联想到我上初中时一位教地理的老教师王金铎,他对学生的笔记本经常抽查,对纠正错别字非常严,从不放过一个字,一经发现有错别字,他马上就大声训斥,有时把笔记本扔在地上,用教鞭使劲敲桌子。学生们每上他的课总是提心吊胆,自己先把笔记本上的字仔细查对一番。大家注意了错别字,以后慢慢就不出现错别字了。严师出好徒。从养成不写错别字好习惯来说,我是很感谢这位王老师的。现在有许多学生不注意写字,经常写错别字,写不规范的字,大半是由于学校的老师不严格要求学生,甚至有的老师不敢严格要求学生,因为老师自己就常写错别字,怕一严格就严到自己头上了。这种怪现象一定得彻底改变。

困 学 反 思

徐世荣

北京市语言学会组织这次笔谈,要求老年会员写写自己的治学经验,与同道们交流,互相学习,是件大好事。这个命题,写起来似易而实难。第一,治学之道,古人及前辈学者所论已多,自己的钻研方法,求索功力,并没有什么新鲜的,再谈,免不了是"老生常谈",絮聒而无味。第二,向别人介绍自己的心得,先要想想自己的造诣算不算有成? 是"大成"? ——当然不是;是"小成"? ——成否难论;还是"未成"? ——尚待努力;"无成"? ——全不足道;"不成"? ——驽下之材,可以休矣! 学海幽渺而无涯,我究竟航行到了什么地界,心中实在无底。若仅是瓢酌蠡测,又有什么值得向人介绍的呢? 但是答卷总得交出,因而用了这个标题:《困学反思》。"困而学之,又其次也。"前半生的一点儿经历,实不足为贤达一道,是次而又次的一篇豆腐账。"反思",是自己的事,好的,坏的,都允许回旋于脑际,绝无夸耀之意。此文算是一篇随感、漫记,似无不可。

最近我遇到这么一件小事:一位不相识的青年与我通信,要求给他出个研究题目,并让我指点门径。其意是以发表为目的,以读书、研究为手段,本末倒置,使我难于作复。可是,反思我个人的求学历程,回忆青少年时代的思想状况,求学目的是否明确?毋庸讳言,也是处于混沌、迷惘、彷徨之中。若说"吾十有五,而志于学",那才怪呢!为学之志,真正树立起来,诚非易事。

　　迫于家庭经济情况,升大学时选择了北京师范大学。取其在学时不需费用,而毕业后保证有个充当中学教师的饭碗子。这是实话,当时哪里有什么"振兴教育""乐育英才"等等的想法。在校四年,接触几位明师,才引我"进门"。"进门",即步入学术之门。开的课程,门类繁多,必修课之外,还有若干选修课,古今中外,纷然杂陈,对一个不满二十岁的青年来说,真如彳亍于"山阴道上"。虽说是"目不暇给",可是各色各样的东西,摆在眼前,总得东张张,西望望。四年时间,全是观察、品味阶段。"进门"之后,既未"升堂",更未"入室"。现在回溯,这一阶段也相当重要,经过长时间的观察、品味,才能在比较中作出抉择。虽是一个中文系,但大圈圈里还套着许多小圈圈。在专业上走哪条路,要在这时定下来。补充一句:在选择专业时,好老师给我的吸引力很大;紧随钦敬之后,就想奉为楷模,尊为师承了。

　　于是我选定了语言文字这一专业,当然也离不开"文(文学)、史、哲"等多方面基础知识的汲取、涉猎。大学毕业后,供职于黎锦熙先生、钱玄同先生主持的"中国大辞典编纂处"(隶属于那时的"国语推行委员会"),担任编纂工作,同时兼任师大附中等中学的"国文"(语文)教师。这两个职位,对我的治学关系很大。编纂工作,使我"坐拥书城",泛观博览("大辞典处"有相当数量的藏书,由于工作人员不多,取阅十分方便);教学工作,使我"必求甚解"("甚解"者,钻入字里行间的十分深透的理解),以应对学生的问难,我必须走在学生问难的前面若干步,才不至瞠目结舌,当堂出丑。这样,自然地起了鞭策之效。学生会提出许多怪问题,记得有一次讲陶诗:"采菊东篱下,悠然见南山"时,学生提问:"东篱"在东,"南山"在南,陶渊明必须扭颈回身,才能望见,在扭颈回身之际,能有"悠然"之感吗?又有一次讲白居易《长恨歌》:"孤灯挑尽未成眠"时,学生提问:唐玄宗虽退位,但仍是太上皇,何以清贫得只点一盏灯?对这类怪问题,自己必须想得到,早作准备,设法用修辞上的"跳脱""夸张"等格来解释,并说明文学艺术手法,允许与实际有些距离。要解答得使学生满意,才能维持自己的威信。当然也遇到不少能使我提高的问题,如问唐代文学家"张说"的"说"字何以知其应读 yuè(同"悦")而不可读成 shuō? 使我思考,查书,答复学生:张说字道济,古人名与字的含义多有关联。"道济天下"(《周易》语),"非不说(yuè,通'悦','悦'为后起字)子之道"(《论语》语),转两个弯,才能把"说"读 yuè 音的理由讲通。学生释然无异议,教师才能心安。可别轻视教师这项工作,不容易呀!但是"教学相长",也让我尝着甜头。青年时代这两项工作,使我治学目的逐渐明确,有了正确目的,如同有了导航明灯,兼起推动、促进作用。"多读书"成为可能,"深钻研"成为需要,奠定了为语文教育与研究工作贡献一生的志向。中年以后,被国家安排在推广普通话的工作岗位上,更使我认识到语言工作者当前必须从事现代汉语规范化的工作,以利生产建设,人民团结。这 30 多年,使我更多地接触了实际,一堆堆应该研究解决的问题摆在我的面前。干吧!该做的事可多了,需钻研、汲取的东西可多了!走在康庄大道,不必再有什么彷徨、张望。

反思几十年间,于语文专业略有所得,是依仗什么力量?采用什么方法?值得概括一下:

A. 得益于实践。实践的方式是多方面的,像编写(编写教材、工具书,发表论述文章),讲课(历任中学、大学及广播、电影高校中央普通话语音研究班、进修班教师),视导(受国家教育、语言的行政机关委派,视导全国语文教学,宣传推广普通话),答疑(应对关于语言、文字方面问题的群众信访)等等。或关系职责,或必须应对,或由于兴趣,必须动脑,动口,动手,动腿(面向全国,身临各地);多读,多记,多写,多用。接触实际,开阔视野,碰壁则引为教训,顺遂则积为经验。从社会,从生活中磨炼,识进退,辨高低,知取舍,知识技能才成为自己的。若说大学受业的几年,全无用处,也太过分;但是比较起来,被人注入,终不如自己汲取。自己汲取当然辛苦些,但能更扎实些,而被人注入,则只是浮光掠影,不久会淡然消逝。我常告诫我的学生:"开卷有益!"尊重学者著述,却又不可全盘迷信,稍有疑惑,必须再查原书,再查资料,以相印证。一些打基础的古籍,必须亲眼看看,亲手翻翻。比方为中学生讲《项羽本纪》,若连《史记》面貌都不知,就不行了。讲点儿汉字字形,侈谈六书,若未研读过《说文解字》(至少是泛览),终是"隔靴搔痒"。工具书、基础性古籍名著,最好自备,因借阅只是暂时的,不能经常翻阅。我以前最喜逛旧书摊、旧书店,每月发工资后,必然买回几本旧书(不计版本,不嫌残破,人弃我取),甚至成为兴趣。日积月累,插架盈箱,颇以在"故纸堆"中为乐。有疑,有意,随即查书,不敢手懒。

记得年轻时闹过一个笑话。为朋友饯别,到饭馆聚餐。饭馆壁上点缀横幅,有"推潭仆远"四个大字。朋友尊重我,问是何义?我本不懂,偏要装懂,联系到眼前的饯别宴会,又看到"潭""远"字样,忽然想起李白诗"桃花潭水深千尺,不及汪伦送我情"。于是信口胡说:"仆远"的"仆"是自己谦称,自己将远行,劳君相送,推出如潭水之深情。总的意思是临行致谢。朋友唯唯,事后自觉不安,查了书,才知此语出于《后汉书·西南夷·筰都夷传》的章怀注,是外来语,本意为"甘美酒食"。强不知以为知,羞死人了!惨痛的教训,使我以后决不敢再妄作解人。典籍浩如烟海,未必能尽皆熟悉,也可能读后遗忘,查工具书,查原书,正可补拙。查书并不可耻,古人查书如"獭祭",未曾讳言;手懒,胡说,才是不足取的。另外,我还不时从书、刊、报纸上摘录、剪贴些有用的东西,作为储备资料或研究线索,这种杂学旁搜,也丰富了我的知识领域。

为增强笔下表达能力,必多多写作。经验告诉我:写作技能只有在自己笔尖下获得。它是以知识为基础,通过多次实践变化为技能、技巧的。单凭讲授、指导、理论,难起决定作用。记得一个旧笑话,庙会上有江湖人卖"臭虫药",自夸奇效,但谆嘱买者不得当街开药包看视,回家用时,才可开看。买者回家一看,内中并无药粉,只有一个纸条,上写"勤拿"二字,是教人经常捉拿臭虫,臭虫自可消灭。虽为笑谈,却颇能启发学人:灵丹妙药,巧招秘诀,终不及自己踏踏实实的努力。

实践的好处很多,但我自知应力戒浅尝辄止,务广而荒;应专注深入,锲而不舍,必有成效。

B. 得益于"知不足"与"见贤思齐"。二十四岁以后,有许多机会得与学者接触,闻见日多;相形之下,深感腹俭学疏,与老先生应对酬答之际,忐忑自惭。阅读书刊,每见佳作,于捧读钦佩之余,常怀"追上去!我也能……"的激情,或可称之为"发愤"吧!这个"愤"字恰好描写出我"知不足"而思进取的心情。决不可写作"发忿","忿"义为怨怒,我能怨怒谁呢?怨自己吧!"愤"义有特具意义,古人曾解为"心求通而未得"的感情,正是如此。如写"发奋",义为振作精神,大干一番,对我来说,又似乎夸大了,想急起直追,却未必够得上"奋进",只是自咎自励而已。由于"知不足","见贤思齐"(不服气),所以产生动力,勇于前进而无包袱。喜欢"偷学",暗下功夫,"私淑"某某先生。

比如自学"国际音标",想方设法借到几位先生的录音,加以比较,择优而从。为记忆音标符号,写成大表,张贴于床头、厕所、屋门后、衣柜里,抬头可见,低头可读,静坐时或突然出声,睡眠中犹喃喃自语。常以这个经验,告诉我的学生:学习国际音标,决不可单靠耳提面命,如鹦鹉之学舌,转瞬即忘,必须明其舌位、唇形、部位、方法诸条件,把旁行斜上的表格经纬交叉关系即入脑际,再运用自己的发音器官,多练,多用,才能真正掌握。有理性的记忆才记得牢。

又如自学音韵学,疑难不少。但觉得这些问题,专家们是不屑一谈的,因而不敢烦渎别人,就自己钻研,捺住头皮,咬紧牙关,多读,反复琢磨,经过冥思苦想,从"五里雾"中居然悟出点点滴滴的道理,掌握住一些系统规律。

这两方面的知识、技能,对我的推广普通话业务有用,逼着我下工夫,作为教研的工具和手段,或是"洋为中用",或是"古为今用",必须"通方"(方言)"通古"(古音),才能"通今"(针对方音,教学标准音)。比方说,我就曾利用汉字声旁的古音系统关系,进行方音辨正,学员们都认为不失为一种方法。

又如看见朋友独自编成一部大型专业词典,于是引起我的动机:"我也干!"80万字的《北京土语汇释》以十年之功编成了;参阅几百种资料的《古汉语反训集释》又以十年之功编成了。幸能不久出版问世,算是两个十年业余苦干的酬慰吧!人生有几个二十年哪!

C. 得益于多思。古人说:"学而不思则罔(迷惘无知)。"多思,就是为了实事求是,明辨是非。接受古人、前辈的学术论点,应该审慎,不可人云亦云。对某些问题,可以拿出自己的意见"疑义相分析"(陶诗)嘛!对于古今学者、师友辈,都应尊重,但对追求学术上的真理时却不可含糊。我的老师钱玄同先生给我以影响,钱师别号"疑古",做学问不迷信古人,不怕"非圣侮法"。他教导我们读书时多动脑筋,多问几个"为什么"。我钦服钱师的科学头脑,求真求是精神,也学着他,喜欢在书、文的字里行间钻缝隙。我发现大学者也难免偶然疏失,即所谓"大醇小疵"。我们末学后进,若能看出"小疵"而解决之,倒也是学问呢!

例如我曾订正《说文》"既"字训"小食"之误,"小食"二字是古文"饱"字(字形如"䚿",金、甲文或作"䚿")或别体"饕"字(字形如"䚿")之错写。因直行书写,误将一个字的上下两部拆开,致令一字变为两字。上举几个古文、别体,字形的头部与"小"形近似,展转钞写,鲁鱼亥豕,因而致误。正是俞樾所论"一字误为二字"(《古书疑义举例》)之又一实例。"既"义应为饱食,多食,食毕,才与字形之示意相合。"既"字右半为旡,象人踞坐扭头张口"打嗝儿"之状,面前(左半)为皀,是一食器,扭头不顾,是多食而饱。钞写《说文》者,不一定都写正体"饱"字,用个通俗的别体是可能的。且古人常把"既饱"二字连用,如《诗·既醉》:"既饱以德",《楚茨》:"既醉既饱。"《执竞》:"既醉既饱",《石鼓文》:"我马既饱"(原文"駂"即"饱"字假借,马叙伦考证)。可为"食毕而饱"之佐证(由"已饱"引申为已经完毕)。

又曾订正《玉篇》释"愲"为"恨"之误("愲"义为爱),乃由于《诗·谷风》"不我能愲,反以我为仇"的下句文意(上下文误串连,"爱"讹为"仇",再变为"恨")而致舛。似此等因多思而校订古籍之例尚多,这里不多举了。

还记得这么一件至今耿耿于怀的事。某年为某刊物审稿,有一篇文言译白话的短稿,译的是郦道元《水经注·三峡》一段(中学课本选入)。"至于夏水襄陵,沿溯阻绝。或王命急宣,有时朝发白帝,暮到江陵,其间千二百里,虽乘奔御风,不以疾也。"其中"沿溯阻绝"一句,译稿遵课本注解之意,也译为"下行和上行的航路都被阻绝了。"但我却怀疑:"沿"与"溯"当然指水路的下行、上行。(《说文》:"沿,缘水而下也","溯",逆流而上曰溯洄。")下文写行进迅速,更明显是水路舟行。水路畅通,舟行才能如"乘奔御风"。怎么能解为"航路都被阻绝"呢?"夏水襄陵","襄陵"之意为水位高涨,漫过丘陵高地。大水把江中险滩、危礁淹没,航路自然畅通,才能轻舟飞渡。全段文字与陆路无涉。因此,"阻绝"应解为阻障全都消灭,"绝"字即"千山鸟飞绝"之"绝"。我认为译文可改,就按这意思改了。不想引起了微波,不少人来信反对,认为课本注释不可改易。甚至说:"你这一改,虽然讲解爽利,但这样句法罕见(指'沿溯阻绝'这样的主谓句)。"我虽证之以比郦道元(北魏)年代稍早的刘勰(南朝·梁时人)《文心雕龙》有同样句式(《原道篇》:"玄黄色‖杂,方圆体‖分"与"沿溯阻‖绝",句式相同。其实,此段文字出于"刘宋"盛弘之《荆州记》,郦道元据之编入《水经注》,盛与刘时代更近),但反对者并不能接受。于是责任编辑只好在刊物上"更正"。看来,狃于成说者众,想以新说突破,即使合情合理,却也不容易呢!

我的老师在30年代制定过一个《国音拼法全表》，称：凡四百十一音（即今日所谓"基本音节"），再分别四声，凡一千二百八十四音（即"带调音节"）。其中包括着拟声、感叹之字，如"欻"chuā，表示烹炸音响或队伍踏步音响。这一安排，实有挂一漏万之嫌。世间音响繁多，如 diang, pia, tiu 等，还有一些特别的发音，如赞美的"啧啧"实际发音应是舌面前音的吸气音[ʨ<]，嗔怪之声单用辅音[tɕʻ]等。既不能尽数收入，又何独爱 chuā 这一个音节？且此字自古使用，读 hū 或 xū，意义也与烹炸、踏步无关，只是借用而已。就因当日国音的音节表中有此一音一字，致令今之字典、词典不敢不沿袭下来，为"欻"字增一音，占点儿篇幅（当时若想得周全些，提出用拼音法拟声，该有多好）。感叹词列入"唷"yo，"欸"ei，"诶"e等，也是不完不备。严格说，感叹发声，口形稍有开合，即有多种不同声音，表达不同情感。未能列入表中的感叹声其实太多了。特别欠考虑的是韵母"ㄦ"的发音，注上个死透了的古字"鞦"，给后人平添多少麻烦。当初是为"国语、国音"制表，自然是针对现代汉语，而今是讲"普通话"，当然也是针对现代汉语编字典、词典，可是仍沿袭着、保留着这个向来罕用的古字，给它一个合法地位。这又何苦呢！

多思有好处，但我自诫：应防止臆断，避免哗众取宠。

D. 得益于敢辟新路。首先是不避"浅"，不避"通俗"。撰文，教学，取"卑之无甚高论"态度——这是由于黎锦熙师给我树下榜样。也许这是浅陋，是庸俗，高明者所不屑为，我却抱着"今之学者为人"（应作新解）的信心和决心，要在语言文字工作上为人民服务。自己偶有一得之愚，必然要换个平易的讲法，使人容易领会、记忆，事半而功倍。

例如:讲普通话语音音素的发音,我大胆地把元音舌位图与辅音受阻部位图合为一幅,把舌位图置于上腭之下。这样,可以显示辅音、元音音素的位置关系,更便于舌尖元音与舌尖阻辅音的比较,更便于讲述鼻韵母的结构,讲述 iu、ui、un 的变化原因等等。后来印成大型挂图及图解,仅用粗线条画出器官轮廓,只是示意,有的还故作夸张,虽不精密,却更便于教学时的直观。帮助学员分辨"前、后鼻音"(舌尖阻鼻音韵母,舌根阻鼻音韵母),指出"穿鼻"(后鼻音)响于"抵腭"(前鼻音)。发音、听辨应注意这一点,所以古今描摹洪大声音之词,多用"穿鼻"之韵。如:"汪汪叫"、"啃啃响"、"喧嘟嘟"、"咣当"、"乒乓"、"砰的一声"、"噔噔噔跑了几步"、"忒儿楞楞"、"轰隆"、"咕咚"、"扑通"、"铿锵"、"钟鼓锽锽"、"伐木丁丁,鸟鸣嘤嘤"等。这样举例,给学员印象很深,并可利用这些象声字的声符(如"王、当、郎、光、平、登、冬"等),类推出更多的应读"后鼻音"的字,帮助学员正音很有用。

又给学员讲点儿音韵学知识,因"三等字"复杂,我就诌了一首诗歌,以概括"三等"独有的字(各用一字,代表字韵及音节):吴讴益益瓮微温(韵母-u,-ou,-ang,-ong〈"瓮"字属"合口","送"韵〉,-ui,-un;前拼声母 zh,ch,sh 的),拂雨凉飙又掠云(f-,yu、ü,liang,biao,you,-iu,lüe,yun、-ün;全部),缥缈驰思始此日(piao,miao,chi,si,shi,ci,ri〈包括 er〉;全部),银娘雅谑自知恩(yin、-in,niang,〈"雅"衬字,无用〉,nüe〈"谑"字暂读,不用 xue 音〉,zi,zhi,-en;前拼声母 zh,ch,sh 的)。("以"母属三等,从新说)韵语易上口成诵,三等字大体包罗,记认不难了。严谨的音韵学化作油诗俚曲,只要有用,似也无伤大雅。

再就是教学语言、语音,常利用文学、美学、心理学、教育学的一些道理为辅助。在普通话教学中,提倡有表情的朗读及艺术形式的朗诵,提倡"想话练话",提倡看图说话(摆脱眼看文字,即容易发出方音的条件反射)。总结出语音教学上行之有效的"观察、比较、听辨、析出、手势、局限、引导、夸张"等八法。练习声调,汲取音乐的乐谱"复唱"办法,创行"定谱练习"(如以"lā là lā là la"一谱,可练"我要吃饭去"、"有事先办吧"、"总算听到了"等多句生活语言,每句声调因机械地重复多次而易读准)。

敢辟新路,不避浅陋,借助于其他学理进行教学,有不少好处,但我也力戒违背科学,注意科学性,不应过于粗陋。

以上所谈,仅据今日反思偶得,有不少"困学"经历,已经淡忘了。这时心情,正如李白诗:"却顾所来径,苍苍横翠微。"此道曲折溟濛,老马未必尽识,很可能已步入"歧中之歧"而不自觉。信笔写来,越写越像"老王卖瓜",就此打住吧!

良师指点　勤奋实践*

马学良

一

我祖籍安徽,先祖为戚继光麾下,后随军北上征倭,落户于山东省荣成县。1913年6月22日我就出生在那里。幼时家境贫寒,曾屡遭当地富豪歧视凌辱,故立志发愤读书。

1918年,我未满5岁,即入荣成县立模范小学读书。高小时期由于学习勤奋,老师在课外给我讲《左传》等古经书,为我的语文造诣打下了坚实的基础。除了良师的教诲外,慈母的严格督导亦是我少年时期刻苦攻读的极大动力。

1927年我小学毕业后,虽成绩优异,但校方以我家贫,拒不保送我升入本县中学,家人邻里无不为之惋惜。这一打击,更激发了我继续求学的决心,发誓要为贫寒子弟争一口气。不久,得到同乡威海齐鲁中学校长李吉甫的赏识,得以去该校上学。半年后转入济南东鲁中学,由于学习刻苦、成绩优秀,在东鲁中学跳级只用了

---

* 本文无题,此题是编者加的。

一年半时间就修完了初中三年的学业。1930年考入山东省立高级中学,三年后通过毕业会考,本应继续考大学,由于高中阶段功课繁重,生活清苦,刚一毕业,猝发严重的胃病,只得放弃升学的打算,回家医治调理。养病期间,为了减轻家中的经济负担,我在县立师范讲习所任了一年的语文教员。这是我第一次走上讲台,从此开始了我近半个世纪的教学生涯。

二

1934年5月,我踏上了北上求学的旅途。到北京后,经过三个月的紧张复习,考取北京大学中文系,9月入学就读。其时胡适为文学院长兼中文系主任;一代名流如周作人、沈兼士、罗常培、魏建功诸先生都荟萃于此。大学一年级时,颇喜好文学,时周作人、林语堂等提倡公安学派,在几位先生的指点下,我写成了《袁中郎年谱》,旨在评介这位明代公安学派的代表对文学的革新精神。经胡适推荐、周作人作序,行将付梓,不幸卢沟桥事变,未能出版,此书稿置之书箧,竟达五十余年。

除研习文学外,同时从著名语言学家罗常培、魏建功教授学习语言学、音韵学;又从著名古文字学家沈兼士、唐兰教授学习古文字学、训诂学。在听魏建功先生讲《方言》课时,我对《方言》一书产生了浓厚的兴趣,开始进行研究。该书是一部"摘取各家字书踵事增益而为之作释",《方言》既是为各家字书作释,则不会是根据一种字书。我考证《方言》主要是以当时各地方言为《尔雅》作释,旁及《三苍》等字书,写成《方言考原》,增补了前人认为《方言》仅为《尔雅》一书作释之说。1984年收入商务印书馆出版的《罗常培先生纪念论文集》中。

　　大学期间,我以优等成绩,每年都获得山东省教育厅和荣成县的奖学金,以此维持学业。"七七事变"后,北京大学与清华大学、南开大学同迁至长沙,合为临时大学。我当时是北京大学中文系三年级学生。1938年春,南京失守,临时大学被迫迁往昆明,师生分两路启程,我因无路费,绕道南下,只得参加"湘黔滇旅行团",徒步2500里到昆明。当时,有四位教授跟随旅行团,其中就有闻一多先生。

三

　　闻一多先生步行途中,路经少数民族地区,为了调查民俗风情,约我帮他记录语言。就是这一个偶然的机会,我成了闻一多先生的语言记音的助手,并随闻先生一直走到昆明。路上,我从闻先生的治学实践中悟到了很多东西。一次,路过湘西的一个苗寨,发现路旁一座小庙中,有一个人首蛇身的石像,闻先生兴奋地在石像前转来转去,激动地说,他为考证古神话传说找到了实证。其后写成《伏羲考》。

　　我开始学着做语言调查工作,积累了不少语言材料,特别注意到语言与民俗、民谣、神话传说、宗教及其他的关系。这成为我田野调查的方法,并一直指导着我以后的调查实践。到昆明后不久,以沿途搜集的资料为据,写成了《湘黔夷语掇拾》(载于《西南边疆》1938年3期)。没想到,这第一篇关于少数民族语言的文章竟确定了我一生的专业研究方向。

　　临时大学迁到昆明后,改称联合大学。我仍然做闻先生的助手,用了将近一年的时间,整理采风记录。1938年秋,我毕业于联合大学,留校做罗常培教授的研究助教。干了半年的光景,因当时物价飞涨、家庭负担又重,以助教的菲薄收入难以维持下去,便于1939年初,到云南宣威乡村师范学校,一面教书,一面带着几个学生下去调查彝族民俗和语言。同时开始学习彝语,便于作社会调查。后来在《西南边疆》、《边政公论》上发表的《宣威河东营调查记》(1940)、《云南土民的神话》(1941)、《宣威倮族白夷的丧葬制度》、《黑夷作斋礼俗及其与祖筒之关系》就是这一时期的调查报告。

1939年暑假,由于学生与当地土豪发生矛盾,遭到拘禁;我仗义执言,为学生鸣不平,得罪了土豪。不久,在一场斗殴中学生刺伤了土豪,我被诬为学生后台,并险遭毒手。不得已返回昆明。适值著名语言学家李方桂先生自美归国,我考取了北京大学文科研究所语言专业的研究生,导师为罗常培、李方桂、丁声树三位先生。我主攻少数民族语言。

四

1940年,李方桂先生带我到云南路南县彝族地区进行语言学实地调查。李先生在美国长期深入印第安人居住的地区,调查他们的民族语言和习俗、宗教活动等等。我主要向李先生学习调查少数民族语言、文化的方法。从那时起,我开始走上了少数民族语言研究的道路。

40年代的少数民族地区,贫穷落后,民族关系也不融洽,我们为了与当地土著居民消除隔阂,便住进一家撒尼人住宅的阁楼的地板上。阁楼室内高不及二米,我们弯腰上去,就要倒在地板上,否则就会碰破头面。最难熬的是楼下火塘浓烟弥漫,从地板缝隙直冲楼上,我们作息其间,烟雾充斥阁楼内,令人窒息难忍。李先生俯仰其间,安之若素,日以继夜地指导我工作。当地人很少种菜,更缺盐,每餐以干蚕豆下饭,因而食无菜。这种简陋的生活与他久居美国的物质生活相比,真是人不堪其忧,而李先生不改其乐。他的学术修养和调查作风给予我巨大的影响。对于一个新调查的语言,李先生指导先从记录单词开始,重点放在语音上。他不主张先拟定一个语言调查表去问,这是因为各民族词意各有其特点,往往我们准备好的词,在那个语言中没有或有歧义。所以开始调查时,采取近取诸身、远取诸物的调查法。如此,发音合作人望物生义,不会发生误解或以此代彼。李先生指导我记音,他和我同时记录,每记一段,把他记的音要我对照改正,并把记错的音,当场要发音合作人重读,并要我学会发这个音。当我们记录完撒尼语音并理出了音位,准备离开该地区的前夕,李先生再次和发音人校正记音卡片,发现ɑ和ɒ不是一个音位。为此延期留下,把所有带ɑ的词重新听一遍,才确定该语言中ɑ和ɒ是两个对立的音位。李先生这种严谨认真的治学态度,直到今天,仍然时时影响着我,我以这种精神传授给下一代的学生。

在调查语言的同时,还搜集了许多传说、故事及鲜为人知的民俗。这里是阿诗玛的家乡,我们曾遇到这么一种风习:房东家有个十六七岁的姑娘,每天晚上,房东总要女儿出去,我们无法从房东那里了解原因,于是便四处打听。原来,村外有一个公房,专供青年男女晚上到那里唱歌,谈情说爱。但是公房禁止汉人去看,于是我们去找寨子里混熟了的后生,终于想出了个神鬼不知的偷访办法。一天夜里,后生悄悄把我俩带进公房,房里人很多,中间生了个大火塘,我俩乘乱躲在光线暗淡的角落里偷看。我是看现象,李先生却看出了门道,他对我说:"我怎么看着这里的风俗习惯和美洲印第安人很相似。"印第安人是亚洲移民的说法,那时还没有可靠资料证明,而李先生却从他掌握的印第安人的民俗资料中发现了和中国撒尼人习俗的相似处。如果没有丰富的民族学和民俗学的知识,是无法对比有所发现的。从此,我开始大量阅读国外著名人类学家、民族学家的论著,《金枝》就是我当时重点阅读的著作之一,旁及中外学者有关初民社会的调查报告,我将这些著作中大量的民俗、民族资料收集储存,运用其中的理论方法,在原有调查的基础上,加强研究,在参照比较中不断探索。

1941年,根据调查获得的资料,在李先生的指导下,写成硕士论文《撒尼彝语研究》,于1951年作为中国科学院语言研究所专刊第二种由商务印书馆出版。这部著作不仅对撒尼彝语的语音、语法、词汇进行了深入的分析,而且收入丰富的语言资料,如词语、故事、童谣、谜语等。并附有标音彝文。它是一部对少数民族语言较全面而系统研究的著述。

五

1941年9月,我研究生毕业后,留在中央研究院历史语言研究所做助理研究员。这时,中央研究院已从昆明迁到四川宜宾下游的李庄镇,李方桂先生任历史语言研究所语言组主任。由是复得耳提面命之益。那时该所研究少数民族语言专业的只有我和张琨二人,与李先生共一个研究室。李先生为我计划重返云南彝族地区调查彝语研习彝文。我奉命到云南楚雄地区的武定、禄劝、寻甸等县拟作长久调查研究之计。除调查彝语外，还从彝族经师学习彝文经籍。彝文是一种超方言的古老文字，要想研究经籍，必先解通彝文。于是我先拜老经师为师，请他讲经，并用科学方法引导他，切磋经文含义。为了解经又进一步促使我调查彝族社会。如《作斋经》是彝族祭祖大典时所念的经书，其中包括各种宗教仪式。因此，要弄通彝文经典，必须先通彝族礼俗。以礼俗释经，经义自吻；反之，以经说明礼俗之所据，从而考证礼俗之源流。写成后来出版的《云南彝族礼俗研究文集》中的《倮族的巫师"呗耄"和"天书"》、《倮文作斋经译注》、《倮文作祭献药供牲经译注》、《倮族的招魂和放蛊》、《㑩民的祭礼研究》等文。

1942年，当我在云南武定、禄劝县一带对彝语做深入调查研究时，发现彝语有松紧两套对立的元音音位。这一现象不仅在彝语中而且是藏缅语族中较普遍的现象。这不仅改变了以往语音研究的结构，而且对藏缅语族语言的演变规律和语言分类提出了新的论据。这一研究成果最初发表在1945年中央研究院史语所集刊外编第三种《六同别录》中。

1944年春，我返回史语所。后因母病，回西安省亲，同时协助黎锦熙先生编纂《陕西县志·语言志》。1945年重返史语所工作。1946年随史语所复员南京。1947年在南京先后兼任中央大学和东方语专的副教授和教授。解放前夕，史语所准备迁台，将我的全部书籍、调查资料装箱运往台湾。我和丁声树先生等人坚持留下，迎来了南京的解放。

六

1949年4月,我应西南军政委员会之邀,协助南京博物院举办了第一个少数民族文物展览,受到军委会和教育部的表扬。同年秋,应聘为北京大学东方语文系副教授。1951年,中央民委借调我和于道泉教授筹办中央民族学院民族语文系,这是一个从无到有的新兴的语言专业,从培养师资到编写教材,都是白手起家。30多年来,开设了24种少数民族语言专业,144个班次,共培养学生4000多人。这些学生遍布全国各民族地区的高等院校、语文研究单位、翻译出版部门以及广播宣传部门等。他们大多成为民族语言科研和民族文化教育事业的骨干力量。不少已获得高级学术职称,有些还担任领导职务。他们的研究成果和工作成绩都得到同行的好评,有的并产生了一定的国际影响。

1956年,为了进一步了解我国少数民族语言的情况,解决少数民族的文字问题和发展少数民族文化的需要,国家组织了7个少数民族语言调查工作队,分赴全国少数民族地区进行大规模的语言调查。我亲自参与了这一规划和组织工作。同年2月到6月,即开始调查之前,我和有关单位的同志一起举办了少数民族语言训练班,目的是提高调查人员的基本技能和理论知识。我主讲了第一讲《对于少数民族语言调查者的基本要求》和第六讲《搜集词汇和编排词汇的方法》,其后纳入《语言调查常识》一书中。同年7月,我带领调查苗瑶语的第二工作队,深入贵州凯里、台江等地进行调查。当地苗族群众赠送我们一幅"无字锦旗",他们说:"苗家没有文字,希望早日帮助我们创造出苗文。"我除了指导和参与其他文字方案的设计外,我们通过对苗语的社会调查,方言分歧和语言的使用情况进行深入研究后,提出了为苗族创制4种文字的意见,并设计了4种文字方案。实践证明,在方言分歧较大而又散居于不同地区的民族,一个民族可以使用几种文字,便于及早提高文化。这种主张是符合某些民族的实际情况的。

1957年以后,我除了教学外,主要从事少数民族文字的创制、改进和推行的研究工作。写了《关于少数民族创制文字的若干问题》等文章。对基础方言和标准音点的选择、民族文字方案与汉语拼音方案靠拢、一个民族使用的几种文字之间字母的统一、民族标准语在语言丰富发展中的作用等方面作了较详细的阐述。又在《少数民族文字推行前的编译工作》一文中提出加强调查、积累资料、编译小学课本、农民课本、辅助教材、语法、词典和教学参考资料等重要意见。促进和保证了民族文字的顺利推行。

由于长期的语言调查,积累了不少语言资料。我认为汉藏语系的许多语言对研究汉语有重要的启发作用。以往的古汉语研究者都是根据历代保存下来的书面文字材料来研究古代汉语的音韵问题和语法问题。如果将汉语同其他亲属语言进行比较研究,更有助于解决汉语研究中悬而未决的问题。而现在丰富的调查资料正为这种比较研究提供了有利条件。60年代初我便和罗季光开始了这项研究。首先以汉藏语系中的民族语言与汉语古音进行比较,共同写成了《我国汉藏语系语言元音的长短》(1962年)、《〈切韵〉纯4等韵的主要元音》(1962年)等文章。前者,是根据调查的大量材料,对现代壮傣、苗瑶语族语言中元音的长短的情况作了细致的描述,还涉及一些藏缅语族语言中与元音长短有关的现象。不仅对壮傣、苗瑶语族语言语音研究有参考价值,而且为汉语语音韵史的研究提供了线索。《〈切韵〉纯4等韵的主要元音》一文,用汉藏语系语言及部分汉语方言元音分长短的事实,提出了"过渡音扩张说",为纯4等韵构拟了长元音 i,比较合理地解释了韵书对纯4等词字的安排处理和纯4等韵在现代汉语各方言中所反映出来的各种现象。这两篇文章都是利用有关的少数民族语言材料,作研究古代汉语音韵的尝试。

1979年10月,赴巴黎参加第12届国际汉藏语言学会,宣读了论文《彝语"二十"、"七十"的音变》。早在30年代,在云南省调查彝语时,发现彝语数目字"二十"、"七十"的十,有一种特殊的音变现象。解放后,通过全国民族语言普查,了解到像上述"二十"、"七十"的音变现象不仅在彝语方言中存在,而且出现在彝语支很多的一些亲属语言中。彝语支语言一般是没有辅音韵尾的,但与其他同语族的藏缅语中比较,有些语言或多或少地还保持辅音韵尾。如古藏语不仅有单辅音韵尾,而且有复辅音韵尾。通过与藏缅语族的语言进行比较研究,推断古彝语"二"和"七"可能与一些藏缅语一样,也有辅音韵尾,后面的"十"的声母受其影响而发生送气音变为不送气音的音变现象。我又从东汉初年的文献《白狼王歌》的汉字注音,说明那时彝语支语言是带有辅音词尾的。现在彝语支语言没有辅音词尾,是后来语音演变脱落的结果。

七

70年代以来,我开始研究双语现象和双语教育。双语现象与社会生活、社会发展乃至人类进步都有密切的关系。中国是个多民族、多语言的国家,双语现象最为丰富。研究汉语和少数民族语言这种双语现象,与制订语言政策、发展民族教育至为相关。1981年发表《应该重视"双语"问题的研究》,其后又写了《论双语与双语教学》、《谈谈民族文字与双语教学》等文章,根据少数民族使用单语为主,只有一部分少数民族使用双语的实际,提出在制定少数民族语文教育规划时,要以母语教育为主,总结出"二步走"的教学经验,即"在使用和发展本族语言文字的基础上再学习第二语言,只有学好本族语文,才能普及基础教育"。双语教育在我国的现状说来,就是少数民族学习汉语、汉族学习少数民族语的问题。为了研究少数民族学习汉语的问题,我于1970年先后在云南哈尼族地区和青海藏族地区参加两次成年扫盲教育试点班的教学,进行试验、总结经验。在拼音教学、识字教学等方面总结出一整套教学法,在民族地区推广试行中,取得了较好的成绩,对推动民族教育事业和民族文化交流起了重要作用。

为了结合中国各民族语言的实际,我主持编写了第一部具有中国特色的《语言学概论》。这是一部从我国语言和语言使用情况出发,大量运用少数民族语言资料和研究成果的教科书,改变了以往完全取材于汉语和印欧语言内容的教材。对语言教学和语言理论的丰富和发展都有较高的价值。该书出版后,先后获北京市哲学社会科学及国家教育委员会颁发的优秀教材奖。

近几年我接连出版了几部翻译整理的彝文古籍的著作,我主持翻译了《彝文劝善经》、增订了《爨文丛刻》、合译了彝文叙事诗《阿诗玛》和《苗族史诗》。目前仍在继续编纂《彝文古籍词典》。

我负责编写的"六五"国家科研规划《汉藏语概论》已全部定稿,将由北京大学出版社出版。国家教委的计划任务《藏缅语研究》也正在和我的同事在编写中。此外,我还负责主编"七五"民间文艺规划的三套集成《谚语卷》。

现在,为培养语言文学方面的专门人才,我指导博士研究生和硕士研究生,分别研究"语言民族学"、"彝族古籍整理和彝族文学"、"双语研究"等专题。这三个专题在我国都是首次招收研究生的新课题。

八

科学研究要注重研究方法。当前国内外各学科的研究,提出方法论的问题。语言科学也应探讨新的调查研究方法。研究任何学科,都要由博到精,而不是相反。博,一要博览群书,所谓书本知识,一要自己动手,即所谓实践知识。比如调查研究一个语言,先要弄清它的语音,只从书本或课堂听讲学习语音是不够的,一碰到实际语言,就记不下语音,或记不准确。我对此深有体会。我从大学到研究生前后曾三次听罗常培先生讲语音学,后来跟李方桂先生初次到彝区调查彝语,对照李先生的记音,发觉我记错的音在一半以上。所以,研究语言首先要从语音的基本功抓起。解放前,我在中央大学、东方语专教语言学课时,语音学的讲授课时要占整个语言学课时的二分之一以上。其他部分,可以指导学生自己阅读,似乎不必要在课堂上照本宣科。解放后我担任语言学课,一直是侧重抓语音的基本功,然后再加强语言学理论的学习。1956年这批学生参加全国少数民族语言普查,以及后来的科研成果,都证明这个方法是正确的。然而,据我所知,现在有的语言学教师,不重视对学生的基本功训练,甚至语音学在整个语言学课时中还不到三分之一,并且也没有实践的锻炼。尤其调查少数民族语言,大多数少数民族是没有文字的,即使有文字也不能完全代表语音。因而田野调查,语音的基本功就尤为重要。否则所收集的语言材料就不会真实;用这种材料分析语法、词汇,得出的结论是不可靠的,更谈不上比较语言研究了。语言材料的真实性来自记音的正确性,所以从事民族语言学科的研究工作,必须通过语音基本技能的严格训练。

要在"博"的基础上求"精"。现在学科多为交叉学科,比如研究语言,不能孤立地只学语言学,因为语言是社会现象,它与社会的各方面都有关联。国外语言学家很早就提出这个论点,如德国著名语言学家梅耶说:"不明白使用那种语言的民族的生活情况,就不能了解这种语言。"(梅耶《历史语言学中的比较方法》)因而研究语言要密切注意使用这种语言的民族历史、地理、风俗习惯、宗教信仰等。对没有文字文献的语言,更应重视口头文学和神话传说等,从中可以探寻古今语言演变的历史,建立语言的亲属关系。因而语言是属于多学科性的,更不用说语言学科中音韵学、语义学、训诂学等专业的基础知识,对历史比较语言和考证古音义都是重要的辅助学科。

我的老师罗常培先生教给我们"磁石吸铁法"的研究方法,即在博览或实践中吸取与个人专精研究的课题有关的知识。但并非漫无边际的兼收并蓄。

值得注意的是,从事民族语言专业研究的人,对诸多语系、语族、语支的语言,先要学会一种语言,不仅是会听、说、读、写,而且要有深入的研究。然后再及同语支、语族的语言研究,便能触类旁通,而不是对任何语言蜻蜓点水般的浅尝辄止,那必出不了好的研究成果。

古人说:"大匠诲人,能与人以规矩,不能使人巧",有了"规矩",有了使用"规矩"的方法,至于能否成为巧匠,那就在个人的智慧才能,特别是治学态度,一要"勤奋",常言道熟能生巧,熟就是从锲而不舍的勤奋中得来的;一要谦虚,俗话说:"鼓声越大,鼓心越空",何去何从,自有选择。

我的治学经验,实际也是老生常谈,请读者恕我再一次的常谈吧。

1988年10月于中央民族学院素园

我是怎样研究起梵文来的[*]

季羡林

我是怎样研究起梵文来的？这确实是一个很有意思的问题。对于这个问题，我过去没有考虑过。我考虑得最多的反而是另一个问题：如果我现在能倒转回去50年的话，我是否还会走上今天这样一条道路？然而，对于这个问题，我的答复一直是摇摇摆摆，不太明确。这里就先不谈它了。

我现在只谈我是怎样研究起梵文来的。我在大学念的是西方文学，以英文为主，辅之以德文和法文。当时清华大学虽然规定了一些必修课，但是学生还可以自由选几门外系的课。我大概从一开始就是一个杂家，爱好的范围很广。我选了不少外系的课。其中之一就是朱光潜先生的"文艺心理学"。另一门是陈寅恪先生的"佛经翻译文学"。后者以《六祖坛经》为课本。我从来就不相信任何宗教。但是对于佛教却有浓厚的兴趣。因为我知道，中国同印度有千丝万缕的文化关系，很想了解一下，只是一直没有得到机会。陈先生的课开阔了我的眼界，增强了我的兴趣。我曾同几个

---

[*] 这篇文章是季羡林先生自己推荐给北京市语言学会的。最早曾刊登于《书林》1980年第4期，又见于《治学录》(1983年6月，上海人民出版社)。

同学拜谒陈先生,请他开梵文课。他明确答复,他不能开。在当时看起来,我在学习梵文方面就算是绝了望。

但是,天底下的事情偶然性有时是会起作用的。大学毕业后,我在故乡里的高中教了一年国文。一方面因为不结合业务;另一方面我初入社会,对有一些现象看不顺眼,那一只已经捏在手里的饭碗大有摇摇欲坠之势,我的心情因而非常沉重。正在这走投无路的关键时刻,天无绝人之路,忽然来了一个偶然的机会,我有了到德国去学习的可能。德国对梵文的研究,是颇有一点名气的,历史长,名人多,著作丰富,因此有很大的吸引力。各国的梵文学者很多是德国培养出来的,连印度也不例外。有了这样一个机会,我那藏在心中很多年的夙愿一旦满足,喜悦之情是无法形容的。

到了德国,入哥廷根(Göttingen)大学从瓦尔特施米提(E. Waldschmidt)教授学习梵文和巴利文。他给我出的论文题目是关于印度古代俗语语法变化。从此就打下了我研究佛教混合梵文的基础。苦干了五年,论文通过、口试及格。由于战争,回国有困难,被迫留在那个小城里。瓦尔特施米提教授应召从军。他的前任西克(E. Sieg)教授年届八旬,早已退休。这时就出来担任教学工作。实际上只有我一个学生。西克教授是闻名全世界的研究吐火罗文的权威。费了几十年的精力把这种语言读通了的就是他。这位老人,虽然年届耄耋,但是待人亲切和蔼,对我这个异邦的青年更是寄托着极大的希望。他再三敦促我跟他学习吐火罗文和吠陀。我却不过他的美意,就开始学习。这时从比利时来了一个青年学者,专门跟西克教授学习吐火罗文。到了冬天,大雪蔽天,上完课以后,往往已到黄昏时分。我怕天寒路滑,老人路上出危险,经常亲自陪西克先生回家。我扶着他走过白雪皑皑的长街,到了他家门口,看着他的背影消失在薄暗中,然后才回家。此景此情,到现在已相距40年,每一忆及,温暖还不禁涌上心头。

当时我的处境并不美妙。在自己的祖国,战火纷飞,几年接不到家信,"烽火连三月,家书抵万金"。没有东西吃,天天饿得晕头转向,头顶上时时有轰炸机飞过,机声震动全城,仿佛在散布着死亡。我看西克先生并不在意,每天仍然坐在窗前苦读不辍,还要到研究所去给我们上课。我真替他捏一把汗。但是他自己却处之泰然。这当然会影响了我。我也在机声嗡嗡、饥肠辘辘中终日伏案,置生死于度外,焚膏油以继晷,同那些别人认为极端枯燥的死文字拼命。时光一转眼就过去了几个年头。

如果有人要问,我这股干劲是从哪里来的?这确实是一个比较复杂的问题,三言两语是说不清楚的。简单地列出几个条条,也难免有八股之嫌。我觉得,基础是对这门学科的重要性的认识。但是,个人的兴趣与爱好也决不可缺少。我在大学时就已经逐渐认识到,研究中国思想史、佛教史、艺术史、文学史等等,如果不懂印度这些方面的历史,是很难取得成绩的。中印两国人民有着长期的文化交流、友好往来的历史传统。这个传统需要我们继承与发展。至于个人的兴趣与爱好是与这个认识有联系的,但又不是完全决定于认识。一个人如果真正爱上了一门学科,那么,日日夜夜的艰苦劳动,甚至对身体的某一些折磨,都会欣然忍受,不以为意。

此外,我还想通过对这方面的研究把中国古代在这方面的光荣传统发扬光大。人们大都认为梵文的研究在中国是一门新学问。拿近代的情况来看,这种看法确实是正确的。宋朝以后,我们同印度的来往逐渐减少。以前作为文化交流中心的佛教,从十一、二世纪开始,在印度慢慢衰微,甚至消亡。西方殖民主义东来以后,两国的往还更是受到阻拦。往日如火如荼的文化交流早已烟消火灭。两国人民都处在水深火热中,什么梵文研究,当然是谈不上了。

但是,在宋代以前,特别是在唐代,情况却完全是另一个样子。在当时,我们研究梵文的人数是比较多、水平是比较高的。印度以外的国家能够同我们并驾齐驱的还不多。可惜时过境迁,沧海桑田,不但印度朋友对于这一点不清楚,连我们自己也不甚了了。

解放以后,我曾多次访问印度。印度人民对于中国人民的热情,深深地打动了我的心。很多印度学者也积极地探讨中印两国文化交流的历史,从而从历史上来论证两国人民友好的必要性和必然性。但是,就连这一些学者也不了解中国过去对梵文研究有过光荣的传统。因此,我们还有说明解释的必要。前年春天,我又一次访问印度,德里大学开会欢迎我,我在致词中谈到中印文化交流的历史要比我们现在一般人认为的要早得多。到了海德拉巴,奥思曼大学又开会欢迎我。看来这是一个全校规模的大会,副校长(实际上就是校长)主持并致欢迎词。他在致词中要我讲一讲中国的教育与生产劳动相结合的问题。我乍听之下大吃一惊:这样一个大题目我没有准备怎么敢乱讲呢?我临时灵机一动,改换了一个题目,就是中国研究梵文的历史。我讲到,在古代,除了印度以外,研究梵文历史最长、成绩最大的是中国。这一点中外人士注意的不多。我举出了很多的例子。在《大慈恩寺三藏法师传》里有一段讲梵文语法(声明)的记载。唐智广的《悉昙字记》是讲梵文字母的。唐义净的《梵语千字文》是很有趣的一部书,它用中国的老办法来讲梵文,它只列举了大约千把个单词:天、地、日、月、阴、阳、圆、距、昼、夜、明、暗、雷、电、风、雨等等,让学梵文的学生背诵。义净在序言中说:"不同旧《千字文》。若兼悉昙章读梵本,一两年间,即堪翻译矣。"我们知道,梵文是同汉文完全不同的语言,语法变化异常复杂,只学习一些单词儿,就能胜任翻译吗?但是,义净那种乐观的精神,我是非常欣赏的。此外还有唐全真的《唐梵文字》和唐礼言集的《梵语杂名》,这是两部类似字典的书籍。《唐梵文字》同《梵语千字文》差不多。《梵语杂名》是按照分类先列汉文,后列梵文,不像现在的字典一样按照字母顺序这样查阅方便。但是,用外国文写成的梵文字典这部书恐怕要归入最早的之列了。

　　至于唐代学习梵文的情况,我们知道的并不多。《续高僧传》卷四《玄奘传》说:"(玄奘)顿迹京辇,广就诸蕃,遍学书语,行坐寻授,数日便通。"可见玄奘是跟外国人学习印度语言的。大概到了玄奘逝世后几十年的义净时代,学习条件才好了起来。我们上面已经讲到,义净等人编了一些学习梵语的书籍,这对学习梵语的和尚会有很大的帮助。对于这些情况,义净在他所著的《大唐西域求法高僧传》中有所叙述。《玄照传》说:"以贞观年中乃于大兴善寺玄证师处,初学梵语。"《师鞭传》说:"善禁咒,闲梵语。"《大乘灯传》说:"颇闲梵语。"《道琳传》说:"到东印度耽摩立底国,住经三年,学梵语。"《灵运传》说:"极闲梵语。"《大津传》说:"泛舶月余,达尸利佛逝洲。停斯多载,解昆仑语,颇习梵书。"贞固等四人"既而附舶,俱至佛逝,学经三载,梵汉渐通。"义净讲到的这几个和尚,有的是在中国学习梵语,有的是在印度尼西亚学习。总之,他们到印度之前,对梵语已经有所了解了。

　　上面简略地叙述了中国唐代研究梵文的情况,说明梵文研究在中国源远流长,并不是什么新学问,我们今天的任务是继承和发扬;其中当然也还包含着创新,这是不言自喻的。

我们今天要继承和发扬的,不仅仅在语言研究方面。在其他方面,也有大量的工作可做。我们都知道,翻译成中国各族语文的印度著作,主要是佛教经典,车载斗量,汗牛充栋。这里面包括汉文、藏文、蒙文、满文,以及古代的回鹘文、和阗文、焉耆文、龟兹文等等。即使是佛典,其中也不仅仅限于佛教教义,有不少的书是在佛典名义下的自然科学,比如天文学和医学等等。印度人民非常重视这些汉译的佛典,认为这都是自己的极可宝贵的文化遗产。可惜在他们本国早已绝迹,只存在于中国的翻译中。他们在几十年以前就计划从中文再翻译回去,译成梵文。我在解放初访问印度的时候,曾看到过他们努力的成果。前年到印度,知道这工作还在进行。可见印度人民对待这一件工作态度是严肃认真的,精神是令人钦佩的。我们诚挚地希望他们会进一步作出更大的成绩。我们中国人民对于这一个文化宝库也应当作出相应的努力,认真进行探讨与研究。今天世界上许多国家,比如欧美的学术比较发达的国家和东方的日本,在这方面研究工作上无不成绩斐然。相形之下,我们由于种种原因显然有点落后了。如不急起直追,则差距将愈来愈大,到了"礼失而求诸野"的时候,就将追悔莫及了。

此外,在中国浩如烟海的史籍中,有大量的有关中国与南亚、东南亚、西亚、非洲各国贸易往还、文化交流的资料。这是世界上任何国家都比不上的,是人类的瑰宝。其中关于印度的资料更是特别丰富、特别珍贵。这些资料也有待于我们的搜罗、整理、分析与研究。有一个非常可喜的现象,这就是,最近一些年以来,印度学者愈来愈重视这一方面的研究,写出了一些水平较高的论文,翻译了不少中国的资料。有人提出来,要写一部完整的中印文化关系史。他们愿意同中国学者协作,为了促进中印两国人民的传统友谊,加强两国人民的互相了解而共同努力。我觉得,我们在这方面也应当当仁不让,把这一方面的研究工作开展起来。

至于怎样进行梵文和与梵文有关的问题的研究,我的体会和经验都是些老生常谈,卑之无甚高论。我觉得,首先还是要认识这种研究工作的重要意义。在这个前提下,持之以恒,锲而不舍,不怕任何困难,终会有所成就。一部科学发展史充分证明了一个事实:只有努力苦干、争分夺秒、不怕艰苦攀登的人,才能登上科学的高峰。努力胜于天才,刻苦超过灵感,这就是颠扑不破的真理。如果脑袋里总忘不掉什么八小时工作制,朝三暮四,松松垮垮,那就什么事情也做不成。我们古人说:"一寸光阴一寸金,寸金难买寸光阴。"谁要是不懂珍惜时间,那就等于慢性自杀。当然,我们也不能忘记:"一张一弛,文武之道也。"会工作,还要会休息,处理好工作与休息的辩证关系,紧张而又有节奏地生活下去,工作下去。

在这里,我还想讲一点个人的经历。我在国外研究的主要是印度古代的俗语和佛教混合梵文。最后几年也搞了点吐火罗文。应该说,我对这些学科发生了浓厚的兴趣。但是,回国以后,连最起码的书刊资料都没有。古人说:"巧妇难为无米之炊。"何况我连一个"巧妇"也够不上!俗话说:"有多大碗,吃多少饭。"我只有根据碗的大小来吃饭了。换句话说,我必须改行,至少是部分地改行。我于是就东抓西挠,看看有什么材料,就进行什么研究。几十年来,成了一个名副其实的杂家。有时候,也发点思旧之幽情,技痒难忍,搞一点从前搞过的东西。但是,一旦遇到资料问题,明知道国外出版了一些新书,却是可望而不可即。只好长叹一声,把手中的工作放下。其中酸甜苦辣的滋味,诚不足为外人道也。

这样就可以回到我在本文开始时提到的那一个问题:如果我现在能倒转回去50年的话,我是否还会走上今天这样一条道路?我为什么会提出这样一个看起来似乎非常奇怪的问题,现在大概大家都明白了。这个问题本身就包含着一点惋惜、一点追悔、一点犹疑、一点动摇,还有一点牢骚。我之所以一直有这样一个问题,一直又无法肯定地予以答复,就因为我执着于旧业,又无法满足愿望。明知望梅难以止渴,但有梅可望比无梅不是更好一些吗?现在情况已经有了改变:祖国天空里的万里尘埃已经廓清,四化的金光大道已经辉煌灿烂地摆在我们眼前。我们西北一带——新疆和甘肃等地区出土古代语文残卷的佳讯时有所闻。形势真有点逼人啊!这些古代语文或多或少都与梵文有点关系。不加强梵文的研究,我们就会像患了胃病的人,看到满桌佳肴,却无法下箸。加强梵文和西北古代语文的研究已刻不容缓。这正是我们努力加鞭的大好时光。困难当然还会有的,而且可能还很大。但是克服困难的可能性已经存在。倘若我现在再对自己提出上面说的那一个问题,那么我的答复是非常明确、决不含糊的:如果我现在能够倒转回去50年的话,我仍然要走这样一条道路。

勤学苦练多实践

周殿福

要问我的治学经验是什么,简直无从谈起,因为我是在平平淡淡的一生中度过来的,工作上并没有突出的地方,所以也就谈不上有什么可以借鉴的经验,只能谈谈我在学习和工作过程中的一些体会。我认为,不管学习或研究哪一门学科,主要依靠自己的努力,长辈的指导当然也是必要的,但是还得记住这样一句名言,"师父领进门,修行在个人"。要是"言者谆谆,听者藐藐",再好的老师也是无能为力的。

刘半农和罗常培两位先生是我的良师,他们在我的学习和工作上给了莫大的帮助。然而在当时的情况下,领导对于属下的工作人员主要是使用,哪里谈得上培养呢?要不仗着自己的努力,只好当一辈子抄录员了。罗常培先生在解放以后对我说:"过去我没有很好地培养你,现在想起来很抱歉,要不是你自己奋斗,恐怕今天就吃不上这一门了。"我在年轻的时候,开始在刘半农先生创建的北京大学研究所国学门语音乐律实验室做助手,那时我只能按照刘先生的布置做一些呆板的工作,对实验语音学一窍不通,可是有时还要我为学生做实习,这时精神上的压力确实不小,然而我并没有气馁,反而把压力当做动力,为了适应工作上的需要,除了随堂上语音学课外,在业余时间竭尽全力读书,每天不到深夜不停。所做的工作取得了刘先生的信任,他到处宣扬我的成绩,这对我既是鼓励又是鞭策。半农先生去世后,常培先生接管实验室,除了开设语音学课外,还设有音韵学课,这对我来说又增添了一分负担。然而工夫不负苦心人,过去几年的勤学苦练确实给我打下了扎实的基本功,在这个基础上再进修音韵学并不感到十分困难,音韵学的辅导和编写工作也得到了顺利进行。

我的点滴经验不外乎以下三点:第一学习要有信心,信心是克服困难的关键,只要相信自己有能力学好,美好的愿望一定可以实现。第二要有恒心,学问是日积月累的,长期坚持不懈,才能奠定坚实的基础,运用时才能得心应手。第三要有决心,读书也需要意志坚强,为了达到预期的效果,必须具备顽强不屈的精神,知难而进才能克服一切困难。

"十年寒窗苦"已经成了人们通俗并广泛流行的定型的语句,它反映了读书既要持之以恒,又要有接受苦痛的诚意,不是轻而易举的。漫不经心地读书方法是难以取得优良成果的。读书究竟苦不苦呢?我认为也苦也不苦。如果读书成了思想上的包袱,那就会产生苦恼,或者因此导致半途而废;如果有理想、有抱负地去读书,则其乐无穷,便会走上成功之路。

苦练是学好本领的根本,学而不练,很难把学到的知识巩固下来。这里的苦,包括长期的、耐心的、尽力的、认真的和辛劳的含义,不经过长期而辛劳的磨炼,则难以达到运用自如的效果,使用时则会感到力不从心。武功全凭苦练,光学不练则得不到完善的技巧。文功同样需要苦练,不苦练也就得不到坚实的基础。就拿我学习《国际音标》来说,课堂学后如果课下不练,永远达不到稳准的程度,使用起来毫无把握。我学《国际音标》时就像戏曲演员练功那样,"拳不离手,曲不离口",行有余力则高声背诵,久而久之自然分辨出音与音之间的微细差别,并体验出口腔状态与音色的关系,摸索出一条有效的规律,发音时也就自然得心应口了,这就是"铁打房梁磨绣针,功到自然成"。

勤学苦练的目的在于实际应用,"学以致用"也就是这个意思。应用的过程是理论联系实际的过程,是深入提高的过程,实践是检验理论的尺度,所学理论的正确性从中可以得到验证。我在写作和教学过程中,不断发现新的问题,有了问题就必须找到解决问题的答案,这时必然带着问题去翻书或请教他人,不彻底弄清决不罢休。教学不仅是为了学生提高,同时也是自己提高的机会,它起着互相促进的作用,"教学相长"嘛。我在教学过程中,非常喜欢学生提问,学生所提的问题也许是我过去未认识到的,问题提出经过钻研思考,对于双方都有提高,这岂不是一举两得吗? 又有什么难为情呢? 说真的,古今中外的书刊浩如烟海,一个人的学识却是有限的,做学问只要"敏而好学,不耻下问",勤学苦练多实践,就能获得丰富而瓷实的硕果,骄傲自满或好逸恶劳都会给学习招来损失。

一边儿干革命,一边儿搞研究

——五十年语文研究经验谈

郑林曦

谈起"治学"说来惭愧,我竟然没有一份完整的学历。除了小学是正式毕业的外,初中只上了二年就去考高中;高中上了一年就报考大学;大学读了三年就投身抗战,连一张毕业文凭都没有。1925—1927年的革命风暴,把我这个十三四岁的初中学生卷进了革命浪潮之中。在南阳的河南省立五中,受地下共产党员教师的影响,结识一些革命同学,组团体,出墙报,演话剧,后来又相约到开封考学。在河南大学预科的一年中,参加共青团地下组织,搞学生革命运动,被韩复榘的侦缉队追捕,跳院墙逃出学校。正是在河南搞地下革命活动的路途中,偶然买到一本讲国语罗马字的书(可能是陆衣言先生编的),这就引起我对拼音文字的兴趣。革命受到挫折,回河南新野老家休息,并且义务教教小学。因为教"国语"课的需要,时常翻阅些语言文字资料。

1932年到北平,名为准备考大学,实际还是在共产党领导下干了些地下革命活动。1933年考入北平大学法商学院,正是在这时,开始用林曦的笔名(原名西林的颠倒)给《世界日报》上的《国语周刊》投稿。小文章也登出来了,内容好像是用国语罗马字写的诗歌。在法商学院跟革命同学一起搞学生运动,不容于国民党反动当局,被记了两大过。于是我考学转入清华大学中国文学系,这才算学起语言文字学的正业来。

1934年时候的清华中文系分为两个专业:中国文学和语言文字。我本是想专攻文学的,可是后来却更注重学习语文。有两种力量促使我这么做:一种是当时初从苏联传入国内的拉丁化新文字运动的推动力。革命的激情和方案的明快,都催促我努力获取语言文字学知识来理解并且宣传提倡它。另一种是王力先生(那时候他还是讲师)讲的"中国音韵学"的吸引力。这门课的新鲜而坚实的科学基础知识和丰富历史资料为我打开了走进语言科学殿堂的门户,并且鼓励我继续钻进去。此外,杨树达先生讲的文字学,唐兰先生讲的古文字学,都给我研究语言文字打下了基础。俞平伯先生讲《诗经》,闻一多先生讲《楚辞》,刘文典先生讲《庄子》,也教会了我钻研古籍的基本方法。系主任朱自清先生认为我这个转学来的学生语文写作的底子还差,特意要我听他讲"国文"课,也抓我学写作。这都给我后来独立从事语文科学的研究打下了功底。

我被选进革命的学生会,而且参加了以蒋南翔同志为总编辑的《清华周刊》编辑部。1935—1937年三年间我在《清华周刊》上发表了几篇介绍拉丁化新文字,批评国语罗马字的文章。由于卧床养病一年,我没有直接参加"一二·九"运动。可是病愈后一恢复学习,我就参加进步组织北平新文字研究会,编辑《新文字》半月刊,筹组清华语文学会等工作。"七·七"抗日战争爆发前,我还受民族解放先锋队之命到西山去给露营学习游击战的进步学生,讲授拉丁化新文字,使他们能掌握一种战时用于通讯的简易文字工具。在清华的学生运动和新文字运动中,我结识了何维登等地下革命同志,他们帮助我抗战一开始就参加到共产党领导下的抗日革命战斗行列中来。

在清华我得益最多的地方是图书馆。在那里不仅可以看到中文的语言文字科学的重要著作,英文、日文等外国书籍杂志也是极丰富的。这都使我扩大了眼界,接触到世界的新科学知识和革命思潮。通过刚学会的第二外国语日文,我学习了马克思、恩格斯的理论著作和唯物辩证法的基本知识。这在当时国民党白色恐怖统治下从中文书籍里是无法看到的。正是因为学会了马克思主义社会科学基本理论和唯物主义辩证法,才使我以后能深入研究语言学和文字学,提出一些解决中国的现实语文问题的办法。

1937年到1941年,在国共第二次合作共同抗日的形势下,我的主要精力放在直接参加抗日救国的青年活动和文化宣传工作上;语言文字的研究和文字改革运动只能附带抽空做一些。一段是在武汉组织武汉新文字教育促进会,参加编辑《大众的文字》半月刊。这时和胡绳等从上海来的搞拉丁化的同志认识,在新创刊的《新华日报》上发表一些文章。可是,那时候我的主要工作是筹组青年救国团,办战时青年训练班,动员和培训青年参加抗日的实际活动。在青年救国团、民族解放先锋队、蚁社三团体被陈诚无理解散后,我就参加了周恩来、郭沫若领导下的军委会政治部第三厅的抗敌宣传队,带领第三队在鄂北前线活动了近一年。根本没空儿研究思考语言文字问题。另一段是1940年到重庆后,曾和陶行知、张一麐诸先生共同组织中国话写法拉丁化研究会,可是在日本帝国主义侵略军对重庆狂轰滥炸之后,很难做什么实际工作。只有1943年到重庆《新华日报》编新华副刊后,才能配合文化宣传工作的需要,针对群众所提语言文字方面的问题,切实读了点语言文字学的书，写了点论说语言文字和写作问题的文章。当时在工人、学生群众中多少还起了点作用的，是长篇连载章回小说体的《新路——从人民生活和大众语言学习写作的故事》。这篇文章在新华副刊上连载了半年，因为我要到延安党校学习去了，就匆匆地结束了。之后多年来一直想把它改写完成，可总找不到时间和出版的机会。抗战胜利后，我从延安中央党校派回重庆。在新华副刊上，跟配合蒋介石进攻解放区的国民党反动派以及假中立真反共的部分文化新闻界人士打了一场笔仗。我用"杨大医师"的笔名连续撰发的"谣言门诊部"专栏，当时曾经狠狠地戳穿了他们反共、诬蔑解放军的谣言。在解放战争期间，我先在晋冀鲁豫边区《人民日报》，后在新华社，继续干着对反动势力口诛笔伐的实际工作，无暇研究语言文字。

胜利后的1949年10月10日，我本来是以新华社记者的身份去参加中国文字改革协会的成立会的，结果被推为该会理事，以后跟随着吴玉章同志专门搞起文改工作来。

从此以后，有较多的时间来专门研究语言文字和文字改革问题了。几十年来，我的研究活动有个特点，就是从来不脱离人民对革命和建设的实际需要。为了打开文字改革工作的局面，引起人们对文改理论的重视，我受命负责组织并自己写了《新建设》杂志"中国文字改革问题特辑"中的那些文章。为儿童和成人较快识字和编辑课本和初级读物的需要，我和曹伯韩等及时研究了常用汉字，编出了《常用字表》，由中央教育部公布。为了推广普通话，教青年们学会合辙押韵，我研究民间诗歌戏曲用韵情况，发现了汉语诗歌戏曲的押韵原理，又运用这一原理编写了《怎样合辙押韵》等通俗读物。为了人们书写应用的便利，我研究了简化字、异体字，最后发展到研究文字学,从理论上批评那些反对文字改革和拉丁化拼音文字的言论。连在《人民日报》上开辟"论语说文"专栏,也是为了传播语言文字科学知识,解决现实的语文问题,让人民能正确地、简易地学习和使用文字。

对语言文字的学习和研究,像前面说过的那样,都是在革命的实际工作的间隙中断断续续进行的;因此说不上是什么系统的经验,只可以说多多少少有点儿来自实践的心得。我也曾自己问自己:你既非专心攻读,又未曾留洋深造,50多年来你是靠什么来在语言文字学的果园中摘取到一些果实呢?经过反复思考,我回答道:如果还有点滴成就的话,那主要靠的是:(1)既要广泛学习前人知识经验,又不迷信专家权威,而要仔细考察分析,锐利提出问题,穷追不舍地钻研,直到从客观事实中找出规律来;(2)认真核查事实,耐心归纳统计,不说空话而以可靠的数字提高语言文字科学的精确度和实用性;(3)刻苦探求新知识,充分搜集了解不同意见,积极参加争论,不是在书斋中而是在为人民的利益的战斗中,促进语言文字科学的前进。下面结合学习和写作的实际情况,谈谈这三个方面的心得。

一、汉语诗歌合辙押韵原理是怎样发现的?

在大学里听王力先生讲《中国音韵学》的时候,我就对研究汉语音韵的方法发生了疑问,曾经在课堂上问过:单凭翻来覆去抠《诗经》《楚辞》等古书上的一套套不能精确表明语音的汉字,就能弄清楚汉语音韵的本质吗?当时王先生也认为,归纳韵脚用字,只能勉强查明韵类而无法说准音值。他在讲"古代音值问题"的时候,举了一个生动的例证:清代音韵学家段懋堂(玉裁)对古韵支、脂、之分为三部,考订得很清楚,可是直到晚年还写信给江有诰说:"足下能知其所以分为三乎?仆老耄,倘得闻而死,岂非大幸?"在了一师的启发下,我就有了一个想法:要想搞清诗歌音韵的本质,不能凭借方块字从古音的拟构开始;必须倒个过儿,从现代口语歌谣戏曲等听得见的韵辙的分析研究开始。因此我对《广韵》一类韵书把韵目分得那么细,早有怀疑。而且对语言学名家赵元任先生在《国音新诗韵》中把诗韵定为 31 韵,我也认为决不可能有那么多,对他的诗韵定义产生了疑问。

北方话歌谣唱词押韵用十三辙,外加两小辙,这是好几百年来语音变化发展中自然产生的。事理本来很明白:小孩儿念歌谣,乞丐说骨板书,妇女唱小曲儿,唱戏的编戏曲,都是按照活语言,求其和谐动听,自然形成一套韵辙,决不可能像文人学士那样去找韵书,凑韵部的。可是自从樊腾凤(1654—1673)三百多年前作《五方元音》,承认了民间的十二韵,而又用"一元十二会""一年有十二律"的旧思想来附会;马自援、林本裕等看到十二之数不能概括实际存在的十三辙,又加了个闰月来凑合够十三。这些本来都是人们在没弄清民间歌谣唱词合辙押韵的原理以前的神话式的解释,可是后来的一些音韵学家,却信以为真,反倒认为十三辙是由这类旧韵书主观限制的结果。他们没有看出民间的诗韵和北京音的韵母表根本不是一回事儿,而硬根据对押韵原理错误的解释,把按注音字母的韵母分类的《国音分韵常用字表》升格为《中华新韵》,而且由旧政府加以"颁布"。

1938 到 1939 年在湖北北部带领一个抗敌宣传队宣传抗日,组织民众的时候,我就按照十三辙编了些歌曲、唱词,在农村和抗日部队里演唱。1942年在郭沫若同志领导的文化工作委员会工作时,我应征编了一段描写八路军的一位班长抗日杀敌的鼓词,而且当老舍先生在郭老那里做客时,请他改过。他对这篇鼓词的用韵提了不少宝贵的意见,这就鼓励我继续研究民间诗歌词曲的用韵问题。我一直用北方话拉丁化新文字写诗歌,也常把戏曲、唱词的韵脚用词用新文字(后来改用汉语拼音)记写下来,分韵排列。这就产生了一种用汉字写诗歌、唱词所从未有过的奇妙效果。在韵辙按拼音文字排列的过程中,我逐渐看出一点门道来,复合韵母和鼻音韵母中那些主要元音是 a 的,老是不能跟别的韵母押韵,就是收音字母相同也不行。而且这两类八个韵母,恰好可以按主要元音是 a 和不是 a 分为四对,从中隐约可以看出某些规律来。这也使我对于从可以听到的口语诗歌唱词来研究诗韵更有信心。正像在自然科学中,俄国化学家门捷列夫通过对元素的排列、分析,发现了元素周期律的化学原理;在社会科学领域里,我也尝试着从诗韵的排列、分析,发现了汉语诗歌合辙押韵的原理。1943年4月21日我在重庆《新华日报》的《新华副刊》上评介罗常培先生的《北京俗曲百种摘韵》的时候,已经透露了一点对十三辙的初步解说。经过多年的探索,终于运用现代语音学知识,把单纯元音的韵何以相押的道理也研究出来,于是提出"韵位"理论,画出元音韵位图,提出合辙押韵的三条规律。这些都集中在《普通话诗歌有多少韵?》一文中。① 这篇文章1962年8月在《光明日报·文字改革》上

---

① 所有谈诗韵的文章,都收在《论语说文》(商务1983年版)的"诗韵浅谈"部分的115—142页。

发表前，就受到阻碍，差一点儿登不出来。文改会委员中，丁西林先生因为文中涉及他对诗韵的主张，不赞成发表；黎锦熙先生对批评《中华新韵》持保留意见。后来删去了涉及丁先生主张的一段；遵照黎先生的意见把小标题"十八韵并非诗韵"改为"十八韵本非诗韵"，又删去了一些批评《中华新韵》官定性质的话，才算发表出来。这篇文章发表后，倒是颇受语言、音韵学界的重视，王力、周定一诸先生都曾函索过登了这篇文章的《光明日报·文字改革》单印张。温颖等同志曾写文章来讨论。其中有一条意见是说：能否押韵不决定于发音时的口形，而决定于群众的听觉。然而，这只是把面前的问题推开，没有从根本上解释十三辙何以恰为十三，收音-i,-u(o),-n,-ng,-r 以至于词韵中的-m，为什么都正好按照主要元音是 a 或不是 a 分为两类韵辙。可是，问题不出在有不同的意见，而是认真的讨论还太少，从活语言出发研究诗韵的主张还没受到足够的重视，沿用旧说的习惯还嫌太深。今后还打算扩大对方言诗歌戏曲等活语言的音韵加深调查研究，在对现代汉语诗韵有个全面了解以后，再去追查近代、中古以至于古代诗韵的实质。

汉语押韵原理是个客观存在的规律。要找出这个规律，得尖锐地提问题，刻苦地去钻研。所谓尖锐地提问题，就是从表面现象看到本质，从人们对现象的解释，挖出它矛盾的根源所在。民间韵辙数目何以恰为十三？你可以轻轻放过，也可以用"十二元"加闰月来附会，在现代语音学传入之后，人们也可以拿不符合他们所定的国音诗韵的定义来批评它粗疏。然而，寻根究底地问一问：到底是口耳相传了几百年的十三辙不合你们的国音诗韵定义呢，还是你们的定义违背了民间诗韵里客观存在的押韵合辙规律？这样的问题，就是对于我老师的老师和国语运动大师、音韵学专家也敢于尖锐地提出来。然而,光会提问题还不行,还得学会用现代语音学的科学知识和唯物辩证法的进步方法去分析现象,研究问题,找出比较可靠的答案。十三个本无关联,次序也不定的辙儿,把它们用拼音字母写下来,按音理一排列,就可以看出它们不是杂乱无章的,而是互有关联的;它们所以恰为十三,不是按"十二元"加闰月,也不是什么人胡凑的,而是按口腔开闭细分的单元音的5个韵位加上粗分的带收音的8个韵位相加的结果。

能说清这个道理,发现汉语诗歌押韵原理,决不是靠空想或瞎猜,而是靠踏实的语音科学知识。说到这里,我不能不表示对王力教授和一切在书中以语音知识教导给我的作者的深切感谢。然而我又想,比我精通语音学知识的学者多得很,为什么他们对民间诗韵十三辙不屑一顾,却偏偏由我这个并非专攻音韵学的后生小辈来运用现代语音学知识初步说明了汉语诗韵原理呢?我想这是革命帮助甚至是指导了研究。马列主义和毛泽东思想指引我热爱人民、尊重人民的创造并为人民服务;这才促使我能用最新科学知识去发现民间古老诗韵的原理。

二、艰苦核查事实才使常用字、常用词准确可靠而且实用

1949年8月25日吴玉章写信给毛主席,提出如何实行文字改革问题;毛主席交郭沫若、马叙伦、沈雁冰审议后的复信,都提到常用汉字的研究。1950年初毛主席接见教育部长马叙伦,又指示文字改革不要脱离实际,应当首先研究并实行简体字和研究常用汉字。那时候我正在教育部社会教育司负责筹备中国文字改革研究

委员会，于是研究常用字的任务就当然落在我的肩上。

第一步我先查阅旧书刊，弄清常用字研究的历史情况。然后收集资料，把从陈鹤琴起到辛安亭等在解放区搞的常用字表都收集起来，跟社会教育司的一部分同志在一起，编了一本《常用汉字登记表》，作为1950年召开的全国第一次工农教育会议资料，发给到会者。同年11月我和司中同志利用各种书刊文章，对《登记表》所收的1017—1556个常用字的常用性进行检验。经过修订并请专家讨论，最后编定《常用字表》，然后经中国文字改革研究委员会筹备会通过，1952年6月由中央教育部公布实行。从那时以后的30多年间，全国小学课本的编辑和扫除文盲工作的进行，都是充分利用了这个《常用字表》的。当然这个字表是集体完成的，但是从设计到组织选字和检验的工作，我都是积极参加，努力推动进行的。当时由于要求迫切而工作时间紧迫，不可能搞大量资料作汉字使用频率的调查统计。然而由于使用了历史上的常用字统计材料，又作了近三万字的九种材料的所选字常用性的检验统计，再加上各方专家和教师们选择、审议，这个字表的科学性和实用性都是相当高的，这在30多年的实际应用中得到证明。

1975年文改会、科学院、出版局等组织学生对2162万字的各种资料进行调查统计，1977年编出《汉字频度表》。但由于编辑工作粗疏，表中有不少错误；而且字表不按语音排列，很难查考应用。我和高景成以及文改会汉字组其他同志，把这六千多常用汉字按汉语拼音排列，登记成卡片，逐一核对数字，编成《按字音查汉字频度表》。差不多花了三年时间，面对枯燥无味的数字，用算盘和计算器仔细核对。盛暑挥汗进行，虽然苦不堪言，但是为了使我国第一次大规模汉字频度统计结果准确管用，我们还是克服了种种阻碍困难,把它编印出来了。1979年我又利用这些统计资料,按照(1)出现次数多,(2)构词能力强,(3)日常生活常用等三条原则,编出《增订常用字表》(稿,即2500字表)。

在常用字研究上的主要经验,就是在语文科学研究上要注重数量的增长变化,毫不含糊地核对事实,查清数字。只有这样才能增强语文研究成果的科学性,提高其实用价值。而且这种价值能用数字说明出来,才能取得社会的信任。例如《常用字表》的常用性检验结果,最常用的1017字占一般书刊文章用字的90%,1556个常用字的常用性则为95%。基本采取选择和统计、检验相结合方法搞出来的《普通话三千常用词表》中所收常用词的常用率是80%左右,而1988年的增订本收词略有增加,这个常用率就提高到87%。(详情请参看《普通话三千常用词表》(增订本),文字改革出版社版。)

对我来说,语文研究不是一种轻松的工作。写论文不能单靠驰骋思想,更不能说空话,必须根据对一定时期语文现象的调查研究,统计归纳;吭吭哧哧地作不少既费时间又费事的数量研究,才敢作出自己的结论。不仅研究现代语文如此,就是研究古代语文,我也尽可能地这么做。比如不久前跟人争论汉字的性质,为了证明它在古代记写的是单音节词而不是什么"语素",就把30多条甲骨文的句子,译成汉语拼音,然后统计出汉字记词所占比例究竟有多少。[①] 这就使汉字是记词文字的说法有了事实根据。

---

① 郑林曦:《汉字记写的是汉语的哪个层次》(《语文建设》1988年第2期)。

三、为人民而参加汉字改革的实践，
　为促进文改而探索新知、钻研理论

前面交代过，50多年前我决心学习语言文字专业，就是为了更好地说明解释和推进拼音文字。那么，为什么要改汉字为拼音文字呢？那目的也是清楚的，就是为我国的人民和子孙后代更容易学习和使用文字，提高文化水平，更积极有效地参加革命和建设。50年来，我从来不是为学术研究而学术研究，更不是为个人成名成家而写文章。从当学生时候批评国语罗马字到近年同人家讨论汉字的性质，我的语文研究文章多数是论战之作。这倒不是因为我是个"好战分子"，而是文字改革和拼音化这件好事和难事，近百年来遇到的阻力太大了。文字改革运动，处于顺境的时候是很少的，陷入逆流之中则是经常的，差不多时刻都得拼搏奋争，破浪前进。

我1952年在《新建设》上发表的《中国文字有没有阶级性，会不会突变？》和次年发表的《评对于语言文字的一些保守观点》，一部分就是针对某种谬论加以批判揭露的。揭露一个人的本来面目是容易的，可要从理论上指明他的歪曲所在，却必须自己先学好辩证唯物主义和马克思、恩格斯论及语言、文字的理论。为此我读了不少书，查阅了不少有关文献。我从来都认为，要批评一种言论，就要把它搞透彻，把有关理论查清楚。正是马克思、列宁关于内容和形式的哲学，帮助我揭穿一些人的"汉字的形式最适合汉语的内容，因而不能改革"的所谓唯物辩证观点。以后的几次争论，我也是如此。比如，为了批评某些先生从心理学方面反对汉字改革的主张,我去学习有关汉字学习的心理学知识;为了讨论汉字的本质是不是"语素文字",我把《不列颠百科全书》上讲"文字"的53页文章复印下来,反复阅读而且译出其主要段落。总之,为了实事求是、从辩论中求真理,就必须尽可能扩大自己的知识范围,用较新的知识武装自己。

对于各方面反对汉字改革的意见,我都尽可能搜集起来,分类登记,摘要做笔记。在批评他们的观点之前,先要尊重不同意见,认真研究分歧所在。有些自己弄不清的事实,看不懂的词语,就不惜花工夫去查考。

为了人民的长远利益而坚持汉字必须改革,这给我招来不少论敌,也带来不少麻烦。近几年来,我着重研究文字发展的根本理论,从而说明汉字必须改革的道理。1985—1986年我在中国社会科学院研究生院语言文字应用系讲"文字和文字改革",就是想把汉字改革运动建立在较坚实的语言文字学的理论基础上。几年来我不断收集世界文字演化史的资料,更想就外国学者们注意不够的汉字和中国少数民族文字发展的理论作些研究。

近年有种风气,就是有些人单凭自己多年能写会用汉字,对汉字有感情,或者曾从某些方面对汉字作过一些考察,就把汉字的"优越性"说得天花乱坠,世界第一,根本不容谈改革。个别人不仅反对文字制度的根本改革,连汉字简化也一概反对。这些人不顾汉字的简化和整理、30多年来给儿童学习、群众应用带来多少好处,竟然武断地攻击文改会几十年来所做的工作。也有人因为汉字可以输入电脑,就硬说汉字改革不再必要。针对种种对汉字特性的误解和对汉字改革的否定,我深切感到建立系统的文字科学,在文字学特别是汉字学的基础上,建立起文字改革理论体系的必要。当然,建立这门科学理论,决非一人一时之功所能奏效,必须在前人研究的基础上,勤奋调查事实,搜集资料,分析研究,找出规律来。另一方面,同一门科学,因为研究者的立场不同,方法各异,也会得出不同的结论;至于汉字要不要改革,要改成什么样子等现实问题,看法不同,见解就会差别很大。有时互相对立,争论是难免的。看起来,文字科学的建立,文字改革的实行,都是好事也是难事;要出成果,总得在踏踏实实的深入研究和热热烈烈的互相争论中不断努力争取才行。

认真地回顾和反思,50多年来,个人无论在语言文字的学术研究上,还是在文字改革的艰难工作中,成就是有限的,贡献是不大的,可是却深切体会到下面的既是经验也是愿望的两句话:

以革命的热情从事研究,从世界文字演进中探索出客观的发展规律;

用冷静的头脑促进文改,把语言文字科学的原理用于解决中国现实的语文问题,让现代化的汉语拼音文字能早日为中国人民实际应用!

1988年10月19日于北京

学习文字学的点滴体会

高景成

学习文字学主要是五六十年前的事了。现在谈点体会,或可供同志们作一点参考。

这里想主要提五点。

一、要广博

马克思说:"研究必须充分地占有材料,分析它的各种发展形式,探寻这些形式的内在联系。只有这项工作完成以后,现实的运动才能适当地叙述出来。"(见马克思《〈资本论〉第一卷第二版跋》。)研究是这样,学习也是这样。学习可以说是研究的先导。从前沈兼士先生说:"语言文字的研究要小题大作,从大处着眼,要能铺开。"这就要求我们占有更多的材料,要广博。

我们从前学习文字学时,老师一面讲《普通概论》课,一面老师要我们博览这门科目有关的书刊介绍,选最重要的基础书精读,也要涉猎与本门有关的学科,学文字学的也需学声韵学等。

当时老师让我们看清代谢启昆的《小学考》。这部书基本上全面介绍了先秦以至清代嘉庆以前所有的文字学书刊(除去后来考古发现和个别材料)。其中包括了清代《四库全书总目提要》中的所有的文字学书目介绍,以及《二十四史》中《汉书·艺文志》以后的历代书目介绍、书刊甚至有关文字学书的史料、笔记等。抗日前中国大辞典编纂处王重民先生编辑《续小学考》,可惜没有完成。容庚先生也重视占有资料,讲甲骨文、金文时让我们看郡子风《甲骨书录解题》、容媛《金石书录目》,后来还有他自己的《商周彝器通考》等,我自己也看了些别的有关书目;自己常到北京图书馆、大学图书馆等去翻卡片、每片逐个都翻、看目录书(关于甲骨文书目,现在当然要看胡厚宣《五十年甲骨学论著目》、《古文字研究》第一辑所刊《甲骨学论著目录 1949—1979》肖楠编。金文也要看其后书刊,不列举)。先知目录,进一步博览群书。容庚先生说:读书得间。由于多看各家书,本来自己是空的,多读之后,容易知道各家之优劣是非。有比较才有鉴别,才能提高自己的水平,看出自己可专攻哪方面。

博与精是统一的。比如精读和通读段玉裁《说文解字注》,看他博引群书,除文字学书外,韵书、训诂书,汉代以前古书,汉代以后各种类书,甚至专科书,如沈括《梦溪笔谈》、李时珍《本草纲目》等。他并且常有评论或介绍,使我们大略知道这些书的内容和大致评价以及与其他有关书的联系等。

其他关于方言、兄弟民族语文(常与古音古义有关)以及普通语言学的书也应翻阅。外国语文的有关著作未翻译成中文的也应阅读,当时我就读过瑞典高本汉的《分析字典》、《关于铜器花纹的断代研究》(刊于瑞典《斯德哥尔摩博物馆期刊》,约 30 年代末出版)和丹麦叶斯柏森、美国萨丕尔的语言学著作等。

能渊博,就能左右逢源;实际我们的许多学科包括语言文字研究,早就有了"横向联系"了。

这里特别要补充提到段玉裁的《说文注》。关于《说文》本身,他常提到明代毛晋汲古阁刻印的《说文》,使我们对于版本增加了一些知识。他常提到徐铉本不如徐锴本。锴本正确处有时存在于元代黄公绍《古今韵会举要》中。它使我们了解到《说文》在宋代后流传情况,文字内容上的一些问题。段玉裁常引《玉篇》《广韵》校勘《说文》,有时用其他韵书字书或其他古书。他对《集韵》以及辽代行均的《龙龛手鉴》也常引用,用来校勘经传的注疏,甚至于其他古注如子史《文选》等也常引用。他的引用古代类书《初学记》、《北堂书钞》、《白孔六帖》、《太平御览》等以及古代专科书晋代陆机《毛诗鸟兽草木虫鱼疏》、嵇含《南方草木状》、北魏郦道元《水经注》、唐代《元和郡县志》等等,都是为了校勘《说文》。段氏引用书在几百种以上。再加上他对于《说文》全书体例及说解,可说融会贯通,也基本解决了《说文》里面除甲骨文、金文以外的许多问题。

段玉裁对古书的研究也是广泛深入的,所以他对于经典用字花许多工夫辨析考正。他的有些关于古书的研究,例如《古文尚书撰异》、《诗经韵分十七部表》等也都是为了研究《说文》作准备的。

还有一部集有关《说文》研究著作大成的书要提一下,就是《说文解字诂林》,20年代上海丁福保所编,收专书和论文近200种。包括《说文》各种版本、考证,段、桂、朱、王等几大家的专著,还有几种专论如章太炎《文始》、《小学答问》等,还有容庚《金文编》、商承祚《殷虚文字类编》、林义光《文源》等。线装共六十几本。按《说文》本身排列,把原书一一剪贴。还有《续编》,收十来种书,主要是清代冯桂芬《说文段注考注》,查核段注引书原文的错误。沈兼士先生当时讲《说文》,《诂林》里的书常常都是要提到的。沈先生说打基础要博,一个人如果贸然出个课题,不知前人已研究过,还在那里花瞎工夫,那就不好。前人的经验我们要继长增高。

　　文字学离不开声韵学。过去老先生都特别注意隋代陆德明的《经典释文》。由于这部书上古汉语主要是周代汉代字形字音和字义的材料非常丰富(宋代《集韵》收采了一部分所出《集韵》一字多形音,比《广韵》多得多,不全),所以燕京大学引得编辑所和黎锦熙先生主持的中国大辞典编纂处都作了索引(未出版)。读音方面《释文》音切保留了汉魏六朝读音的特别异读,沈先生据以考证古汉语中对于古汉字的义通换读,罗常培先生据以研究补充《切韵》以前之古音。

　　能渊博,就能左右逢源,触类旁通。实际上我们的许多学科(包括语言文字研究)之间,早就有了"横向联系"了。甲骨文里有天文研究,周代以前《尚书·禹贡》讲地理,《周礼·考工记》讲科技(其中讲古代青铜器中铜锡合金的比例和现在化验出土古文物一致)等等。所以半个多世纪前研究古文字的人,很多也深于考古学的理论和实践,通地质学,古书和历史学更不用说了。我这些年做了一点文字改革工作,感觉可以古为今用,也搜研了历代的简化字;又参加了一点普通话审音工作,也是为社会主义现代化服务的。

　　以上讲要广博,下面讲要精深。

二、要精深

　　辩证法教导我们要注意事物的内因。对于一门学科不能只停留在表面上。毛泽东同志在《实践论》中说:"你要知道梨子的滋味,你就得变革梨子,亲口尝一尝。"光听别人说是很不够的,也是空的。

要专精深入,才能提高。专精开始于打好基础。这里要着重谈谈打好基础。学文字学之所以首先必须读段玉裁《说文注》,是由于《说文》本身比较难懂。《四库提要》说它简古,"猝不易通"。读段注,能帮助了解说解的文字、全书的体例等等。最好能通读,不然也要选重要部分精读。还要苦练基本功。如临写部首540字几遍,甚至是把全书10516字(即9353字加上重文1163字)写一遍。其后还应该摹写甲骨金文中的常用字(包括它们的异体)。要能把部首像口诀似的背下来,如"一、上、示、三、王、玉、珏、气、士、丨、屮、艸、蓐、茻"等。还要把和古代小篆字形有区别的现楷书字形分析记住,如春、奉、泰、秦、奏的夫旁,票、栗、覃、要、贾、覀的覀旁等;另有古和今分的,如休、众、监……里面的人旁,要掌握它们的区别,现在可参考蒋善国《文字形体学》里有关部分。过去容庚先生讲《说文》,就是常说一个字,叫我们像小学生做算术题似的上黑板去写。其他老先生也如此。不掌握这些是不容易进一步去作研究的。

牢记古代声韵也如此。沈先生叫我们掌握中古语音,用守温36字母(或再析为46或51类)标出《广韵》反切上字,标了几十韵之后,大致也能记住了。他在课堂上是随时提问的。中古声母与上古声母有对应关系。记住中古的,上古的也就掌握了。至于韵母也可先记顺序的口诀,元明以后诗韵是"东、冬、江、支、微、鱼、虞、齐、佳、灰、真、文、元、寒、山"等,《广韵》的206韵是再加以扩展(不过这是粗略的说法)。对于上古韵部,当时按黄侃的28部(现在当然可以参考王力、李方桂等先生的分部)韵目字标注《诗经》韵尾字,标过一百篇左右后大致也就记住了。所以这种做法有些像学习数学定理后做练习题。对于上古韵来说,掌握形声字声符归属某韵类后就可以类推。学习上古声母,一面要掌握声符的声母,一面要注意谐声字的反切不同类的上字。40多年前黎锦熙先生和我初次见面,问过我巴字上古韵在哪部(这也由于大辞典按注音字母排列,第一个字就是巴字)。

这样打基本功之后,再进一步就要作断代研究。字音的断代,过去常笼统把上古称为"先秦",实际《诗经》中多是两周之诗,应与金文对应研究。商代古音非从头建立体系不可。现有的主要资料就是甲骨文和一部分金文、少量古书。商代韵文是很少的。现在主要只能依据文字孳乳发展形声字和通假来研究上古音。

40年代初我曾仿唐兰先生"自然分类法"把甲骨文金文按偏旁排列,如从大、从木、从又等分别排列,从这里便于研究辨认古文字哪个字相当于《说文》等的哪个字,也极便于查找。对甲、金文我认出一些前人未识或未确识的字,蒙容先生《金文编》采纳了一部分。

我还曾仿照章太炎的《古双声说》(见《国故论衡》上卷)把甲骨文声纽以及韵类变化远近排列过。在甲骨文字形方面先按董作宾五期分法把所有甲骨文各片标出第几期,然后看同字的异形早晚先后的发展变化,指出它们的特点。这样做的结果,使自己对于甲骨文某片属第几期能比较熟悉,掌握字形各期特点后,对区别判断第几期起重要作用。对于金文我就精读郭沫若同志的《两周金文辞大系图录考释》,熟悉掌握每一王的标准器、观察其字形的演变特点。当然,郭老的伟大之处是首先运用马克思主义研究中国古代社会。

总之,不论研究字形或字音的断代要掌握它们的特点,对于继长增高大有好处。

我自己做过不少这样那样的搜集整理,感觉对研究极有用处,研究时可随手拿来,左右逢源,取之不尽。

精博可以相通,如上面所谈的段玉裁《说文注》,以及章太炎、王国维等对语言文字研究的贡献都是(从他们研究也可看出横向联系的方法)。

三、取法乎上

王国维曾说"不胜古人,则不足与古人并(并)"。(记得此语出自王先生《人间词话》里,但还没有查到。)王先生说的这个要求似乎高了一些。不过,成语中有"取法乎上,仅得其中;取法乎中,则得其下"。

所以我们如作考古研究应注意学习郭沫若同志、王国维先生等。研究古文字应注意学习唐兰、董作宾、沈兼士等先生。研究语言学和声韵学应注意学习赵元任、李方桂、罗常培等先生。

四、"宁拙勿巧"

清代著名声韵学家陈澧在其《切韵考》中讲述他研究《广韵》反切的上下字时曾说"宁拙而勿巧"。他就把反切上下字一个一个找出来,并统计它们的出现次数,成为后来声韵学必须参考的研究成果。毛泽东同志在《改造我们的学习》(三)中说:"马克思列宁主义是科学,科学是老老实实的学问,任何一点调皮都是不行的。我们还是老实一点吧！"我体会研究语言文字也是科学，也要持这种态度。有的课题也要采取"宁拙勿巧"的做法。

约在1941年前后，我做研究生时，因容庚先生、郭沫若同志等都说董作宾的《甲骨文断代研究例》一文非常重要。我就把这篇文章精读摘录。我这时把所见到的甲骨文拓片著录的书，参考各家说法，并提出拙见，对每片甲骨文写出释文；并运用董作宾据贞人、世系、称谓等标准把每片甲骨文标出时期（现在《甲骨文合集》已分出断代时期，给研究者省工夫不少。不过当时自己下工夫分期，做了几千片后，对每片甲骨应属何期，也熟悉其书法、风格等特点，能归某期）；作此分期后，研究字形各期结构特点，又可以补充董氏所指出的约有十几种字形，可类推几十字。并补充几个贞人。抗日胜利后，请董氏指教，颇得称许，1948年他在《殷虚文字乙编·序》中曾提及。我这点收获也是"拙而不巧"的一点成果。

五、在工作中学习研究

边干边学，在干中学，这是我们一条普遍经验。当然在学习时也可以边学边干边研。前边我已介绍我们学过点古字形、音后，老师叫我们在黑板上写出或口头回答，这样学掌握得比较牢靠扎实。毕业后我在中国大辞典编纂处工作，给许多过去没有注音的字注音。直接给反切找对应的音，这时就需要把"反切上下字表"和《广韵》等放在手头，心中要记住古今语音对应的规律，把中古反切的音用现代拼音注出来。这也是很好的学习实践。

现在举几个例子说明。比如"峒：徒红切"注tóng（当时用注音字母ㄊㄨㄥ，以下也用汉语拼音），屯（𡰪）：徒浑切注tún，就是现在的臋字。这比较容易。"徒"是反切上字常用的全浊音舌头声母字,用它作上字,切(拼)出音来,在平声就是送气阳平(仄声不送气,上声变去声),较多的反切是比较难一点的。如𣕀字"是为切","是"字属"三十六字母"禅母字,在平声读 ch-,阳平;仄声读 sh-,上声变去声,如"是"字本身就是例字。又如盛字有 chéng、shèng 二音。𣕀就是垂的本字。又如𠬝字蒲拨切,上字蒲是全浊字,仄声不送气,声母拼 b-;下字拨在末韵,末韵大多数字现在读 o,个别唇音声母字读 a,比如同切的拔跋,又如拨的声符"发"本即读 a,所以𠬝字应注 bá。对应读音除找规律外,还可找同反切已识字,如硐和"同"同切,屄臋、𣕀垂是异形重文或古今字,当然都是同音的。

关于字形区别也需注意细微的笔画,如"入"在水上作氽,是用开水稍微一煮意,读 cuān。人在水上作汆,是漂浮或用油炸意,读 tǔn,不读 cuān。盲字下面少一横作肓,读 huāng。单纯字形问题的,如尧字上不从戈,兔字里面没有"八",这都是现在规范的字形,都应注意。

以上是我治文字学肤浅的体会;有些不够系统,有的是转述业师所说,这些情况又是约半个世纪以前的,错误和不当之处,在所难免;统请读者批评指正。

1988.9.30

治学·创新

陈士林

治学的目的在创新,以发展学科,或经世致用。在这个意义下检查自己,学海揭厉50年,谈不到什么成就或创新,真是遗憾。

我从小就喜爱诗古文辞。中学时期,对文学的兴趣较前更加浓厚,立志将来要搞文学。1935年,怀着这个梦想贸贸然进了北京大学中文系。当时中文系分为语言、文学两组。听说搞文学要先打好语言基础,于是我进了语言组。选修的课程是从来没有接触过的基础课、专业课,内容对我来说是极其艰深、枯燥。有的同学听了个把月课就转系了。我虽然感到有违初衷,但坚持不转系。大约两年时间,我除了上课,在宿舍里死啃讲义、背笔记外,便是钻图书馆、逛旧书摊。这一时期,我像在漫无际涯的夜海中盲目地打扑腾。

卢沟桥事变后,随北大南迁,在昆明西南联大毕业不久,留中文系任教语文。1946年,复员回北大中文系任教。这时候,搞文学的梦想逐渐破灭,语文教学的现实需要迫使自己不得不抓紧充实语文知识。但这期间,思想上另有一个矛盾:即从1938年以来,我先后接触了蒙自和昆明的彝语。1944年以后,又在一个云南彝族人家当过家庭教师,觉得学习、研究彝语很有意义。1950年,四川大凉山刚解放不久,我随中央西南民族访问团到凉山彝族地区,参加帮助彝族解决文字问题的光荣工作。我高兴极了,真是"好之者不如乐之者"。

回顾短短的几十年,我治学的方向经历了几次大的改变。当然,我的治学之道不得不与之相适应。说"治学之道"真谈不上,不过是研究民族语的两点基本认识而已。

我的基本认识之一是:语言研究的治学之道,决不是一个简单的方法问题。它与一定的指导思想、语文工具和专业基础有密切联系。指导思想的源泉来自:(一)语言学理论(含方法论);(二)作为研究对象的语言的历史和现状;(三)当前的语文建设和学科发展的规划等。此外,语言研究工作者需要掌握的语文工具包括:古汉语,1—2种外语,1—2种少数民族语言。这是进行语言描写和比较研究所不可少的利器。作为雄厚的专业基础,语言研究工作者还需要学好必要的训诂、音韵、目录、版本、校勘等。在技能方面,要掌握各种中外文常用检字法和电脑索引等等。

我的基本认识之二是:讲究治学之道,是为了创新。而创新之道是:(一)重视学术的继承性,努力在旧说的基础上百尺竿头更进一步;(二)重视语言与社会、思维的密切联系,努力在邻近学科的交叉处创新;(三)写作是研究成果的语文表达以及研究成果锤炼创新的过程。

综合起来看,治学之方是创新的手段,而创新既是目的,又是进一步的治学之方。现在分别阐述如下。

语言学理论:我初涉学海,只知道死啃讲义、背笔记。有一段时期,竟把坊间的几种《语言学概论》之类的小册子错误地跟语言学理论等同起来,认为太空疏,从而很不重视语言学理论的学习。

同时又把自己手边的一点讲义、资料之类的东西尊为"实学"。后来在语言规范化、民族文字的创制、改革的实践中碰到了一些真正需要理论指导的问题,促使自己提高学习理论的兴趣,从而初步认识到:语言学的基本理论虽然无非是关于语言的本质、发展变化和语言学的对象问题等等,但它对于克服我学习、研究和写作的盲目性,指导我面临的语文实践,都大有好处。特别是可以帮助我从哲学认识论、普通语言学的高度看问题,增加了学习、研究、写作的宏观意义。

历史和现状:我40年代的研究工作,局限于乾嘉诸老的考据之学。50年代又走到另一个极端,把研究局限于盲目积累民族语的现代资料,而很少注意研究对象自身的历史,因而有一段时期,感到描写不能深透,历史比较无从着手,才逐渐认识到历史值得重视。历史是前人关于语言知识、研究成果的积累,是语言科学内部逻辑的发展,也是语言学理论的深化和分析方法的进一步完善。这是我们需要有选择地汲取、继承的东西。我们这一代人的创新,就是在前人已有知识的积累的基础上进一步地发展、变革和完善。作为语文研究工作者,学点历史,可以从历史的方面解除我们的盲目状态,使我们明确新旧的分际和发展变化的规律,使我们能更好地了解语言科学的现状及其进步发展的前景。

作为我们的研究对象,不管是一种或几种少数民族语言,它们的现状就是历史的继续。应该尽可能熟悉其文字,当今有关的政策、规划,不能满足于能翻检必要的资料,应该尽可能深入下去,积累丰富的语音、词汇、语法、方言、文献语言和科研的情报资料,有条件的,最好能在口头流利地运用其标准语。

深入研究对象的现状,与联系实际建立自己的研究方法有密切关系。每一门学科都有其特殊的性质、研究对象、认识方法和应用逻辑。同一学科领域的各个研究者,由于各人的特点不同,服膺的认识方法的原则不同,所以各人的具体的治学之道,既有联系,又有区别,不能一概而论。古人谈治学之道,提出了一些抽象的东西,貌似各种学科治学的方式方法的概括。如学、思、专、通、精、博、勤、奋、恒、勉、问、文、史……,但一联系今天具体的学科和具体的研究者,就很成问题。谁也不能生搬硬套。18、19世纪德国的威廉·洪保德认为:语言学应努力创立起一套研究语言的专门方法。我们从实践中体会到:今天的语言学和语文工作者跟其他学科及其研究者一样,都面临着一个建立自己的应用逻辑的问题。通过自己对过去的治学之道的回顾,很清楚地看到:具体的语言研究方法是在语言学发展的过程中产生和完善起来的,它取决于有关的知识的积累。当已有的知识被社会公认为标准化了的,它就会变为获取新知识和新现象的研究方法。这种方法的方法论必然跟适用于研究对象独特性质的哲学上的认识方法的原则相一致。如辩证唯物主义与历史唯物主义是马克思主义语言学方法论的基础。威廉·洪保德在他自己的方法论体系中奉行康德哲学。19、20世纪德国的卡尔·福斯列尔的方法论观点为美学唯心主义。

语文建设和学科发展规划:古人谈治学之方一般围绕个人抱负、个人兴趣,而今天的语文研究工作者一般都是为国家的语文建设和学科发展服务的。目的不同,方法自然也不同。解放以来,我一直搞民族语文,在多年的探索中,深感实地调查、反复实验等方法的重要。调查一种民族语言,首先要求目的明确、《大纲》全面、细致,接着进行深入的实地调查,掌握第一手资料。以后随着调查深入或工作上新的需要,还要进行必要的补充调查。这样做的好处是使研究者得以实践自己哲学的认识方法,并对研究对象的特性有很好的了解。研究者要在深入调查的基础上培养读民族语的语感,研究时才能得心应手。

反复实验不但能核实、试验原先的假设与理论,还可能从它产生新的假设和理论。1951—1961年,我在凉山彝区参加拉丁化"新彝文"的实验工作,争取认识和解决如下四个问题:(一)由于设计了一部分双字母而产生的音位多与字形长的矛盾;(二)由于借用或另造一部分新字母而产生的新字母与拉丁的和谐问题;(三)由于一部分音位的变体太多而产生的是否严格按音位设计字母的问题;(四)次方言、土语与标准音之间的语音词汇差异问题。

为了通过实验认识和解决这些问题,我们在64 000平方公里的凉山地区既搞了一般性实验,也搞了典型实验,对于上述四个具体的科技问题虽然取得了经验,也有所认识,但不如反面的收获大:第一,彝文的创改,不能视为单纯的语言科技工作,而是民族工作的一部分,应在民族理论的光辉照耀下前进。彝族是原有文字的民族之一,是否创、改,怎样创改,应尊重本民族人民的自愿自择。而解放初期,我们一开始就搞拉丁化,是"一边倒";1956年又引进俄文字母,破坏了拉丁方案的和谐,也是"一边倒"。第二,彝文的创、改是新中国全国性的语文实践的一部分,应该考虑到人口占绝大多数的主体民族的《汉语拼音方案》还在设计、讨论之中,不能在《汉拼》定案之前就急急忙忙孤立地实验、推广新彝文方案,只有与《汉拼》同步进行才是合理的。"冒尖"了就造成1958年后修改彝文方案的被动,耽误了彝语文工作的顺利迈进。

语文工具和专业基础:治学的科学方法,有数学方法、物理学方法、生物学方法、历史—人文学方法等。语言学方法与这些方法都有一定关系,而最基本的仍然是精通外语、民族语和古汉语。这些是工具,也是基础。使用这些工具不断地进行调查研究,你需要的资料、信息、国内外的研究成果,便像源头活水一样,随时为你提供富于营养的矿泉水,保证你经常站在语言学研究的前沿阵地,心明眼亮。

此外,我体会到:中文系的基础课、专业课如音韵、训诂、目录、版本、校勘,要综合运用。有关的工具书如中外文辞书、类书等,要尽可能掌握和利用。以"目录"一项而论,干哪一行就要熟习哪一行的行情,要求我们经常做个有心人,除通晓目录学的基本知识而外,还需要掌握各级图书馆以及本单位资料室有关专业或专题(含交叉点上新兴学科的专题)的目录卡。研究工作者要熟悉各种常用的中外文检字法。有条件的要多多利用电子计算机,从储存、积累的大量信息中了解本学科的现状和发展情况。

继承与创新:上文说过,治学的目的在创新。但是,新东西不会无端从天而降。从根本上说,社会发展的需要、人类智慧的发展是创新的动力。旧东西经过研究者的批判继承,扬弃糟粕,汲取精华,旧说往往成为新说的生长点。我们治学抓创新,就得重视批判继承。继承与创新是辩证的统一。语言研究工作者要善于继承,不是简单地继承前人的研究成果,抱残守阙,而是要从而发扬之,并"接力"干完前人的未竟之业。从哪里发现"未竟"和"接力点"呢?这就是古人所常谈的治学要"读书得间"了。无论古今中外,书刊上的间隙是不少的,只要我们立志创新,"得间"和创新都是可能的。推而广之,间隙不限于书本上,生活中也到处可见。凡前人做得不够的,我们进一步把它做好。旧说、旧注的艰深奥秘处,我们翻译注释它,使之通俗易懂;旧说、旧注的隐晦处,我们阐明它;

旧说、旧注的草率简略处,我们申说、详述之;旧说、旧注的遗漏处,我们补充它;旧说、旧注有误或自相矛盾处,我们揭露、订正它;旧说、旧注局限于门户派别的偏见,我们疏通它……。此外,凡是众说纷纭、莫衷一是处,牵强附会处,迂证臆断处,弥缝曲解处,异文互乖处,都可能存在问题。像我们常用的成语"蛛丝马迹"的语源,历来众说纷纭,可能就存在问题。

交叉与比较:语言与社会、思维密切联系。语言学的发展进步,受社会、思维发展进步的多方面的要求所制约。它不能脱离邻近的社会学科、思维学科。同样,语言研究也不能脱离邻近的社会学科、思维学科的影响。近几十年来,不但社会科学的邻近学科,甚至自然科学的某些概念对语言学理论的影响愈演愈烈。不少边缘学科就是从语言学与邻近学科的交叉点上产生的,如社会语言学、逻辑语言学、心理语言学、人类语言学、语言地理学、数理语言学、工程语言学等等,不胜枚举。我感到:只有注意语言学的这种发展趋势,语言研究,甚至一篇语言学论文的选题,才不会墨守旧疆,"踵常途"、"窥陈编",而是另辟崭新的蹊径。

语言学的研究方法,原来流行所谓历史比较法、结构描写法等。今天的研究方法,由于需要与邻近学科的研究方法相适应,又借用了邻近学科的统计法、逻辑数理法等。当然,我们还采用其他新法,在历史比较法、结构描写法的基础上灵活而巧妙地利用邻近学科的成就,据以创新。举例来说,像"文献考据学",它是历史语文学的辅助学科,与我国古代的朴学(考据之学)有联系而实不相同。当代文献考据学的研究,要求综合利用历史、古典文学和现代语言学知识,希望为建立汉藏语系历史语音学、历史语法学和历史词汇学,添砖添瓦。最近几十年来,我在搞彝语的同时,对文献考

据学也初涉藩篱,千虑一得,往往有之,但不敢自信。如:

《方言》卷八:"虎,陈魏宋楚之间或谓之李父,江淮南楚之间谓之李耳。"虎名李父、李耳,旧注多涉附会,难以凭信。《广雅疏证》只说是"语之变转",也很模糊。比较同语系的亲属语言——土家语,便知旧注可疑。湘西龙山土家语称"虎"为 li^{35},称公虎为 $li^{35}pa^{55}$,称母虎为 $li^{35}ni^{21}$①。《方言》的李父、李耳,很可能来自南楚土家语。

又《方言》卷十一:"蝼蛄……南楚谓之杜狗。"旧注或说杜狗为"蛙",或说什么"一声之转",又是错误加模糊。考钱绎《方言笺疏》说:"今俗医方名蝼蛄为'土狗',亦即'杜狗'之转也。"②据我所知,长江流域许多方言土语中的"土狗"就是《方言》旧注所描写的"蝼蛄"。通过与亲属语言比较,知道"杜狗"可能是西汉时期南楚一带壮语借汉词的变读。壮语唇音、舌尖音声母吐气与不吐气能自由变读。我有个壮族老朋友常把西药的"大片、小片"说成"大便、小便",传为笑谈。壮语的这种吐气、不吐气不分音位的特点,可能由来已久。汉语的"土狗"借入壮语,读成"杜狗"是必然的。看来,钱绎的按语需要颠倒过来,即"杜狗"应为"土狗"之转。

又如先秦古汉语文献上常见的"爰"字,古今来各家解释互异。如朱熹注《诗经·击鼓》"爰居爰处",既注"於",又注"於是",摇摆不定。③杨伯峻《古汉语虚词》释"爰"为连词"于是"。这样一来,许多古文辞更讲不通了。杨树达《词诠》干脆把"爰"解作"语首助词,无义。""语中助词,无义。"至此,爰字的解释已经碰壁了。其实,通

---

① ② 参见田德生等《土家语简志》,1986 年。
③ 毛诗郑笺注"爰"为"於";《文选·思玄赋》"爰整驾而亟行"旧注解作"於是"(在这里)。

过同语系对应词语的比较,我们发现"爰"字的用法还活跃在少数民族语言里。按《诗经》"爰"字凡 35 见,通过比较研究,我们发现它并非助词而是代词,能做句子成分,虽无词汇意义,但有语法意义。其句法特点是多数出现在动词之前(27 见),少数出现在非动词之前(3 见),都用作地点状语。"周"(固有地名或普通地名)后出现 4 次,用作"方位词"(相当于"城里"的里)。比较同语系凉山彝语的 ko^{33},其词法性质、句法特点和语法意义与"爰"基本相同,用 ko^{33} 来翻译《诗经》35 见的"爰",处处严格对应(不包括"爰"的重叠式)。这种词法、句法、意义方面的全部对应,决非偶然,而是亲属语言历史发展过程中的转化。考"爰"的上古音读匣母元部。汉语见、匣属旁纽,韵部鱼、元可以对转。凉山的 ko^{33},云南彝语方言读 ka,其韵母近鱼。亲属语言的转化或亦循汉语纽韵转化的途径。

凉山彝语的 ko^{33} 是一个与泛指代词相对的"特指代词"。它主要出现在动词之前,特指上文已经提到过的,或者说者、听者双方心领意会的人、事物、时间、地点、相互关系等。凉山还有一个 ko^{33},它出现在地点、时间名词之后,是一个方位词。在《诗经》里,出现在动词或非动词之前的 30 个"爰",用法和意义与凉山的特指代词 ko^{33} 相同。《诗经》"周"后出现的 5 个"爰"(如"周爰咨询"),其用法和意义与凉山的"方位词" ko^{33} 相同。但综合起来看,《诗经》里出现在动词前、名词后的"爰"都是指示地点的词,而凉山用作地点状语的 ko^{33} 与方位词 ko^{33} 也可以合并起来。现在举"爰" ko^{33} 对应例如下:

爰居爰处 (《击鼓》)

ko³³i⁵⁵ko⁴⁴① dʒu³³

爰采麦矣　（《桑中》）

zu²¹ʂa³³ko⁴⁴tshe³³

爰伐琴瑟　（《定之方中》）

ko³³dzi⁵⁵si²¹ɣgɔ³³phi²¹mu³³

瞻乌爰止　（《小雅·正月》）

a⁴⁴dzi³³hɯ²¹ko³³dzi⁴⁴

爰其适归　（《小雅·四月》）

tshɿ³³ko⁴⁴ta³³pu³³li³³

爰及姜女　（《大雅·緜》）

tɕe³³mo²¹ko⁴⁴dzi³³

周爰咨诹　（《小雅·皇皇者华》）

gu²¹lɯ²¹ko³³na³³ko⁴⁴

写作修养：写作与创新的关系相当复杂。写作得先有研究成果，研究成果靠写作来表达。但是，写作也是研究成果锤炼、创新的过程。本来一个还不太成熟的思考，通过写作往往可以大大提高其质量和逻辑性。写作可以视为思维加工。我就有这样的情况：通过写作把原来的想法部分地或全部地否定了，这有时是因为在写作提炼中不断地有新意或新成果涌现出来。谚所谓"三易其稿"就是指写作过程中否定原来不够成熟的东西，肯定和发扬正确的东西。我往往一篇写成几篇。我的体会是：写作修养不仅仅是要学哲学、学逻辑思维、学语法修辞、学范作，还要经常注意在写作实践中提高。这里也有个基本功的问题。写作前，精思熟虑、求甚

---

① ko⁴⁴为ko³³之变读。

解;写作时,勤查考、勤修改,不要怕多次改变写作提纲和一部分初稿,不要凭依稀的记忆下笔。这些可视为写作修养的基本功。这种基本功,甚至老师宿儒,有时也会偶有失误。有一位最尊敬的老教授,《诗经》读得烂熟,但谈古韵幽宵分立时,引例竟把《邶风·柏舟》和《鄘风·柏舟》混为一谈。可见引书也决不能忽略。我每天读报纸、杂志,经常发现写作上的失误,都与作者或编者是否重视写作的基本功有密切关系。举数例如下,愿与原作者、编者共勉:

1. "它具有无噪音、又无磨损和污染环境的缺点,维修和保养都非常简单。"(见《光明日报》1988年6月1日四版《不用电的冰箱》)

2. "事实上学者们往往都很青睐它。"(见《北京日报》1987年8月7日《学者的比喻》)

3. "买主看房架质量不错,价码儿也便宜,往往赶紧拍板成交。"(见《北京晚报》1988年1月4日三版)

4. "一直到扩大试验规模,发现这种方法根本不经济实用,才放弃初衷。第二年春天,赫鲁晓夫的田园里再也看不到水管了:水栽法已成昨日黄花。"(见《读者文摘》1987年2期《赫鲁晓夫"退休"以后》,何平译)

第1个问题是由于作者不注意汉语语法基本功。"具有……缺点"是个动宾结构。这里用缺点作宾语,根本不符合宣传新式冰箱的原意。

第2个问题也是由于作者不注意汉语语法基本功。"青睐"的同义词是"青眼",一般都用作名词。这里用作及物动词,不妥。

第3个问题是词汇语义问题。"拍板"只能用于主持拍卖的卖方,买方无权"拍板成交"。

第4个问题是对于成语不求甚解的问题。这个成语的语源来自苏轼《九日次韵王巩》"相逢不用忙归去,明日黄花蝶也愁"。末句常借以比喻过时的事物。但这种过时,尤指"失去应时作用"而言。译者对苏轼写诗时的具体情境未求甚解,改"明日"为"昨日",以为"明日"算是过时,则"昨日"更是过时了。其实苏轼的原意是劝王巩不要急于回去,应趁重阳佳节及时赏菊行乐。

"文改迷"的自述

刘泽先

一定有不少人看我是个"文改迷",虽然大家还不好意思当我面像绰号似的这么叫我,顶多有礼貌的称我是"文改积极分子"。其实我承认我确实是个"文改迷"。本来我是个科班儿出身的药师,想当年在药学界和化工界也还混得不错,可是后来偏要搞文改,结果好端端的饭碗也砸了。后来又被骗,害得我成了个社会上的"散兵游勇"、"无业游民",只得流浪江湖,卖艺为生,后半辈子始终在坎坷中颠簸着。可以说,我是为文字改革事业做出重大牺牲的。我为什么对文字改革有这么大劲头儿,这还得从我小时候的家庭环境说起。

我祖父和我父母亲都是留学日本的。父亲学土木工程,由于健康的原因,没毕业就回国了。在商标局做过一阵子事,后来就在家里对外自称是什么"贸易公司",专门通信替外国厂商在中国办理商标注册等业务。由于在外国的行名录上挂了个名,有的时候也印些广告寄出去,居然就经常收到不少外国的邮件。

这样,当我还是个顽童的时候,就看着我父亲把一件件邮件登记、归档、排列。回信都要复制留底。英文、德文的信是用打字机打,垫上复写纸多打一份就行了。而中文、日文的信要手写,就麻烦多了。那个时候还没有现在这样的复印机,是用一种墨水写信,再用一种薄纸弄湿了放在上面压一下,一份副本才能出来。麻烦不说,原本副本都不漂亮。所以,汉字和拼音文字的差别,我在幼年时期就有了深刻的印象。早期教育是很厉害的,发育中的大脑接受的信息是要溶进血肉、编织在神经网络中的,一辈子也难于抹掉,用"烙印"来形容,一点儿也不过分。

我上的小学师大附小,也就是现在的北京第一实验小学,那个时候就学英文了。当然我也就在家里经常打英文字玩儿,这样就算学会了英文打字。

上中学没有多久,我还"玩儿"了另外的两手儿:排字印刷和收发电报。

我发现家里有一个沉甸甸的箱子,那是我父亲从日本带回来的。打开一看,嚄!里头都是全新的西文铅字:正体的、斜体的、花体的、手写体的、大的、小的、粗的、细的等等,应有尽有,码得整整齐齐的,真漂亮极了。其他小型的排版印刷材料用品,像小油墨滚子、小版框什么的,也一概俱全。32开的英文文件,要是一页一页的排印,什么也用不着添就行。

摆弄这些玩意儿可真让我这个淘气的孩子上瘾。信封、信纸、名片、贺年片、标签什么的,印了这样印那样。起先光用家里的英文铅字,当然也就要把当时流行的拼法弄清楚。

后来陆续买了些汉字铅字,对于汉字排版的不方便又有了深刻的体会。家里的西文铅字虽然有限,可是印多少东西都够用。而汉字就不是这样,汉字铅字也不知道要预备多少才算够用。英文字母有一定的顺序,找出来放回去都好办,汉字铅字就只能乱七八糟地随便放,想不出好办法。

另外,我的一个叔叔是报务员。为了找点业余收入,他在家里教了几个学生。我近水楼台,也就跟着学会了电报收发。50多年以来,我基本上没有再收发报,可是莫尔斯电码我至今还记得烂熟。

报社那时候叫"报馆"。大报馆都有自己的电台和报务员,记者通过自己的电台往回发消息,第二天报上登出来的时候,就加上"本报专电"的字样,还常常用黑体字印。小报馆没有这样的条件,可是有的也聘请报务员,买上一台短波收报机,为的是偷听大报馆的电报。偷来的消息第二天也照样大模大样地登出来。大报馆一看,心里当然明白自己的电报被偷,可是也无可奈何。这样的报务员,除了要有收报能力以外,还要背熟常用的电报码,一听到电波立刻就能大致判断电报的内容。所以那时候我也跟着别的同学一样发神经病似的看着报纸背电报码。这些电报码早就忘光了,但是四码电报给咱们中国人的折磨是永远忘记不了的。

我叔叔告诉我,莫尔斯电码的惊叹号是报务员所忌讳的,你拍了惊叹号,对方会认为你在蔑视他因而叹气。还不能拍"FP",那是骂人"放屁"——可见那时候报务员就喜欢拼音电报了。

所以,在打字、排版、通讯、检索等这些文字工作的重要方面,拼音文字的方便和汉字的不方便这两者的鲜明对比,早在我的童年时代就已经在我那正在发育中的神经网络中留下深刻的烙印了。

从那个时候起,中文怎么样像英文那样方便地打字、打电报、排列文件什么的,就成了我经常琢磨的问题了。

新中国成立以后,我跟许多爱国的知识分子一样,非常关心祖国的荣辱兴衰。我认为,文字工作落后祖国就不能现代化,就会吃亏挨打；文字工作落后是祖国的耻辱，每个爱国的知识分子都应当为雪耻洗辱贡献力量。从小就对文字改革有这样深刻认识的我，当然要积极地提倡文字改革了。我今年70岁了，几十年来，我献身于文字现代化，道路是坎坷的，而我不知道什么叫挫折，什么叫倒霉，直到今天还在顽强的战斗着。追求祖国的富强繁荣，是我从事这项学术活动的巨大动力。

正是这种力量促使我如饥似渴的钻研理论，进行学术活动。文字改革可以说是争论最激烈的课题之一，不花大力气搜集大量资料，彻底弄清各种问题，使自己的论据立于不败之地，是不能说服人家的。

在论证方面，我尽量用严密的科学方法。凡是有科学根据的论点，我都旗帜鲜明、毫不含糊地说出来。我每提出一个论点，习惯上总要举一些具体例子，使人不至于误解。有的时候我的某些论点大家觉得很极端，所以有人说我是文字改革"极左的左派"。比方说，我大胆地提出"同音词无害论"，很多人就难于接受。可是，这是个科学的结论，是驳不倒的。如果这个道理能够驳倒，那么，文字改革的理论基础就动摇了。

"天下文章一大抄"，我写的文章大部分也都是抄来的。从哪儿抄来的，我常常交代出来。除了说明那些内容有根据以外，我认为，应当为读者提供信息线索，为读者进一步探讨提供方便。

跟祖国荣辱兴衰息息相关的文字问题主要有两个，一个是文字教育问题，另一个是文字现代化或者说文字工作现代化问题。这两个问题都有争论。如果念念不忘祖国的荣辱兴衰，争论越大越是好事。前一个问题争论还不够大，那不是好事，说明没把祖国的荣辱兴衰放在心上。

文字教育问题目前有争论的、值得争论的主要的有两个。一个是,汉字究竟是难学难用还是易学易用;另一个是,汉字使人聪明还是使人愚蠢。

汉字的难易本来早就有定论,现在又重新争论了起来,发人深省。一个教育工作者或文字工作者,如果不充分了解由于汉字的难学难用我国儿童的读写能力比拼音文字国家差距有多大,那岂不成了井底之蛙?那还有什么发言权?如果充分了解这种令炎黄子孙感到耻辱并且不得不引起忧虑的情况而无动于衷,硬说汉字容易,继续误国误民下去,贻害子孙后代,岂不是把祖国的荣辱兴衰抛到脑后了吗?

中外学者有的指出,中国儿童聪明,原因之一是使用汉字。这一点我还是有点儿相信的。汉字有许多特点:富于形象美,信息多余度大,字种多,结构复杂,似有规律而又不很规律,使人玩味不尽。这些都是优点,但是也因而学习和使用的难度大。也正是由于难度大,识字早的婴幼儿因此会得到较多的锻炼,神经网络比较发达,智力得到较好的开发,因而聪明些。这样的解释还是可以接受的。

我国的教育制度是从小学才开始正规识字,那就又是另一种情况了。

汉字对3岁前大脑发育最旺盛的婴幼儿,是非常丰富的,也是最容易感兴趣而贪婪接受的"信息营养",能促使神经网络发达。零岁起步,3岁"脱盲",是效果最好的早期教育策略。3岁以后的学前儿童,兴趣广泛了,贪玩儿了,识字教育稍微要费点儿劲了,但是多耐心一点儿,想些办法培养识字兴趣,还是比较容易养成识字的习惯,打下良好的学习基础的。而错过了识字最佳期的小学生,识字就成了儿童、老师、家长的沉重负担啦。

小学头两三年级是以识字为重点的。现在不说这句话了,可实际情况还是这样。对于这个发育阶段的儿童来说,识字已经不是感兴趣的事情,只是老师和家长的要求了,识字对开发智力的作用也远远不够了。疲于奔命的识字侵占了儿童的德智体美劳其他活动,顾此失彼,全面发展受到了很大的限制。儿童的大脑这个时候正需要自己独立大量阅读引人入胜的童话、故事等来获得知识和智力方面的刺激,作为信息营养来建设神经网络。拼音文字国家的儿童一入学就通过大量的优秀文学读物获得丰富的信息,培养良好的品德和性格,并且有充分时间在读物的诱导下进行多种多样的智力、体力、艺术、劳动、社会诸方面的活动。但是我国的儿童呢,几千个方块字的死记硬背(这应当是我国婴幼儿时期的教育内容)、抄抄写写使大量脑细胞得不到充分的信息营养而枯萎了,无可挽回地枯萎了,儿童一个个弱智化了,不同程度地呆傻了,神经网络相应地劣性定型了。以后学什么都费劲了,中学、大学只能以勤补拙,不得不牺牲很多其他活动、降低素质标准,成才率是不大的。

这种弱智化的情况是很不明显的,过去很少有人发现。直到80年代"注音识字,提前读写"实验大规模推广以后,才逐渐被人看清楚。

不比不知道。占绝大多数的、接受传统识字教育的普通班学生,跟"注音识字,提前读写"实验班的学生一比,就显得傻乎乎的了。很多学校举行各种智力竞赛活动,同年级的实验班和普通班学生不得不分别举行,要不然夺标者都是实验班的。

学生时代本来是一生最愉快的,可是艰难的识字任务、沉重的家庭作业侵蚀了儿时欢乐,学校、家庭、社会都蒙上了阴影,这才是夏斐事件之类的教育悲剧频繁发生的潜在因素。要是每个儿童在入学以前就玩儿似的具备了充分的读写能力,智力得到了较好的开发,学什么都轻松愉快,十几岁就大学毕业,整个国家该是多么欢乐幸福!

在我看来,小学的"注音识字,提前读写"比起传统的识字教育是一个很大的突破,但是它只能算是补救的办法。对于使用汉字的炎黄子孙,文字教育应当起步越早越好,3岁前"脱盲"是最佳的上策,无论如何幼儿期应当过了读写关才好。等进了小学才开始正规识字怎么说也是太迟了。这样的儿童成才率极低。少年大学生差不多都能查明他们突破了教学"纲要"、"大纲"等束缚,有早期文字教育的"超纲"历史。从这一点看,我国的教育制度也有误人子弟的一个方面,每年一两千万儿童都在这段时期不同程度地降低了终生的素质。

前面所说一些学者认为中国儿童由于使用汉字而获得智力优势如果可信的话,这些儿童一定是超纲的、受过早期文字教育的。吕叔湘先生说我国学生学了十年本国语文却是大多数不过关,这样的儿童恐怕是不能成为这些学者的调查研究对象的。

早期文字教育包括汉字和汉语拼音两个方面,但是早期汉语拼音教育常常被大多数家长和教育工作者忽视。从现有的记录看,早慧、超常儿童多半是早期汉字教育形成的。我想,要是也学汉语拼音,效果一定会更好。关于这一点,我有下面这样的解释。

大家都知道,科学是非常明确、严密的,丁是丁,铆是铆,毫不含糊。可是现在大家又慢慢地认识到,"模糊"里面也有科学,甚至是更巧妙的科学。无论什么人,只要是用眼睛一扫,他就能把一个人认出来。可是要想用明确的科学语言和精密的数据描述一个人的面孔,那是很困难的。据说这样的模糊认识能力,也叫做"模式识别"什么的,连高级的大型电子计算机都不行。处理总体形象的右脑恐怕在这方面起很大的作用。

现在的早期教育理论认为,婴幼儿有很好的模糊认识能力,运用这种能力,婴幼儿非常喜欢认汉字,而且认笔画多的汉字并不比笔画少的汉字困难。认汉字会使这种能力得到发展,使右脑得到较多的锻炼,人会更聪明些。

但是光学汉字也许会使人缺少点什么,汉语拼音却正可以弥补上。那就是,汉语拼音可以在明确、严谨、规律、逻辑等方面锻炼人,培养人的科学、效率意识和能力,使主管逻辑思维的左脑更为发达。

所以我认为,早期汉字教育跟早期汉语拼音教育结合起来会使我国儿童素质大大提高。读写能力是教育的基础,读写能力突破了,整个教育面貌就会大为改观。学习从老师的满堂灌变为学生自学为主,学制必然大幅度缩短。

遗憾的是,教育界不愿意暴露我国教育上的缺点。我访问过《中国教育报》,他们直率地说他们只报喜,不报忧,我国小学比人家落后的情况是不便于发表的。几乎所有的教育报刊也都不触及这个最重要的根本问题。顽固的讳疾忌医使人无可奈何。

跟祖国荣辱兴衰息息相关的另一个问题是文字工作现代化问题。大家最关心的一个问题是使用汉字利用电脑的问题,焦点是如何在国际通用的标准 QWERTY 小键盘上打出几千个不同的汉字来,简单点说,也就是汉字的打字问题。

在现代化的先进国家里,文字工作早就是以打字为主了。除了签名以外,笔的用途已经大为减少。起草、修改、编辑、加工什么的都是打字,打完了,誊得整整齐齐的文件就出来了。打字还就是拣字、排版、打清样。早在50年代,美国化学会的期刊、著作,稿件送出去后一两天就能看到清样。我们拣字工人"日行百里,足迹不出排字房一步"、一年排不出一两本书来这种落后的情况跟人家是不可同日而语的。他们打电报是用电传打字机打字,不用什么"电报码",不出办公室或家门,谁都能用打字方式跟世界各地往返通报交谈,传输文件,跟打电话一样方便。随着电脑的进步和普及,文字工作就更方便了。找文献资料,只要打字告诉电脑一声就行了,无论这些文献资料是在信息网络哪个国家的终端的,它都能立刻找到。大家常赞美这是世界大家庭的人类知识的"资源共享"。

汉字能不能像拼音文字那样方便的打字呢?小键盘这个信息网络的终端装置能不能普及到千家万户?

五六百个汉字编码方案是汉字不适应现代化的大展示,很好地回答了这个问题。

用英文键盘打汉字必须编代码。编码差不多都根据一定的思路,有一定的规律。如果这规律容易掌握,容易记住,容易熟练,我们就说这种代码是"有理"的;反之,就是"无理"的。

代码最好是跟汉字有一一对应的简单关系,也就是"一码一字,一字一码",有几千个汉字就有几千个代码。但是这样的代码只能是无理的。电报码就是例子,每个汉字用数字作代码要用4位,用26个英文字母要用3个字母,少了不行。几千个代码只能死记硬背。要是真能记熟了,还就真能盲打,效率是高的。可是得要背熟多少个这样的代码呢?背熟最常用的3800个,不够,平均每打一千个字就会碰上一个抓瞎的。要是背熟最常用的5200个,好些了,可是平均每打一万个字也会有一个抓瞎的。

　　有规律、好学、好记的编码方案,也就是有理代码,代码都比较长、敲键次数多不说,最要命的缺点是都有"同码字"或者说"重码字",没有一种编码方案是一码一字的。这就决定了任何一种编码方案都离不开一个"屏幕",都要用眼睛在屏幕上从一大堆同码字中仔细地找所要的字。这一幕没有,要敲键"翻页"(常常不止一次);找到了,要敲键挑出来。然后眼睛要回到稿件上找:"刚才打到哪儿来着?""该打什么字啦?"稿件上刚找到,手一敲键,眼睛马上又得跳到屏幕上。眼睛不停地来回忙活,可耽误时间了。

　　所以,汉字打字有这样的一条令人沮丧的规律:要想打得快、盲打,就得受世所罕见的"苦行罪"——背熟、练熟好几千个无理的代码。要不然,就免不了"同码选字",谈不上盲打,快不了。像拼音文字那样,又容易学,效率又高,汉字可办不到。

　　报纸电台经常传来令人兴奋的消息,说是用什么什么汉字编码方案每分钟往电脑里可以准确的输入 140 个、150 个,甚至 190 个汉字,效率超过了英文输入。

　　消息没有说明打的是什么文件。该交代清楚的却没有交代,说明这也许是需要保密的一个关键。假定那些记录是可信的,再假定平均每个汉字只敲键 3 次,那么,用小键盘每分钟打 150 个汉字就要敲键 450 次,平均每秒钟敲键 7.5 下。这样较高的要求倒是可能的。可是,要熟练的死记硬背几千个别无他用的"无理"代码,这比死记硬背几千个电报码一点儿也不轻松。受过这么大"苦行"的磨炼罪,再加上高档电脑的浑身解数,才取得使用小键盘的资格,除了说明汉字不适应现代化要求以外,还能说明什么呢?使用小键盘的条件这样苛刻,能普及到千家万户吗?我国还有建设信息网络、进入信息时代的可能吗？

认为电脑就可以解决甚至已经解决了汉字打字、排版、收发电报、人机对话等问题，那是没有科学和事实根据的。汉字在这些方面是不能跟拼音文字比的，我们不能像阿Q那样自我陶醉。语文工作者不但自己应当把这些道理弄清楚，不要受骗，还应当向广大群众大力宣传，提高群众的科学、效率意识水平，大家才能认识到汉语拼音的价值，祖国的现代化建设才能比较顺利地进行。

炎黄子孙对汉字是有深厚感情的。汉字是我们的宝贝，但是不能不承认汉字也是我们现代化建设的沉重包袱，不能看不到它在信息时代的不适应性。人家是效率第一，在一日千里的飞速前进，难道我们老背着4位数字电报码和其他汉字编码方案这类叫人耻笑的蜗牛壳慢慢地向信息时代爬行吗？

真正关心祖国荣辱兴衰的人必须念念不忘我们在文字方面效率的劣势。当然我们不但还要继续使用汉字，而且还要进一步发扬汉字的种种优点。与此同时，我们必须在竞争性强、讲求效率的场合充分利用汉语拼音摆脱劣势，争取跟人家平起平坐较量高低，不能老让人家耻笑。在文字工作方面，只有充分利用汉语拼音才能雪耻洗辱，才能争这口气。

这样的信念就是我治学的动力，就是我百折不挠从事文字改革事业的动力。

我是学科学技术的，理论和实践并重。但是过去我纸上谈兵比较多，实际应用比较少。最近，我准备干这么几件事情：

(1) 把我已经申请了专利的"汉语拼音牌"生产出来，投入市场，接受考验。

(2) 把我已经申请了专利的"缩拼法"具体运用在电脑的汉字

输入上。

另外,已经满 70 周岁的我,一个多月以前,办了一个"和平打字社",开始亲自体验打字的生活。我英文打字和汉语拼音都不够熟练,只是"会"而已。但是在英文小键盘上用汉语拼音输入法打汉字,比起其他方法来,还是不算太费劲的,我这个外行生手跟同行老手还能竞争一气。这也算现身说法吧,既显示了汉字在汉语拼音的帮助下借助电脑技术的威力减轻了一点点打字的困难,也显示了汉字在文字工作效率上已经到了山穷水尽的地步,很难再有什么突破性的手段能跟拼音文字相比了。

虽然只是短短的一个多月,可是实践的体会却是非常深刻的,远非过去停留在纸上谈兵可以相比。这一点也可以说是我治学的一个经验吧。

1989.01.31

张志公先生传略*

李一娟

一

张志公先生,笔名瓈一、纪纯、贺重、张耕等,当代著名语言学家、语言教育家。原籍河北省南皮县。1918年11月13日出生在北京一个知识分子家庭。父亲是一位测量技术人员、数学教员。五六岁时,随父母到了沈阳,七岁入沈阳第四小学,后转入第一小学。高小第二年,父亲到南方工作,先生随母亲回到故乡,在那里读完了小学。

1931年,先生考入天津"铃铛阁中学"(后改名省立第一中学,再改名为天津中学),这是一所教师队伍强、教学质量高的公立学校。1934年考入河南开封高中,这所中学是河南的"名牌"学校,要求学生大量阅读课外读物,因而先生对中国现当代文学、外国文学、中国古典文学,产生了浓厚兴趣。先生的外语成绩一直很好。高中毕业考入了南方四大学联合招生的工学院,分配到中央大学

---

* 曾刊于《文献》1984年第3期。

化工系,一年后转入外文系。嗣后又转金陵大学外文系,主修英语、法语、外国文学。1945年毕业,留校担任助教。1948年夏应聘到海南大学任副教授,讲授二年级英语、欧美名著选读和语言学概论等。1949年底,赴香港,在华侨大学任教,讲授翻译学。1950年冬回到北京,到开明书店任编辑。1951年起任《语文学习》月刊主编,先后达9年。1955年调人民教育出版社工作至今。先后曾任汉语编辑室主任、外语编辑室主任、副总编、学术委员会主任等职,还兼任北京外国语学院讲座教授。社会工作曾任过中国社会科学院语言研究所学术委员会委员、国家文字改革委员会委员、北京语言学会会长、北京外语学会会长、全国中学语文教学研究会副会长、香港《中英语文教学》顾问、北京语文教学研究会顾问、《中学语文教学》月刊顾问、《语文教学与研究》月刊顾问、大学语文研究会顾问,以至幼儿语言教育研究会顾问等。1987年起,受聘为世界汉语教学学会顾问。在此期间,仍从事教学工作,自1985年起至今,任北京外国语学院教授,并曾受聘为北京师范大学兼任教授、无锡教育学院名誉教授,还曾在北京大学、北京师范学院等校兼课。现任中国民主促进会常务委员会委员、中国人民政治协商会议全国委员会常务委员。

志公先生早在大学学习期间,就致力于古代汉语和现代汉语的研究。他在金陵大学的毕业论文是《从〈文心雕龙〉所见的中国文学传统》。因论文的研究对象是《文心雕龙》,外文系聘请吕叔湘先生任指导教师(吕先生当时是金陵大学文化研究所的研究教授)。先生就是这样与吕先生相识,至今一直保持着亲密关系。

1948年,先生为教学语言学概论课,写了论文《语言的发生和初期语言的发展》。为了研究这一课题,他涉猎了有关人文科学、自然科学、应用科学以及人类学、考古学、社会学、心理学、生理学、比较解剖学等等。此文首刊于《张志公文集》第五卷(广东人民教育出版社 1991 年 1 月版)。

二

新中国成立时,先生尚在香港,一年后毅然回到北京,时年 32 岁。由于先生有很深的学术功底,不久就以他的贡献博得社会的赞许,成为语言学界很有影响的人物。更由于为人谦虚持重,无论长者、同辈,都佩服他。

为了普及语文知识,1951 年《语文学习》创刊了。先生虽无明确的名义,而实际是主编。1953 年编辑部根据群众意见,确定了《语文学习》"应以中学语文教师为主要对象,以协助中学语文教师做好教学工作为主要任务",同时兼顾社会上一般读者的需要。《语文学习》是当时国家级唯一的普及性刊物。从它创刊之日起就受到广大语文学习者,特别是中学教师的喜爱。到 1959 年,它的发行量由创刊时的 10 万册增加到 20 万册,最多曾达 30 余万册,成为当时发行量最大的刊物。

先生亲自为刊物的需要撰写稿件,缺什么写什么,经常是每期都有先生不同署名的两三篇文章。这些文章分别是《汉语语法常识》,署名张志公;《谈修辞》,署名璟一;《写作杂谈》,署名纪纯。从 1951 年创刊号起至 1953 年 6 月号止,就为《语文学习》撰写稿件近 50 篇。先生的文章通俗易懂,结合实际,既能帮助读者系统学习语文知识,又能解决实用上的问题,这些文章在提高全民族的汉语水平上、在语文教学上都起了很大作用。应广大读者要求,以上文章分别集成《汉语语法常识》、《修辞概要》、《写作方法——从开头到结尾》三个单行本。

《汉语语法常识》,是志公先生研究教学语法的第一步。他研究各家的语法著作,博采众长,融会贯通,自成体系。该书关于词的分类做了一些新的处理,有独到的见解。如助词,一向都是指语气词而言,该书分成三类:时态助词(了、着、过),结构助词(的、地、得)和语气助词。句法方面,也对各家说法有所取舍,并且提出了常式句、变式句、存现句等。该书讲解浅显易懂,举例详明,注意实际应用,受到广大读者,尤其是语文教师的欢迎,成为当时影响较大的语法著作之一。此书前后6次印刷,印数达20万册。1955年,日本出版了该书的日译本,译名为《中国文法基础》,由当时大阪市立大学的香坂顺一副教授翻译。译者认为"作为新中国的第一部学校用语法教科书《汉语》第三、四册的辅助读物来看,本书在语法研究史上是应当占有相当地位的"。(见王立达编译《汉语研究小史》)

《修辞概要》,把研究对象限于现代口语和现代白话作品中的修辞现象,不涉及文言修辞,是我国修辞学史上第一部全部讲白话修辞的专著;它把修辞和语法联系起来,讲用词、造句中的修辞问题;它打破了修辞学以讲辞格为主的局限,扩大了修辞学的范围,一头连接上语言特点,讲用词造句,一头延伸到篇章结构和文体风格,它适应广大读者的需要,着眼于实用,把修辞学的道理讲得深入浅出,语言通俗易懂。张弓先生的《中国修辞学讲义》和陈望道先生的《修辞学发凡》建立了中国修辞学的比较科学的体系,从而成为标志中国修辞学研究进入新阶段的里程碑。志公先生的《修辞概要》则是紧步《发凡》之后,对现代汉语修辞学的创立起了奠基作用,它的影响所及,是很深广的。此后出版的各种修辞学专著和修辞学教科书,以及若干关于现代汉语的著作中的修辞部分,都或多或少地受到《修辞概要》的影响,特别是结合语法讲修辞和把修辞学的研究扩展到篇章、文体、文风这三点,后来为修辞学界相当普遍地接受了。

《写作方法——从开头到结尾》,系统地讲解了写作方法。1982年此书与《修辞概要》合并,命名为《修辞概要——读写一助》,由上海教育出版社出版。

汉语语法学自《马氏文通》问世以来,陆续出了不少语法书,可是为培养使用能力而通俗地描述语法的并不多。为了适应这种需要,先生编写了《语法学习讲话》,这本书的编写原则是把重点放在应用上,讲最基本的东西,多从逻辑关系上着眼,联系说话和写作中的修辞表达以及语气、情态等问题。因为它通俗、新颖、解决问题,所以受到读者欢迎,前后印数近50万册。

1951年3月,在第一次全国中学教育会议上,政务院文化教育委员会秘书长胡乔木同志作了关于爱国主义教育的报告,谈到学校的语文教学不宜将语言与文学混在一起。1951年6月6日,《人民日报》发表题为《正确地使用祖国的语言,为语言的纯洁和健康而斗争》的社论,提出了单独进行语言教学对纯洁祖国语言的必要性。1953年12月,中央语文教学问题委员会给党中央的《关于改进中小学语文教学的报告》里进一步提出文学、语言分科的建议。1954年初,中共中央决定采纳这个建议。随后,吕叔湘先生和志公先生同时被调到人民教育出版社,分别担任副总编辑和汉语编辑室主任,负责编辑汉语教科书。

在教育部的领导下,在语法学界和教师们的支持下,由先生主持了草拟汉语教学语法系统的工作。为草拟这个系统,确定了两个原则:一、尽可能地使这个系统能把几十年来我国语法学者的成就融会起来;二、尽可能使这个系统的内容(从立论到术语)是一般人,特别是中学语文教师比较熟悉、容易接受的。根据上述原则反复进行了试教、讨论、修改和审订,经过两年多的时间,最后于1956年1月定稿,7月在青岛举行的全国性语法教学座谈会上得到与会者一致认可,定名为《暂拟汉语教学语法系统》(以下简称《暂拟系统》)。王力先生在评论这个语法系统时说,"重视汉语语法结构的特点,尽可能依据语法特点而不是依照意义范畴去分析汉语语法。这一个原则就构成了这个系统的最大特点。""与其说暂拟语法系统仅仅是融会了各家的成就,不如说它建立了一个新的体系。"(见《关于暂拟的汉语教学语法系统问题》,《语文学习》1957年11月号)《暂拟系统》的制定,是中国教育史上的一个创举,20多年来一直起着很大作用。中小学的语法教学依照这个系统;不少高等学校,特别是高等师范院校现代汉语的语法教学部分,基本上也采用了这个系统。一些工具书以及语法研究的学术论著也采用这个系统所使用的语法术语。根据《暂拟系统》先生主编了初中《汉语》一至六册,为当时中学的文学和汉语分科提供了教材。根据读者建议,1959年在先生主持下把《汉语》教科书改编为一般书籍出版,定名为《汉语知识》。在改编过程中,删除了一些繁琐内容,修改了个别讲法,改换了部分例句,调整了练习和编排方式,使之便于自学、参考。许多语文学习者和语文教师认为这是一本较好的自学用书和参考书。此书在香港、日本、东南亚各地也有广泛影响,日本香坂顺一教授1962年所著《现代中国语文法》主要是参考这本书的(见该书前言)。应国内外读者的要求,人民教育出版社 1980 年再版了这本书。

为了介绍和阐述《暂拟系统》,他邀请了全国语法学界 20 多位专家著文,编成《语法和语法教学》一书,全面阐述了《暂拟系统》的内容。这么多语法学者通力合作,集体编写一本语法书,这是一个创举。它满足了教师对辅助性、参考性读物的需要,兼有普及和提高的作用。这本书与《暂拟系统》一样,在我国语言教育界也一直起着作用。

先生在 50 年代还写了不少论文阐述他的语法观点,如《一般的、特殊的、个别的》《可能的和必要的》、《关于汉语句法研究的几点意见》、《语法研究的理论意义和实用意义》、《语言规范和"约定俗成"》等等。1955 年 7 月,《语文学习》开展了汉语句法中的主语、宾语问题的讨论,历时十个月。《关于汉语句法研究的几点意见》就是这次讨论的一个总结,此文论述了要全面解决汉语语法的句法问题,必须进行词法和句法的综合研究,忽视词法,或者使词法跟句法分离的情况必须改变。进行句法分析必须把结构和意义结合起来考虑,不能偏执一端。《语法研究的理论意义和实用意义》批评了语法研究中理论和实用互相脱离的倾向,指出必须把理论意义和实用意义统一起来。郭绍虞在他的《汉语语法修辞新探·后记》中对先生的上述两篇论文极为推重,他说:"我觉得张氏对于语法学界的问题,眼光特别敏锐。以前提出的语法研究的实用意义,和这儿所称引的词法与句法的关系问题,都值得特别重视,甚至可以说我所提出的以辞例为基础,和以词组为中心的两点建议都是受张氏的启发。"

先生自从接触了汉语文教学之后,就感到研究传统语文教育的必要性。他于 1959—1961 年进行了这项研究,成果反映在《传统语文教育初探》(附蒙学书目稿)中。《漫谈语文教学》(1963年福建人民出版社出版)就是这些文章的结集。《传统语文教育初探》(1962年上海教育出版社出版,1978年又补充了新的资料重版)是我国第一部研究传统语文教育的专著。此书全面反映了传统语文教育的基本情况,指出哪些经验是行之有效的,哪些是不可取的,哪些是可资借鉴的。关于蒙学,前人的记载很少,各种蒙书也大都散失,先生对蒙学和蒙书进行了系统的研究整理,考察了一些珍贵资料。对蒙书"新编对相四言"的来龙去脉从思想内容、服饰、文物、语言等进行了考察,写成了论文《新编对相四言的来龙去脉》。这篇文章被评为"这才是真正的考据论文"。

先生这个时期研究归纳出的几条传统经验,对当时的语文教学起了积极作用。其中集中识字的论述尤为突出,有的地方原已试行,先生的研究成果发表后给予实验以历史根据。有的地方则是在先生的文章发表后开始的,并且参照书里的介绍编出了新的《三字经》、《四字文》、《儿童学诗》等教材。在作文教学方面,有的运用《传统语文教育初探》介绍的宋人谢枋得提出的"大胆文"、"小心文"的观点。《传统语文教育初探》着力介绍的欧阳修、朱熹、程端礼、唐彪、王筠等人的教学语文的观点引起一些同志的兴趣和重视,以至出现了集中介绍前人对教学语文论述的书。

先生这一时期的研究成果为丰富我国文化宝库,继承我国的文化遗产作出了杰出的贡献。

三

十年动乱后,先生又以极旺盛的精力、以勇于创新的精神,在语法、修辞、语文教学领域,以其丰硕的、具有开创性的研究成果,丰富并推动了这些学科的发展。

(一)在理论语法和教学语法研究方面。在理论语法研究上最突出的贡献是指出打破从西方引进的语法学框架,建立起符合汉语实际的语法体系。近年来,先生在他的多次讲话和有关论著中都明确指出,我们现在的汉语语法,不论哪个体系,不论是"暂拟系统"还是"提要"都"姓西",都是西方语法体系的翻版。这些体系是以形态语言为基础建立起来的,而汉语是非形态语言,根本不相适应。他认为,前人引进西方语法,历史功绩是很大的,我们的责任应当是在前人研究成果的基础上,进一步搞出反映汉语实际的语法体系来。为此,他写了一系列文章,探讨了汉语特点,以及研究汉语语法的理论和方法。在最近的一次讲演中,先生指出汉语的语法规则既不是通过形态表现出来的,也不是用语序、虚词就能包纳罄尽的,虽然语序和虚词很重要。汉语语法实际上就是汉语各级语言单位进行组合的一些规则。这种规则可以分为两类:一类是强制性的规则,这类规则如加以归纳整理,可以预见是数量有限的,不会很多。第二类是选择性规则。这一类规则可以预料是数量很多,而且相当复杂的。汉语的丰富、准确而又灵活、多变的特点都表现在这里。这是使用汉语时的要点和难点,也是研究汉语时的要点和难点。

先生认为,汉语的各级单位的组合关系,大体上是一以贯之的。各级语言单位,基本上遵循同一套组合方法。这种组合法则归纳起来就是:联合关系的、加合关系的。当然,再细分,还可分出若干小类。

组合的结果可以产生语组、语句,还可产生更大的单位。而各级语言单位中,数量最大、地位最重要的是词。语法研究当中,产生问题最多的也是词。

先生认为,汉语的词当然可以作语法的分类,但是不同于西方语言的八类、九类或十类,第一个层次大概不过四五类,细分起来自然会一层一层的,分出很多,不过愈往下分,语义的因素愈多,而语法因素则愈来愈少了。

在教学语法方面,志公先生于 80 年代又主持、指导制定了《中学教学语法系统提要(试用)》。70 年代末,随着语法研究和语法教学实践的发展,各级学校的语文教师对《暂拟系统》提出不少改进意见,并要求制定新的汉语语法教学系统。在教育部的领导下,先生于 1981 年 7 月主持了在哈尔滨举行的全国语法和语法教学讨论会并执笔写成《〈暂拟系统〉修订说明和修订要点》。在此基础上,又广泛征求专家和教师的意见,由人民教育出版社中学语文室主持制订了《中学教学语法系统提要(试用)》。这个《提要》已经教育部批准公布。《提要》是继《暂拟系统》之后志公先生为建立汉语教学语法体系作出的又一重大贡献。

1981 年 7 月到 1982 年 11 月志公先生主编了中央广播电视大学的《现代汉语》(人民教育出版社出版,1984 年经修订,改为一般高等学校读物)。在中册第三编《汉语语法》中,一方面试为构拟教学语法新体系作一些尝试,一方面也体现了志公先生一些新的研究成果。这部教材具有规范性,重实用,便于自学,突出汉语特点。它一问世,在社会上立即产生了强烈反响,发行量竟达 60 万套。吕冀平先生在评论时指出:"它在更大的程度上摆脱了以印欧语系为基础的语法教学体系,更多地注意了汉语的特点,更多地注意了实践和应用。""它除了在编排结构上有所创新以实用之外,在语法体系上也颇有一些改革。""吸取了前人的成果,结合当前的需要,在汉语语法教学方面进行了新的尝试。"(见《电大教材〈汉语语法〉读后》,《中国语文》1983年4期)

(二)在修辞学研究方面。先生主编的电大教材《现代汉语》修辞部分以及为中国大百科全书撰写的《汉语修辞》长条,集中地反映了先生《修辞概要》问世以后研究修辞学的成就。

1.他对修辞的本质特点进一步作了科学的概括,给修辞下了一个完整、精确的定义:修辞是使用语言的过程中,利用多种语言手段收到尽可能好的表达效果的一种语言活动。所谓好的表达,包括它的准确性、可理解性和感染力,并且是符合自己的表达目的,适合对象和场合的得体的、适度的表达。修辞有民族性,不同民族各有自己的修辞习尚。修辞有社会性和历史性,修辞的习尚与社会历史发展有密切关系。研究这种语言活动及其规律的科学是修辞学。它是语言科学的一个分支。它与逻辑学、心理学、社会学、历史学、民俗学、美学、文艺学等多种学科有关联。

2.明确提出了语言的运用要为表达内容和文体、风格、技法(包括选词、用语的方法)方面的需要服务。这是先生考察了我国历史上和当今国际间研究修辞学的有关论述和实践之后得出的结论。

3.创建了"汉语辞章学"。先生对"辞章学"的研究是具有开创性的。他先后试讲了三轮汉语辞章学课:第一轮是1980—1981年在北京大学中文系为三年级本科生开设的选修课;第二轮是1985年在北京外国语学院为汉语系在职研究生班开设的必修课;第三轮是为北京师范学院三位硕士研究生开设的一门必修课。积此三轮讲课的经验,听取了听课者的反应,使原先的构想更趋完备。目前正在从事整理,同时指导一位北京师范学院的硕士研究生学习辞章学并且作听讲笔记,写出自己的论文。先生曾表示,如果主客观条件许可,在不太长的时间将把汉语辞章学这一既有民族特点,又符合科学原理,并且切实有用的研究成果奉献给社会。

(三)在语文教学方面:1978年拨乱反正之后,各项工作逐步走上正轨。先生第二次投入对传统做法的研究。用他自己的话说,是对传统语文教学的"再认识"。也就是实事求是地剔除封建性的糟粕,发扬符合科学的精华,探求现代化和民族化相结合的语文教学改革之路。他总结了传统语文教学的三大经验和四大弊端。三大经验是:1.建立了成套的、行之有效的汉字教学体系,包括写字教学的步骤和方法;2.建立了成套的文章之学的教学体系;3.建立了以大量的读、写实践为主的语文教学法体系。四大弊端是:1.脱离语言实际;2.脱离应用实际;3.忽视文学教育;4.忽视知识教育。根本的一点是,在封建社会后期,传统的语文教学已经完全沦为为封建统治服务的科举考试的附庸。简要表述如下:识字+作文章=语文教学;语文教学的目的要求就是达到考中举人、进士的水平;考中的结果则是做官。再简化一下,形成了下面这样一个公式:识字+读书+作文+考试⇒最终目的就是做官。

先生研究了传统语文教学的得失,研究了现代社会对语文学科的要求,率先提出了语文学科科学化的主张。《关于改革语文课程、语文教材、语文教学的一些初步设想》一文,比较全面地反映了他的语文教育观点。文章中提出的基本点是:语文教学要面对当前的和今后的社会需要;既要继承传统的好经验,更要清醒地看到并且坚定勇敢地革除传统遗留下来的重大积弊;要使语文教学朝着科学化、高效率的方向前进,成为培养建设人才的基础工程的重要组成部分。为实现语文教学现代化,先生在这篇文章中提出了一个幼儿、小学、初中、高中"一条龙"的语文课、语文教材、语文教学的具体改革方案。改革方案富有实践性和创造性。

为了实现语文教学现代化,先生对语文教学诸方面进行了研究。其中最为突出的有以下几个方面:

1.关于"文道统一"。"文道统一"是志公先生一贯坚持的观点。早在60年代社会上强调"政治第一"的时候,他坚持"文道统一",其后,人们强调"工具性"的时候,他还是这样主张。先生认为,文道统一是语文学科的性质所决定的,是语文和语文教学自身的特点,是客观存在的,不以人们的主观意志为转移的。先生始终认为,语文课必须很好地完成培养、提高学生理解和运用祖国语言文字能力的任务。而语文能力的培养和提高,固然要进行语言训练,却也跟思维训练密不可分,跟思想教育密不可分。先生认为在语文课中对学生进行思想教育,不等于进行空洞的说教,而是要潜移默化地渗透到整个语文教学过程中去,切实地陶冶学生的思想情操,培养正确的行为准则和良好的行为习惯。1985年教育部制订的《全日制十年制学校中学语文教学大纲》中,有一段话是志公先生的手笔:"课文要仔仔细细地读,字要规规矩矩地写,练习要踏踏实实地做,作文要认认真真地完成。"评论家这样称道:"文道结合得如此紧密,智力因素和非智力因素浑然一体,令识者拍案。"1980年先生到青海讲学,在解答教师提出的指导学生学习一篇课文怎样体现文道统一时,提出了一个有名的"带学生从文章里走个来回"的主张,即"首先把语言文字弄清楚,从而进入文章的思想内容,再从思想内容走出来,进一步理解语言文字是怎样组织运用的"。志公先生对文道关系论述得如此具体而细微,例子不胜枚举。

2.关于"口语训练"。对"口语训练"的认识,实际上是对学习语文的重要意义的认识。志公先生立足于现代,着眼于未来,把现代社会同今后的发展联系起来思考。今天已经不是人与人面对面口耳相授了,而是地上的人对在空中的人、地下的人、海底的人说话了,是人对机器说话,进而还教机器说话了。这就要求人们学好普通话,接受口头语言的训练。

3.关于"培养现代语文能力"。这个问题,实际上是对语文特定任务的认识。说到中学语文教学的特定任务,志公先生的观点很明确:培养和提高学生的现代语文能力。先生认为语文能力是读、写、听、说能力的综合。培养现代语文能力,即处理生活和工作中的实际问题的敏捷准确的高效率的口头和书面语言能力。在语文教学中学习语文知识,使学生的头脑科学化、条理化,养成良好的思维习惯,是终生受用不尽的。

先生关于语文教学现代化及语文教学一系列改革的提出,标志着他的语文教育思想的一个重要发展,一个由经验的向理论的、由朴素的向科学的飞跃;标志着他的语文教育思想,经过30多年的不断发展和深化,已形成了一个相当完整的体系。当前语文教育的各项改革无不受着先生的教育思想的影响。

先生不仅是一位汉语学家,也是一位外语教育家。先生毕业于金陵大学外文系,他的第一外语是英语、第二外语是法语,此外先生还自学了俄语和日语。他是一位通晓四种外国语的著名学者。早在1952年,就出版了他的《怎样学习俄语》一书。1962年,为了加强外语教材建设,人民教育出版社组建外语编辑室,先生被调任编辑室主任,着手制定英语、俄语教学大纲,编写新的教材。

他还带领全室同人首先进行了调查研究,总结了中国外语教学的历史经验,写成两个调查报告:《回顾六十年来中学英语教学和教材》和《俄语教学回顾》。教育部将这两个调查报告作为文件下发,供各地参考。在此基础上,志公先生主持拟定了新的英语和俄语教学大纲,建立了新的教材体系,编写了初中、高中全套《英语》和《俄语》教材。这两套教材是建国以来直到目前新编九年义务教育外语教材前最好的教材。此外,先生还写了不少指导外语教学的文章,如《中学外语教学的意义和目的要求》、《试谈外语教学的两个基本问题》、《加强外语教学的研究工作》、《外语教改从何始》、《教材和教师》等等。这些具有独到见解的论著,在指导我国外语教学上起了很大作用。先生常被邀请到外语院校授课,从事外语工作的人员常登门求教。他还十分重视对外汉语教学,在他的倡导下,已组成编写班子着手编写"日本人学汉语"、"英语民族学汉语"、"苏联人学汉语"等多种教材。他是"世界汉语教学学会"顾问。

四

志公先生在科学研究、治学思想、治学方法上也为我们积累了许多宝贵经验。

(一)为工作需要而治学,是先生在学术上贡献大、影响广、声望高的一个主要原因。先生在重印《汉语语法常识·跋——重看旧作志感》一文中谈到:"几十年来,无论我写了些什么,写了多少,写到什么水平,无一不是适应工作需要而写的。除此以外,没有别的动机。"(见《张志公文集》1991年广东教育出版社出版)纵观先生40余年的研究成果,全部出于工作需要。五卷本的《张志公文集》

(广东教育出版社出版)汇集了先生1987年前的主要学术成果,也记载了先生献身工作的业绩。它既是一部学术著作,也是先生数十年献身工作的写照。先生曾深有感触地谈到:"要在工作中培养人,青年人也应当相信工作能够培养人。"这是先生对这一宝贵经验精辟的总结。

(二)运用唯物辩证法指导学术研究,是先生成就卓著的一个重要条件。先生认为,唯物辩证法是进行学术研究最好的思想方法。他曾多次强调:"我们研究问题,首先要用唯物辩证法作为我们的方法论。绝对化、极端化、片面性、非历史主义,都是我们所不取的。"1959年在讨论语言规范时先生指出,促使语言发展和语言教育有两股力量,一是制约的力量,就是长期约定俗成的语言规范,一是总要突破制约的力量,这就是不断出现的新的格式和规则,语言正是在这两股力量互相作用、对立统一的过程中不断向前发展的。在实际观察分析处理语言时,要把"特殊的、个别的"现象与"一般"规律区别开,不能被那些特殊的和个别的现象搅乱了视线,否定一般的规律,又不能用一般的规律去否定特殊和个别现象的存在。这是在多人赞赏的《一般的、特殊的、个别的》一文中提出的一个重要观点(《语文学习》1954年4月号)。

在修辞学的研究中,先生接触了中国古代和西方古代的许多论及修辞的著作,受传统修辞观念影响很深,但却不固步自封。他把现代汉语修辞学的研究范围扩展到语法,扩展到篇章、文体、风格,提出了建立"汉语辞章学"的构想,把社会语言学、语义学的一些观点运用到修辞学研究中来。在继承前人成果的基础上,不断创新,不断前进。

(三)知识广博是先生能在诸多学科开展工作并取得巨大成

就的一个重要条件。先生一步入社会,很快就显示了他的博学和才华。他多次讲过"杂"与"专"的关系。先生先后讲授过"普通英语"、"外国文学史"、"外国名著选读"、"翻译学"、"普通语言学"、"语法"、"修辞"、"比较语法"、"辞章学"、"语法理论研究"、"应用语言学"、"现代汉语"等多种学科课程。在语法、修辞、语文教学、外语教学等学科开展了卓有成效的研究工作。并且常利用多学科知识从事研究。

(四)讲求实用,从实际出发。他时常引用德国唯心主义哲学家叔本华论写作的一句名言:"世界上再没有一件比把一个浅显的道理讲得让人不懂更容易的事,再没有一件比把一个深奥的道理讲得让许多人都懂更难的事。"他讲求实用、从实际出发、实事求是,从不把人"捧杀",也从不把人"骂杀"。他不断进取,勇于开拓。他尊重前辈、团结同辈、扶植后辈,谦虚诚恳。已故张寿康先生曾引用《礼记·中庸》中一段话来评价志公先生:"博学之,审问之,慎思之,明辨之,笃行之。"这是十分恰当的。

先生认为,评价一位老人,不在乎他古稀之年又写了两本书,而是要看他培养了多少学生。先生常说:"我愿作个跑道,让青年人在我背上起飞。"近年来,先生把主要精力用在培养人上,如应邀授课、带研究生、为中青年作者的书写序,他严格要求中青年,言传身教,一丝不苟,培养了一批中青年学者和编辑工作者。先生已过七旬,白天忙于日常工作,但研究工作从不中断,仍按前半生的老习惯——深夜伏案耕耘。目前先生正在与人合力探讨着两个重要的研究课题,不久,将以新的成果奉献给社会!

1991年12月

补　记

张志公先生已发表的主要著述：五卷本《张志公文集》（广东教育出版社，1991年1月）；《传统语文教育教材论——暨蒙学书目和书影》（上海教育出版社，1992年12月，原始本题《传统语文教育初探——附蒙学书目稿》，上海教育出版社1962年6月，收入《文集》时，有所修订，改题《传统语文教育研究》，再经大幅度增删修订，改题现名）；《汉语辞章学讲话》（讲课摘要，由王本华、殷芳记录整理，上海《语文学习》月刊1993年第4期至1994年第2期连载）；《张志公论语文教育》（人民教育出版社，即出）；前此，有《语文教学论集》（福建教育出版社，1981年）、《张志公论语文教学改革》（江苏教育出版社，1987年），由每书中各选一部分合编为《文集》第3卷，现经扩充，编为上书；《汉语语法常识》、《修辞概要》（署名璟一）《写作方法——从开头到结尾》署名纪纯，以上3书初版本1953年均由中国青年出版社出版，几经修订改编，分别收入《文集》第1卷及第2卷，单行本久已停版。又，主编《语法和语法教学》、《汉语知识》，初级中学课本1—6册，中学课本《英语》1—12册，中学课本《俄语》1—12册，大专院校用书《现代汉语》上、中、下三卷（均由人民教育出版社版，前5种1956—1965年，末种1982年）。又，散篇论文约 100 篇,一部分收入《文集》各卷,一部分未能收入。

(又按:邓玉兰、刘雪明、阎宝珠参加了此传略资料的收集与整理工作)

1994 年 4 月补记

回忆张志公先生谈治学

奚博先

在武汉参加中国语言学会成立会期间,志公先生晚间经常和胡明扬、张寿康两位先生在一起聊语言学问题,常常一聊就聊到半夜。我有幸在场。有一次他们的话题是:在中国怎样继承文化传统。志公先生是人教社的,分管语文教学。他三句不离本行,一说就说到语文教学。

志公先生说:每年人教社总要为教材里边的古文比例争论不休。这个说25%的古文太少了,要增加比例。或者说:33%还差不多。又有的说:33%多了,32%吧。争来争去,没有多大意思。外国就没有这些问题,他们的文化普及比我们国内好得多。他们不教古文,可是阿波罗呀,雅典娜呀,家喻户晓。他们是怎么做的呢?他们的教会把这些故事都翻译成现代故事,传教士总在讲,所以参加教会活动的就都知道。一般家庭都信教,社会上有关的这些书籍很普及,每个人想不接受这些都不可能。我们现在靠学古文来继承传统。教育不普及,学的那些古文又不能解决阅读古书的需要,每年争古文(在教材里)的比例有什么意义?

古文要学,但不是现在这个学法。要办一个像无锡国专那样的学校,专门培养一小部分人,从小就学古文,学到能看古书,成专家。再由他们把古文都变成现代语言,让社会上识字的人人人看得懂。这样就不必让大家都学古文,解放了一大批学生,让这些学生腾出精力,用在学习其他学科上。主持这个工作的人选我都想好了,叫周振甫来办。他是无锡国专出身,路子熟。

1980年10月在武汉参加完中国语言学会成立会以后,紧接着应邀参加湖北省中学语文教学研究会的研讨会。接受湖北省中语会的安排,志公、寿康两位先生以及章熊和我住到了璇宫饭店。开幕式以后我们一起在住处闲谈。志公先生说:语言这东西,场合、语境往往起决定作用。比如刚才在主席台上,介绍一同坐在主席台上的章熊的时候,我称他先生。按说,章熊我还不该叫他先生。可是因为刚介绍完寿康——他满头白发,不称他为先生不合适。接下来要介绍章熊,而章熊则长相精神年轻,年纪也确实小一点,照平常的习惯,我会叫他同志。可是因为是在这种场合,又刚介绍完寿康,所以也就得顺势管他叫先生了。你看,生活里到处都有语文,研究语言文字就应该时时留意。

1981年,鲁宝元等同志编完礼貌语言手册,交北京出版社以前,他和胡明扬、张寿康、徐仲华三位老先生逐句讨论,我参加了这次会议。记得许多地方大家都觉得为难:此前宣传教育当中不讲礼貌,"文化大革命"光强调破而不注意立,因而没有礼仪模式。一句话这么说妥当不妥当?假如遇见别的复杂情况,又该怎么办?志公先生说:这个问题不那么简单。看起来不过是日常要用的一些词句,但是它涉及年龄、性别、民族、宗教、国籍、信仰、教养、临时语境等等复杂情况,这些是要专门研究的。这些属于语言理论,是明扬的本行。西方有一个语言学的专门分支学科,叫社会语言学。在我国,研究社会语言学的人很少,也被人家看不起。我们北京市语言学会不怕被人看不起,要开这个风气。今天一下子弄不完,明扬拿回去仔细斟酌吧。

1984年6月23日,志公先生主持"北京语言学会高龄顾问和部分中青年会员治学经验座谈会",在吕叔湘和周有光两位先生谈过以后,接着大家谈了一些从两位先生那里受到的教益和启发。他则以主持人身份回忆了自己大学时代师从吕先生的学习历程。他说他是真正师从过吕先生的。在南京金陵大学外文系,吕先生教他们翻译课,对学生的要求很严格。他至今记得,课上吕先生要是叫谁回答问题回答不上来,吕先生的脸色就会不好看。后来他的毕业论文的题目是《从〈文心雕龙〉所见的中国文学传统》,这个问题涉及古代汉语、现代汉语和文学,而且他是外语系的学生,要用外语写论文。他必须找几个方面都精通的指导老师。于是他向系里要求找吕叔湘先生。从那以后,志公先生就开始了和吕先生几十年的交往。

他说50年代由于工作需要,他住到了吕先生家。吕先生有每天剪报的习惯。中午吃完饭,他先不睡午觉,看报,把要留作资料的圈起来,记好日期,然后由吕师母剪存。有的时候实在困了,眼皮儿打架,他才作罢。这些给志公先生留下了极为深刻的印象,起了榜样的作用。

他诙谐地把自己受到吕先生的启发叫"偷"。他说,他从吕先生引用的材料里看到有和尚语录《景德传灯录》和古时候的谈判记录《三朝北盟会编》这两本书,从而知道这些是研究从前的口语很有用处的。于是也不惜代价买到一本皇帝朱元璋的《太祖高皇帝御制文集》。除了这次主持会(指1984年治学经验座谈会)的时候谈过这件事之外,他还多次提到过这件事。例如,他最后对我和陈建民两个人讲课的时候,正是胡明扬先生作治学经验报告不久以后,他就特别提到这件事。他说他要给明扬补充一条:"不知道他有没有,'偷'也是一条。我就从吕先生那儿偷来一点,知道和尚语录里也有研究语言的材料。"

我在语言学会活动的时候常常录音,会后也就常常整理录音。志公先生经常在会议上讲话,因此我给志公先生也多次整理录音。有一次志公先生审读整理稿的时候,他不无得意地说:我的讲话,听着没有什么,可是还能整出一些东西来。确实,志公先生举重若轻。他讲话,好像在闲聊。不会听的,觉得他啰唆。可是如果把他对青年的谆谆教导和为了使说话亲切动听和增加风趣的作料去掉,他的讲话里确实有重要的学术观点和主张。

参加"张志公学术思想研讨会"搭人教社的中巴和志公先生一起回北京的时候,车子快速行驶在京石高速。志公先生路上很兴奋,话比较多。他指着东边说:"那边不远就是泊镇,我的老家就在那边。泊镇归河北南皮县管。张之洞就是南皮人,人家叫他张南皮。也因此有人说我和张之洞是本家,其实我和张之洞虽然都是南皮人,但是没有关系。"他出生在北京,在沈阳上小学,后转到家乡,中学在天津,大学又到了南京。

志公先生随时随地注意联系语言实际,思考语言现象。有一次在他家,他孙女儿放学回家,进门就用英语向他问好。虽然那个时候她刚学英语,但是已经知道下午问候应该用 afternoon。志公先生紧接着就说:你看,小孩儿她到时候就会简单区分什么时候用什么词。你说这语言到底是本能还是习得?本能就不需要习得吗?小鸟会飞是本能,可是不也得大鸟带着练一练吗?本能不练也是不成的!你要说它是本能呢,狼孩儿过了那个时候可就学不会语言了。至少是学起来非常困难！本能和习得到底在语言学习当中有什么关系？这个问题我捉摸了好久了。

他认为小孩儿区分数量比较容易，弄清空间概念就要困难一些，时间概念的建立就更困难。他说小孩儿吃东西老早就会挑大得多的，因为数量比较实。弄清楚家里屋外，分清进出就不那么容易，建立时间概念则要长大一些才行。我的女儿小时候就闹不清。刚过去的事情，她就说昨天；很久以前的事情，她也说昨天，为什么？因为时间概念比较抽象，小孩儿一时还弄不清楚。

志公先生经常熬夜。这从他老伴儿对他的埋怨可知。我到志公先生家去得多了，师母跟我也熟识了。师母有的时候就抱怨：他开夜车，有许多时候是一熬就熬到深夜两三点钟，有的时候还熬通宵。他熬夜，我就得陪着，半夜给他弄点儿吃的或者给他烧个水、沏个茶什么的。"这个人，不知道人家第二天还要上班！"当然，他自己就更不知道有多么辛苦。从中，我们也了解到这对老夫妻是如此相濡以沫。也知道志公先生看似轻松，经常一天到晚不慌不忙，还时不时地开个玩笑，实际上他总是白天接待来访，处理事务性工作，许多事情经常要熬夜完成。他这一辈子能有这么多成果，都是紧张劳动得来的。经常熬夜就是证明。

志公先生很佩服在小学第一线的人，特别是小学老师。他说：汉字难，教孩子学汉字更需要动脑筋。有的汉字笔画很多，光说声旁形旁还不行，因为汉字不是像有的人所说的那样有规律。比如攀登的攀，就不好说声旁形旁。斯霞就把这个字讲得很形象……这是没有办法的情况下想出来的办法（当时正是有些人说汉字好学好用的时候）。什么好学好用？还不是大家煞费苦心？——许多问题看起来很不容易跟学生说明白，但是小学老师有很多好办法。所以我们要虚心向在第一线的人学习。

心理学界的意见,我们也要好好听。北师大有个搞心理学的冯忠良,我就跟他很聊得来。他有的见解很有道理。志公先生说:搞语言学也要关心并且懂一点其他学科的研究。

对于语文教学,志公先生一向主张要精要、好懂、管用。他说,对于语文教学,我有一个"六字箴言"。1956年,我在住的宾馆里遇见过一个小伙子,在学文化做语法作业。我问他:这语法好学吗——那个小伙子是个山东人——他回答说:(学山东腔)可难咧。我说:学了要用。他说:用不巷(hàng 上)啊。你看,用不上,所以难。为什么现在一般人重文轻语?因为你教的语法不管用。

张先生说:一个国家的语言总有一个国家的特点。西方语言有形态,汉语没有,照搬不解决问题。现在我国的许多这个派、那个派的,不是抄西方的,就是抄东方的。东抄西抄,会抄也算一家。这样不顾汉语实际,当然用来解释汉语就不管用。

他有几次跟我说:我总想把语、修、逻综合起来:它们的关系很密切,不应该总这么分着。我给电大编的现代汉语教材,就做了一些尝试。

对于别人写的文章,志公先生有特别敏锐的语感。他一下子就能把别人文章里的缺字、错字补上改正。他的稿子,不管怎么勾画修改,都能让人看清楚。我有一次见他这样,称赞他眼尖。他说:这和眼尖不眼尖没关系,因为我长期当编辑。是啊,他这是职业特长。长期当编辑的人,语感敏锐正确。

他主编了一本《现代汉语》,第一版出来以后,他在扉页上写上字送给我一部。不久以后,这本《现代汉语》修订再版,印出来以后他又写上字送我一部。并且诚恳地说:多年不搞研究,前一版里出了一些不应该出的硬伤,你拿去看看,还有什么问题。没有改正的,给我挑挑错儿。

有人主张双文制,对此,志公先生认为不必刻意提倡。他认为有人能用汉语拼音字母写信、写文章,实际就是在拿它当文字用,用的人多了,自然就成为文字了,到时候想不让它成为文字都不成。

志公先生对于某个人把很多精力放到学术打假上很不以为然。他跟我说:"你去跟他说,一个人的精力有限,一辈子紧忙乎也干不了多少事情。听说他还有心脏病,不要一天到晚搞批判。学术上有些事情很难说,你做不了裁判。今天批判这个,明天批判那个,没有事情干了!怀疑这,怀疑那,就不怀疑怀疑自己!还是抓紧时间干点儿正经事情吧。要知道有些人就是靠别人批判出名的,他专门找名人打笔墨官司,你越理他他越来劲。理他是抬举他,帮他的忙。"

对于高考,志公先生非常关心。记得90年代初,那时社会上有一部分人对高考的命题作文持否定态度。每当高考之后,总有一些人发表文章攻击作文命题,说到激动处,往往要攻击一番命题作文。我有一次到他家谈事情,他突然问我:高考完了,对今年的语文考试有什么议论?我自然就说到作文上。我说:现在有人反对命题作文,其实生活里每天我们都碰见各种各样的题目。情况就是题目。打靶要立靶子,军事演习要有假想敌,要设想各种情况,制造各种困难……他说:这个道理其实很浅显,设想情况,就是出题目。真的遇上情况,你想不作出反应都不行!比如司机开车在路上遇见障碍,不躲行吗?学开车要路考、钻杆,这不都是在给出题目考试?怎么这些就没有人反对,偏到作文命个题就反对得那么起劲呢？

他这个时候，从右手桌子上的纸堆里拿出一小张纸来对我说：我捉摸写一篇文章说说这个事情，写了个开头，别的事情一打岔就搁下了，你拿去把它写完吧。说着把它推到我面前，我喜出望外地答应了。那纸是他从孙女用剩下的算草本上撕下来的，小32开，大方格，上半面密密地写着他那整齐的小钢笔字，内容是刚才说过的那些话。

志公先生经常地说起培养年轻人的事情。在指导北京市语言学会工作的时候，在第一次换届选举之前他就一再强调要老中青三结合。后来他经常说他的猴论和跑道论。他说：重要的事情总不是一代人能够干完的，要一代接一代地干。我有一个猴论，我说我们已经是老猴了。看耍猴不能只看耍老猴，老猴慢慢地就要不动了。我说年轻人：该你们小猴耍耍了。

他还有一个跑道论。他说：飞机在天上飞当然很快。可是飞机要上天得有飞机场，飞机场得有跑道，我们这些老家伙就应当作跑道，看见你们年轻人在我们这个跑道上起飞就高兴。他对于愿意长久霸在位子上不肯让的人很不以为然。

我的学习生活和体会

党凤德

我 1920 年出生于陕西省绥德县贺家石村。1927 年开始上学，1947 年 7 月大学毕业,过了 16 年多的学校生活。

1932 年小学毕业后做童工三年,1935 年考入每月有五元津贴的绥德简易师范。1938 年考入战时学校读完高中。1941 年考入西南联大外语系。1943—1944 年休学,到云南景东中学教书一年,1946 年 1—6 月在云南保山板桥中学教书半年,1946—1947 年北京大学西语系英语专业毕业。1947 年 8—10 月在北大中法合办的升学辅导班教书两月,10—12 月做家庭教师两个月。1948 年 1 月—1949 年 12 月在内蒙古呼和浩特的私立奋斗中学和归绥中学教书,1950 年 5—12 月在包头的包头中学和正心中学教高中英语半年多。1951—1953 年考入出版总署翻译局担任俄语的翻译编辑三年多。1953 年 3 月调时代出版社语文编辑室担任俄语编辑。1958 年时代出版社并入商务印书馆后仍从事俄语语文辞书的编校工作。1960 年开始转为英语的语文编辑加工和校订工作,偶尔兼作俄语有关业务工作。1969 年 9 月下放湖北咸宁,担任四大队副大队长,主管农业生产的领导。1971 年 6 月调回北京,恢复商务原有任务。1972—1975 年担任中华、商务的中外语文组副组长,负责外语词书组稿、编辑校订领导工作。1975年转作外语词书的编审,1978年担任商务中外语文工具书编辑室副主任,负责外语词书方面的工作;1984年不担任编辑室行政工作,1988年后退休。

参加编辑工作30余年来共翻译出版英、俄语书30余种,经手编辑校订加工出版的60余种。

一、学习、生活和理想

在旧中国那样的条件下,一个贫农的儿子依靠偶然的因素和自己的刻苦奋斗来完成从小学到大学的16年教育过程,确实不是一件容易的事。20世纪20年代末期,特别是1920—1927年间,新文化运动思潮在我老家有很大影响,引起社会的剧烈变动。毁庙宇,没收神会财产来创办新学的风气大兴。因此,我没有花一分钱就轻易地上学了。受新思潮影响,老师教书也是义务制。当然老师是有钱人的子弟,他上过中学,受新思想的熏陶热心办教育。我家父母逃荒外地做工,我留在村里寄居叔伯大爷、左邻右舍家里,也能混到饭吃。1928年我上小学二年级,老师就委托我教一个新来的一年级生,我连续代教三年。1938年我上高中时,课余帮助几个同学补习英语,有一位同学和我一样,初中时期上的是师范学校,没有学过英语,到高中后对英语课束手无策,我一直帮助他学了三年,每天至少两个钟头。另外,还帮老师批改高级英语作文。1942年,那位我帮他补习英语的同学也考入大学,1947年跟我同时大学毕业。

我在昆明上大学期间,两度休学,主要是经济紧张,体力不支,当然还有温习课程的需要。我上大学,外语系只要求学习一门外语,法语作为第二外语。而我的思想比较开放,在 1942 年同时自学俄语、日语、德语三种在学校不算学分的课程。生活依靠每月的贷金,仅仅勉强维持生命,营养不足,体力不适应学习的超负荷重担,所以在第二学年后休学一年,第三学年末又休学半年。有半年是学完课程因后半年休学而前面所得学分一律作废,所以我在大学读了四年半,比同样学制的同学多读了半年。

1933 年春到 1935 年秋,我在老家县图书馆当童工,每月工资比同级的老工人少两元,可是我的工作干得比他多。我在繁重枯燥的工作中,每晚利用余暇(敲钟报时每 60 分钟一次,每次上、下窑洞台阶和鸣钟不过 5 分钟,其余 50 多分钟都是学习的机会)。我没有应酬,也没有人同我往来,这正是我饱览群书的大好机会。

我在小学读的是商务印书馆新出版发行的《新学制国语》、《算术》和《常识》,每种八册,到我二年级末,老师几乎把全部小学课程都教完了。到了三年级除加修中学语文、算术课外,还选读了 30 余篇通用的古文名著。四年级读了《幼学琼林》、《左传》等,读得杂,可是老师讲解详细,我不但统统能背诵,而且许多内容几十年后仍记忆犹新。

1935 年我考入绥师,没有英语课,可是许多参考书都有英语。为了解决拦路虎问题,课余请老师补习学了当时的开明英语课本。老师教会了我如何发音,我掌握了国际音标,又懂得基本语法。利用一个寒假,我没有老师的指导,一口气学完了初中三年的英语读本。1937 年学年一开始,全体师生下乡开展抗敌后援宣传工作。我们五人一组,白天逐户宣传,晚上演出小节目,自扛行李和道具,历时近一个学期。后来抗战建国纲领公布后,大家又返回学校复学,这时又痛感普通知识基础太差,听到有几位同学考入西安一带的国立流亡中学，心痒难抑。1938年8月我便同另一位同班同学两人到西安报考高中，并且连续在那里学完三年，得以在1941年考入昆明西南联大。外国语言文学系重点在培养英语文学方面的人才，教学设置安排着重启发学生学习有关英国文学的科目。但我感到文学的范围太广泛，穷毕生之力未必能收到多大效益，容易钻入牛犄角而无法自拔，所以把研究语言作为自己的目标。

上大学期间的休学及1947年毕业后去内蒙教书，我的重点放在语言的学习上。1941—1950年重点在学习俄语，日、德、法语的学习旨在参考和查阅有关资料。

解放后37年的工作，对我来说是一个重要的、效益显著的学习过程。出版社的责任编辑对经手处理的稿件不论接受加工或退稿，都有义务写出一份审读意见书，这要求编辑要了解稿件的全部内容，要作出实事求是的评价。对有些问题要有自己的观点、看法。对接受加工的稿件，事实上又成了校订者。无论著作稿或译稿都要逐段逐句细心推敲改正，编辑工作是一个很好的学习锻炼工作。

总之，我这50多年的工作、学习和生活是个统一体，在任何场合下，我都得到学习和提高的机会，并使一切安排适应自己的需要而终于达到自己的理想。从50年代到70年代末，总计编辑加工重要书稿五六十部，业内业余译书20余种，这些工作和活动对我来说都是很好的学习机会。

60年代，进行了几部成语词典的编辑校订工作，除帮助提高书稿质量外，自己也进行了全面深入的学习，弄通了过去不甚了了的语言现象。60年代参加编写一本英汉小词典，80年代参加修订一部大型英汉词典并承担修改、审订定稿的总负责工作，从而对语言、词汇、翻译及词典编纂的理论、技术有了概括的综合的宏观理解。

这几年虽然在病中，但对于有关英语的各种问题，每天总要抽出时间进行旧资料的整理和新问题的探索。翻译学方面的几种通用转换方法的可行性和实证，都是这几年肯定下来的。

二、学习经验漫谈

1. 宏观上控制自己涉猎的目标

学习有阶段，中学、大学不同，学习时期与工作时期不同。在任何阶段都要争取做到有所为有所不为。我在中学时期，英语是重要基础课程之一。英语与汉语大致处于相同地位，其他自然科学的基础课程如物理、生物、化学，在时间和精力的使用上占三分之一。中学阶段对数理化的学习也抓得紧，有过学理工科的念头，后来考虑到体力和经济条件，注意力逐渐转向文科。大学一年级是经济系，二年级转入外语系，原来想多头并进，英、俄、日、德、法门门都来，后来受了一位教授的启示，认识到人的精力有限，必须做到有所为有所不为，才能在一个方面取得一定成就。当时认为自己中学时英语已算过关，大学期间就可以多学其他几种外语。缩小学习的范围后，就确定主攻俄语，兼顾日语，所以在 40 年代，精力比较集中。50 年代以后从事俄语工作近十年，进入 60 年代后就几乎全部转到英语语言的各个领域。从现在所搜集的记录和资料来看，基本上都是属于英语的。经过 20 多年的实践和体会，感到这个方针是正确的。涉猎的面广，难以求精，无法深钻和有所突破。英语与汉语不同,汉语里的一个"写"字,不管我写他写都不发生字形上的变异,过去写和将来写都一样,而英语则有时态变化,不同的时间要用不同的词的时态,对语法范畴这样的知识都必须从头学起,按照行之有效的方法,打好基础,逐步深入提高。

语法知识是学习语言的基础,有些内容与人的思维逻辑、人的推理和判断力有密切关系。"我昨晚没有去睡觉,直到十一点钟",应该说成:"昨晚我到十一点钟才去睡觉",但是遍查英语原文没有一个"才"字。英语有许多词语和结构,只有一定的语言功能,在汉语中找不到对应的东西,只有学会和掌握语法的规则才能同汉语对应起来。英语的词汇量大,常用词和使用频率高的结构要先学多学。一词一语往往多义,对词语的含义结合实例学易懂、易记。所谓结构包括短语和一定形态的句子,光记单词远远不够。

2. 循序渐进,打好基础

学语言,包括外语,完全依靠语言环境或简单摹仿,不进行系统的研究、分析和习作是难以提高的。语言是活的、变化着的和发展的东西。要以语言事实为基础,但也要摆脱知其然而不知其所以然的状态。语言经过发展变化,形成一整套有关的规则。虽然规则产生于习惯,人们使用语言时遵守习惯,可是事物形成习惯都有一定的规律。语法产生于语言的习惯和事实,又从众多的事实和现象中提炼出可供人们共同遵循的规律。要提高语言的素质,不能不在语法知识上打好基础,并且不断提高。有些人反对学习外语时学语法,其中有一条汉语的学习经验:认为语言是文成法立,会运用语言自然懂得语法,走知其然不知其所以然的道路。这样的学习方法是走弯路,学习效率低,语言水平提高不了。英语跟汉语不同,它是有词形变化的语言。英语中出现的名词、代词等有人称、格、数等范畴。要学习各种类型的结构。一个概念有多种表现法,如极普通的动宾结构(即一个及物动词和它的直接宾语),也可用动词加名词加介词宾语来表示。如"强调教育的意义",除可以说成"emphasize the importance of education",也可以,而且最常用的是说成"put emphasis on the significance of education"。"实行某事"practise something 常说成 put something into practice,以及诸如此类的情况。这类短语和单词都有同样重要的意义。

词语的数量很大,只有采取循序渐进的办法,在扎扎实实的基础上,逐步扩大语言信息量,才能达到弄懂弄通,做到知其然并知其所以然的地步。

3. 记录有关语言信息资料,不断分类研究

英语的语言信息量比汉语大得多。以英语为母语的国家,十岁儿童的词语信息量据统计有十万个,大学毕业生为 20 万个。普通的词汇如表达知道、明白、了解、洞悉等概念的有五六十个。汉语的"斜线"这一概念一般人很少加以注意,而在英语的词书里,其同义词为数达十个之多。"建设"二字,在一本汉语文献的英译本中出现九种不同的形式。有人认为自然科学方面的英语词,同义词不多,这也不符合事实。汉语的"脐"字,英语有四个对应词,"子宫"一词,英语有五个对应词。汉语很普通的词如"认为",英语各种形式的对应词语可达七八十个。英语的"认为"在我国目前已出版的一部大型汉英词典中,只列举四个动词,对于"认为"与他词搭配使用的结构形式则未加阐释示例。在学习和阅读书刊过程中要随时注意类似语词的出现情况和运用规律。

一个单词都有不少同义词,同别的词类搭配形成新的结构,可以表达饶有趣味的意义,如 bring sth. home to sb. 这个短语含有四方面关系,意思是使某事理为某人深刻理解,或使某人认清某事理。但分别来看,每个单词都是最通用的词语。这类结构为数不少,要把它们记录下来作为一个语词单位处理。这种结构多数有被动结构。由于在实际使用时,bring(使)的行为主体(即句中主语)没有明言的必要,听话或学习的人关心的是 bring 这个动词包含的内容,因此宾语通常是句子的主语。"认识"的行为主体原来处于介词 to 的宾语的地位。所以,"某人"理解或认识中的某人成了主语,原主语省略。要"理解"的内容(sth.)作了新主语。例如:He waw brought home to how important education is.(他深刻认识到了教育的重要性。)

4. 融会贯通,相辅相成

一个语种如英语,有关语言学的各分科如词汇、语法、语义和翻译等是互相交错、互相渗透的。对这种情况我们必须了解。互相渗透也起互相促进作用。很普通的语言结构蕴藏着奥妙的哲理,不可等闲视之。两个语种,如英汉、汉英的分析比较,可以探索二者不同的地方,也能找到共同的语言规律。一位法国思想家曾说:"每天见到的事物要加一番评述,没有深厚的哲学造诣是办不到的。"同讲英语的人接触或在某些场合会听到 You're right 的句子,译成汉语是"你对"或"你说得对"。这里英语的"你"指代的是一个具体的语言结构,即"你的话"或"你所说的"(what you say)。不言而喻,按理人无所谓对错,在汉语只能作一个句子、一句话来理解。这个简单的实例也有推广适用的意义。一个外籍英语教师在谈教学经验时写了一句话：We were indeed impressed with ourselves and our eminence. 句中 impressed 的含义，有一位中学英语教师说她照词的本义译不出来。许多词典，包括一部颇有水平的英汉成语词典都是在"印象"二字上给 impressed 作文章，结果汉译表达不出作者的内心真意。我曾问过一位大学教书的老师，他也发憷。这里有两个难点，一是 be impressed with 的词汇含义，二是一个代词 ourselves（我们自己）和一个名词 eminence（优异、高明之处）的理解和译法问题。第一点，有一本英语单语词典的释义可以帮助我们理解，释义是 be clear about，就是"对某事了解得一清二楚"。两个单词，根据翻译学原理和汉语表达的要求可以进行转换，把词变成句，代词"我们自己"从语义上分析，它是"我们的身份"，也就是"我们是什么样的人"。这样的二元语核（某种意义的主谓结构），名词"高明"同样可转换为"我们在哪些地方比人高明"。这样可得全句：我们是什么样的人（意指外籍英语教师），我们在哪些地方比人高明（意指懂英语处于教师地位受到优待），这才弄得一清二楚了。在 What are you?（直译：你是什么？）句中，you 指代的是人的具体职业，不是人本身，这也是一个实例，说明语法、语义及译法的相互渗透和相辅相成。

英语有倒装语序的语言手段。汉语习惯把要突出的文字放在表语位置，而英语则把它放在主语位置。经常看到的口语如：Sharp's the word!（麻利！快点！要紧的是麻利二字。）Mum's the word!（少说话！少说为佳！要紧的是不吭气！）句中的主表倒装，口语 That's all.（要说的就这么些）也如此。前句中的 word（词），用作转义，指重要的事、道理等。英语的 household word，1987 年出版的一本英汉大词典，由于以讹传讹的原因，译作"家常话"，这是望文生义、不求甚解的恶果。原来这里的"词"指的是事件、是人物，即大事、要人之义。这说明，要精通语言，要在词汇、词义和翻译理解诸方面下工夫，单纯的、片面的知识往往导致失误。

5. 锻炼记忆力，进行分析总结

记忆力的提高是熟悉分析总结诸材料的过程，它促进各种语言信息储存在大脑的阵地。词汇、语法结构和翻译的基本规律都要用科学的方法获致、记忆、加深理解、逐步验证。英语的词汇一般都有英语固有词和拉丁语词的区分。如常见的"……炎"，有inflammation of...，也有...-itis 两套。肝炎、肾炎可以说 inflammation of liver, kidney，也可以说 hepatis, nephritis，诸如此类。同形异源的词如 bow，有 bow^1[bəu]（弓）、bow^2[bəu]（鞠躬、点头）和 bow^3[bau]（船首）三个同形异源词。row 有 row^1[rəu]（排、行），row^2[rau]（划船），row^3[rau]（吵嚷），这三个同形异源词，而且每词本身又有几个同义形式及各种搭配结构。英语的比较等级、同形容词、副词的比较级、最高级外，还有其他词汇手段来表示的。前缀 out-加相应的词可以构成比较关系如 outweigh 作"比……重"、"胜过"解，outstay 作"(在某处)待得久"解，等等。

两个事项或东西比较，其中较大、较长的，也是两者之间最大、最长的东西。比较级加否定词语也可以形成最高级，表示"最"的概念。许多动宾结构，由于受到外来语言的影响，其使用的频率逐渐为动名介结构取代，结果是一种思想内容至少有两种形式可以互相替换，人们经常以 give expression to 来代替 express，用 make use of 代替 use，以及诸如此类。这样，一个母词的动词形式和名词形式都同时可以牢记心中。动宾副介或动副宾介这种复合结构，作为孤立的词语,记起来很费力,如把它列为一种结构类型,不断搜集材料加以归类总结,就可事半功倍,如 put sth. down to 的例句: She put the mistake down to me.(她把错误推给我。)set them off against each other(对他们进行挑拨离间),get sb. round to sth.(使某人转而接受……)等等。英语同义词很多,愚人、傻瓜、笨蛋、冤大头这类同义近义词常用的至少有二百余个,土豆、倭瓜、大白菜等词加上 head(人脑袋)一词都表示智力低下。木墩儿、木料两词加上 head 也是笨蛋的同义词。人体器官中有 30 多个词如心、手、耳、鼻、眼,甚至手指、脚后跟都是常用成语的组成部分。构成动名介结构的 keep an eye to 表示照看,get one's hands on 表示干预、管理等等,这些语词用处很大,也易记忆,不可轻视。

有些动词一方面表示动作同时兼作状语,如 dash off a letter 作匆匆写完一信,They discussed a bottle of wine 作他们津津有味地喝完一瓶酒,等等。

总之,理解了的东西容易记,经过记录、分析和探索的材料既易记且能促进运用的技巧。

6. 日积月累,探索创新

词汇、语义和语法方面的资料以及有关翻译学和词典编纂学方面的知识,都要经过日积月累并予以系统化整理、加工才能成为科学的东西。我在 60 年代学习有关成语和语法学的时候,遇到"叫做"be called 的几个同义词语,如 be thought of as, be referred to as, be said to be, be known as 等。其中有些词语的汉语对应词很不确切,如 be said to do (to be)等,不少教科书和词典上都译作"据说"。可是遇到具体的上下文,这个"据说"软弱无力。后来开动脑筋认识到,这个"说"字在内涵意义与"认为"差不多,古人说"言为心声",意思是说某人说的话就是他的思想披上一层语言外壳,凡人讲的无一不经过思维的过程,因此,be said to be 就可译成"被认为是"了。有句名言"人情练达亦文章",英译作:"and an adequate experience in the ways of the world may be said to have writing down to a science. 这里的 be said to have 的意思就是"无妨被认为精通了写文章的技巧"。

英语"知道"的被动式 be known 加不定式也是"被认为是"的意思,如 be known to be true 被认为(或人们认为)是真实的。有一个顺口溜是:

1. 认为构形补与宾
2. 算是叫做同义型
3. 六感四归三假定
4. 捉放待拿意在中

第一句造句时构形有"动词加宾语加补足语"的如:consider [deem, etc] sth. useful

也有带直接宾语的,如:think that, hold that, etc。

第二句指的是表示"算是"、"当成"、"叫做"、"称谓"等义的结构如:be said to be, be called; be referred to as。

第三句是指六个感官动词如 know, see, speak of, think of, believe, say;四个归指的是归功、归罪、归因和归属等词语,英语是 attribute to, owe to, ascribe to, put down to。"三假定"是指英语的 assume, suppose, presuppose 等都有"认为"的意思。

第四句"捉"字,英语对应词为 hold,"放"是 put,"待"是 treat,"拿"是 take 四词,它们都在一定上下文中含有"认为"的概念。最后在 of the opinion that 中,由于 opinion 的关系,这个短语也有"认为"的意思,该词位于这个结构的中间,故名。"叫做"或"称谓"是我在60年代搜集整理的,在70年代又积累了一部分,80年代进行词典的修订审读定稿工作中,才把有关的语词和结构差不多全部整理就绪,得80余条。英语中一般人认为少用量词,实际上为数不少。英语表示极度(最、非常、极其、十分等)的词,除形容词、副词的最高级外,还有其他大量语词和结构来表示这些概念。60年代积累20余条,80年代又大量补充。只要不断探索和搜集整理,经过适当时期就会获可观的结果。如在我的有关"认为"的笔记本里及物动词 acclaim 的释义是"异口同声认为",例句是 They acclaimed him as the best writer of the year.(他们交口相赞认为他是当年最佳作家)。这个动词兼表方式,因此它又是方式动词的例证。根据一本英语词典该动词后面可带补语所以有如下的例句:They acclaimed him king(他们推他为国王;认为他有做国王的资格)。

7. 深入钻研,找语言规律,立术语体系

语言学作为一门科学,它的有关资料一定要经过系统化整理加工,有些事实要用规范化的语词加以表述,学外语离不开同本族语比较对照,离不开两种语言在构词造句方面的诸种特点的分析。人们从开始学外语的单词起就涉及到翻译和语法的问题。两种语言在许多方面都存在相同相异之处,出现语言的零型对应(zero equivalence)是十分自然的。汉语的"吗、呢、嘛、呗",英语没有对应的词。汉语的一个询问句,英语成了直述句。汉语的"才"字有多种用法,英语怎样表示,有哪些情况,都是值得深入研讨的课题。古代汉语或外语的一个词,现代汉语要用一个语句来表示,这种现

象很多。前面讲过一点,我们在学习时给它一个什么名称,"和为贵"的英译为 What counts is peace. 这个"贵"字变成一个名词从句的过程,有一个词 poly synthesis 的含义与其相似,我们不妨叫做词句转换。有这个术语我们可以处理许多翻译中的难点。汉语的"好人"两字颠倒过来成"人好",虽然字数未变,字义未变,但从语言结构来讲却有质的飞跃,一个是中心词(人)加定语的结构,我们为了准确,说它是偏正组合(hypotaxis);另一个是由两个成分组成,一个成分是谈话的主体,另一个是就主体进行的表述,语法上叫谓语(predicate),我们深入研究语言时管它叫云谓成分。两者组成的结构,语法上是句子。我们从语言学角度深入分析时,为了达到高度的概括性,把这种类似主谓结构的东西叫做二元语核(nexus)。二元说的是有两个部分或成分,语核指的是它能表情达义,起谓语的作用但不是谓语。"他勤奋学习,这一点很重要",按语法,句子译是 It's essential that he works hard,如使用不定式,二元语核则是:It's essential for him to work hard. 这里 he works hard 是句子,for him to work hard 为二元语核,这种区别有普遍意义。在 She speaks of him working hard 中,宾语 him 加动名词 working hard 也是二元语核而不是句子。

在表达方式的转换方面,动宾结构转变为动名介结构,如 express sth. 转换为 give expression to sth. 等,虽然是受到古梵文语言表达影响,但越来越获得广泛采用。汉语在 30 年代翻译用语中的"的、底、地"用法盛行,经过人们多年的摸索,三词各得其所,特别是作为副词词尾的"地"很长时间都在保留。这与人们熟悉英语的遣词用语的进步有关。从前人们喜欢说:"充分地关切某事",现在则用"对某事予以充分的关切"。这种转换的可行性大大促进语言的发展。偏二转换,前已提到,就是把一个偏正组合转换为二元语核或反过来把后者转换为前者,既是翻译理论中的重要现象,也是丰富表达手段的重要方法。

在漫长的岁月里,人们会发现更多的语言规律,特别是翻译理论方面的财富。只有深入钻研,通过实际发现规律,用通俗的语言表述出来,才会对双语的研究作出更大的贡献。

8. 坚持勤奋、变艰苦为乐趣

从事任何工作或学习都要付出巨大努力或代价,这要求人们要坚持勤奋。凭一股热情一阵风过去就收场,很难有什么成效。学习方法对头,发现新的天地,又能学为所用,效益会日益显著,兴趣也必然越来越大。这大概是苦尽甘来的体验吧! 一般学习到一定阶段,感到再努力也难见效,这在教育学上叫做"学习高原"。要克服这种情绪,需勤奋、发扬不屈不挠的精神。学英语才学几天的人都会认得 and 一词,知道它的含义是"与"、"和",可是实际上该词的词汇意义和语法功能远不止此。80 年代初,我接受《英华大词典》(修订第二版)的总负责时,看到原稿只有五六种关于意义和用法的诠释,而且说明文字均不符合词典的规范表述,于是作了当时认为相当彻底的修订和提高,共得出 17 种释义和用法。这两年通过学习,感到还有增补和进一步阐释的必要;同时还搜集了更多的有关资料。该条的第 11 项讲的是两形容词用 and 相连。前者对后者有疏状作用,事实上更多的是有两动词相连也有同样情况,如 cut and run 的意思是连忙跑掉,cut 完全失去原义而用作状语,此类结构为数不少。连词 and 在上下文关系中以及在独立的语词之首,也起委婉语势的修辞功能。在俄语的《静静的顿河》一书,俄语四音节两词，英国翻译界巨匠的英译是 And Quiet Flows the Don. 这里在语言学上首先有词句转换现象，即俄语是偏正组合，英语成了倒装语序的句子。这个 and 的作用很大，其语境之美妙耐人寻味。在表示两种动作是同时发生的情况，该大词典的例证不够突出。有一本英语单语词典释"科学"一词时，其后半截是 and the formulation of laws to describe the facts in general terms. 这里的 and 只有译作"同时"才能使文意连贯。这个释义的全文是：在观察、实验、计量的基础上，对物质的客观存在的宇宙，就其性质和作用进行系统的研究，同时，对规律性的东西加以规范化表述，这就是科学。"凑合"、"将就"（make do with 等）的同义词有十来个，但始终同 make a virtue of necessity 挂不了钩。根据四五种原文词典，其含义有二，一是：在无可奈何的情况下（顺水推舟）爽爽快快把一件事办好。二是：在无可奈何又不能避免的情况下，争取得到一些好结果。这样的语言信息看来很难看到用处，写在词典里是否有用，心里纳闷，后来看到一个例证才明白，既了解含义又得到用法上的启示，心里的苦楚也变成乐趣了。那例证是 New jobs aren't easy to get now——you'll have to make a virtue of necessity and go on doing the job you've got. 汉语的意思："眼下新的工作不好找，你有了工作可要将就将就，继续下去。"这个例证有两层意义，第一说明成语与 make do with 同义，第二，在此类情况下英语的成语有疏状作用同全句发生关系。谓语动词的中心思想由 and 引导的部分来表示。这真是苦功不负有心人，鼓舞我继续学习。

现代语音学的方向*

林焘主谈　焦立为访问

焦:林先生,研究一门学科的历史,总难免要对它分期的。请您对中国现代语音学 100 年的历史作个分期。

林:我上次在第四届全国语音学会上有个发言。语音学跟中国现代语言学的发展是一致的。这 100 年可以分成五个阶段。

第一个阶段是酝酿时期,从清朝末年以后到"五四"以前。这个时期很重要,把面向古代、面向汉字的音韵学转到面向现代、面向社会实际需要的方向上来,这是一个很大的转折。

第二个阶段是奠基时期,从"五四"运动到 1937 年。这个时期最重要,现代语言学今天所有的发展,都是从那时候开始的,语音学更是这样。从语音学上说,一批学者如赵元任、刘复、李方桂、林语堂从国外回来,他们是现代语音学的奠基人,其中赵元任的功劳是最大的。赵元任那十几年在国内,领导了史语所语言组,主要的工作一个是方言调查,一个是建立实验语音学,这两方面的工作是中国整个语音学发展的基础。他所设计的五度制,所写的《音位标

---

*　本文曾刊登在《语言教学与研究》2001 年第 2 期。林焘先生供稿时作了 30 余处订正。

音法的多能性》,从理论上、实践上奠定了非常重要的基础。一代学人中总会出现一两个起关键作用的,赵元任就是语言学包括语音学的关键人物。

第三个阶段是发展时期,从1937年以后到1949年。那个时候虽然很困难,语音学的发展还是很快的,是很不容易的。在艰苦的条件下,老一辈语音学家在内地搞起了少数民族语言学,要没有那时就不会有今天的少数民族语言学。困难时期培养了一批人,像我、朱德熙先生、邢公畹先生、李荣先生都是那时的毕业生;积累了一批资料,一大批少数民族语言的资料,还有汉语西南方言的资料;整理了湖北、湖南、四川的方言材料。

第四个阶段是1949年以后到1976年,叫什么名字我不好说,实际上是走了苏联的弯路。那时候有个好处,受苏联影响,理论上大大发展了,过去不大重视理论、还有教学改革,变化很大,变成教研室了,过去没有教研室。教研室把古今分割开,把理论跟实际分割开,有优点也有负面影响。那些年对语音学研究最关键的就是50年代的全国文字改革会议,特别是现代汉语规范化会议,使得我们的语言学家包括语音学家都面向实际,展开方言调查,是语音学的大普及阶段,那时候就开始恢复实验语音学的活动了。但是没有几年就"文化大革命"了,就完全停顿了。

第五个阶段是从1976年以后到现在。这一阶段发展得很快,为什么发展得很快?就是因为过去的阶段有很好的基础。过去已经工作的人,像吴宗济先生,能继续当时那个时代。他们也培养出一批人,这样语音学才能得到大发展。现在是向国际接轨时期。多少年来学习苏联,简单地说,从1950年到1980年的30年,基本上是跟国外隔绝的。音系学、音位学都是作为批判的对象,一个典型的例子就是罗常培先生跟王均先生的《普通语音学纲要》,这对中国语音学和其他学问都是很大的损失。其实我们这20年,也可以叫做追赶时期。基本上就是摸国外20年代以后的情况。语音学方面到国外去的比较多,把国外的也请来,比如请王士元先生来讲实验语音学,那次影响还是比较大的,因为全国都来了,并不是希望每个人都搞实验语音学,就是让你知道国外都搞什么了。前一阶段从80年代开始,基本上是摸情况,弄清楚国外在搞什么,搞到什么程度。最近20年的前10年差不多都是搞这个。最近的10年可以说是非常兴旺,不能说是业务追上了,是知道了怎么样去跟国际接轨,我们朝什么方向去努力。现在不断有人出去,也不断有人来,包括跟中国台湾省、日本都联系上了。

100年是这样一个过程,可以说是损失很大,如果没有抗战,没有"文化大革命"的10年,没有解放后的一边倒,要比现在好得多。这100年是很苦难的100年。

焦:您以前是搞音韵学的,后来主要转到现代语音学,您当时的转变是怎么发生的呢?

林:由于客观形势、客观要求,并不是我自己愿意转,当时服从工作需要。我过去搞音韵,这些年搞实验语音,这个过程并不是我兴趣转变了,而是工作需要转变的。我过去搞音韵,念研究生的时候,李方桂先生培养我并不是朝音韵方向培养的,而是朝语音学方向培养的。那时候李先生开语音学课,教我记音,比如泰语音、广州话音。我的语音学基础是在那个时候跟李先生学习打下的。我的毕业论文就是合肥方言调查,李先生帮我记音、分析。我的学士论文不是音韵的,而是方言调查,而且还是语音。

后来抗战胜利后回来了,李先生到美国去了,我到燕京大学找陆志韦先生,那时候我研究生还没念完呢。陆先生见燕大没人能指导我,就叫我回头跟他搞音韵。我就是这样搞的音韵。当然李先生也讲音韵,他给我讲德国拉盖尔的《广韵》重纽研究,当时是很出名的文章,是德文的,我看不懂,李先生就把它口译成中文,然后我就写,很遗憾,"文化大革命"中把这些东西都丢掉了。还有陈寅恪先生的课,笔记都烧掉了,很可惜。

搞音韵,我们那时候不像后来分得那样清楚,我们什么都得搞,音韵、文字、训诂什么都得学,不像后来现代汉语搞现代汉语,古代汉语搞古代汉语,体制不一样,所以我们搞什么都比较容易,改也容易。1951年,《语法修辞讲话》发表以后,各学校都要学这个讲话,要学语法修辞。那时候燕大中文系开语法修辞,没人开,就我开吧,搞语言的没几个人,再年轻点儿的也不行,那时候我是讲师。那么不就是现代的了吗?

1952年院系调整,我到了北大。那时候我们的教研室,高名凯先生是教研室主任,还有魏建功先生、周祖谟先生,此外都是年轻的了。朱先生到保加利亚去了,搞语言的人就剩下我、姚殿芳先生,还有就是王文襄是年轻的了。很显然高先生教语言学理论,魏先生、周先生都是搞古代音韵的,那么现代的东西自然就是我搞了。就这样,我在燕大的时候还教过语法修辞,就从古代转到现代了。

1954年王力先生来了,成立汉语教研室。第二年朱先生就回来了,那是1955年或1954年的冬天,比王力先生来得晚。那时候又搞教学改革,根据苏联的经验搞现代汉语古代汉语,我自然就跟朱先生搞现代汉语了。他搞语法修辞自然比我合适,我就搞语音吧,过去我有语音基础。我们两人就分工,分工以后就是编教材,我搞语音文字,他搞词汇语法,最早的现代汉语教材1957年就编出来了。然后我们俩就合作,以后一直这么分工。到"文化大革命"以后就没有了,我就调到古代汉语教研室去了,搞《古代汉语常用字典》。

等到"四人帮"打倒之后,什么都要恢复,要恢复语音学,这样又把我调来搞实验语音学,筹备恢复实验室,我就搞到现在。这不都是我自己有兴趣搞这个那个,都是任务,我就变来变去。北大百年校庆时候有记者采访我,我说一个人搞学问就怕多变,我这人就多变,变来变去,最后没办法,并不是我搞得有兴趣了。

焦:您和别人在台湾省出版了一本《声韵学》,您对音韵学还是有兴趣的。

林:有。不过,这也是任务。这本书是台湾省三民书局来找我,他们的总编辑要在大陆编一套书,文字、音韵、训诂各出一本。文字找裘锡圭,找我搞音韵,我多少年没搞了,现在的情况不知道,我就推了。我推荐唐作藩先生搞,他接不了,正在搞《了一大字典》。唐作藩推荐耿振生,他过去跟我学过语音学,现在教音韵学。我们就合作,我拟出提纲,他写出初稿,我修改。出版以后反映还不错,在台湾和香港,他们用这本书作教材。现在北京商务要出,我们还得改改。

焦:我看了您的《日母音值考》,为了考证日母音值的演变,您从现代上推到中古、上古,运用了实验语音学、方言学、音韵学等多方面综合的知识,结论让人信服。请您谈谈研究语音学应该具备哪些方面的基础知识?

林:现在研究语音学需要具备的知识,广泛地讲,计算机人机对话也是语音学的内容,应该具备;反过来,音韵学、方言学的知识也应该具备。可是一个人不可能这么全面,依我看,从传统语音学的角度来说,除了语音学本身之外,最主要的是音韵学、方言学。你不懂这两个,对语音现象的分析、剖析不能够很深,还有少数民族语言。换句话说,要掌握语言资料,一个是现代资料,是横的;一个是历史资料,是纵的。如果说选择哪个最重要,我看都重要,很难说。当然搞方言的不懂音韵学没法搞方言,音韵学跟语音学是两码事,现代的记音能力不行哪行?

除了语音学本身,现代的实验手段你必须会,你不能光凭耳朵;但是,训练有素的耳朵是搞语音学必备的条件。如果你没一个好耳朵,就不能搞语音学,因为你不可能什么都实验。像赵先生、李先生的耳朵真是天才,李先生到萨丕尔那儿受严格训练,跟我们条件不一样;训练是一方面,而且天分高。必须有好耳朵,有人天生的就辨音能力强,有人就差。差的训练也能变好了,多听音,多听各种方言。方言学或者少数民族语言并不是简单的知道点儿知识,比如某个方言清浊多少,它的声调、特殊音什么的,你得会辨它。对语音学,辨音很重要。还有古今得通,这样才够今后语音学的一个基础。

做语音学工作,今后必须文理合作。那次我在北京广播学院成立应用语言学系的会上强调这点,今后我们需要的人才不是一个计算机专家跟我们语音学家合作,或者语音学家跟计算机专家合作,而是有很扎实的计算机基础的语音学家。像人机对话、语音识别、语音合成,现在总体来说,我觉得问题在于他们的语音学知识太少。

焦: 他们大概都是学数学、学计算机出来的。

林: 对,他们所知道的就是一些语音学常识,顶多再深点就是我跟王理嘉合著的《语音学教程》,这是最浅的,不够啊,做深入研究差得太多了。真正深入进去,他们不行,我们也不行,我们的实验水平不行。这是另外一个方向,这两个同时都是很难的,但是我觉得两方面不能只有一方面。当然可以在音韵学、方言学方面比较擅长,但是电脑方面也得懂点儿。年轻一代文理结合是必然的。只抱着音韵学、方言学不行,方言也是一样,没有电脑方言也搞不出新的东西。

今后的方向我看就这几个方向,对现在的年轻人来说,更重要的是传统的东西、方言的、少数民族语言的语料掌握,语料掌握是非常重要的,不能只使计算机,计算机是很好,但是,它有一大缺点,它究竟不是人。

焦:怎么去用它关键还是靠人。

林:现代化的东西有它的优点也有它的缺点。我年轻念书的时候就受到一个史学家洪煨莲影响,他的造诣很深的,我听过他的课。他讲得非常好,中文底子好,英文也好,英文叫 William Hung,美国都知道。他就强调"引得"(index)重要,他给我们讲,过去老一代人背书花了很大力气,杜甫诗背了很多,你有 index 呢,查杜诗引得,一查就出来了,你何必背那么多东西。他这话说的也对,但我这个二年级学生,就给了我负面影响,我觉得我不必去背东西,反正有引得可查,现在我后悔当初没有死记硬背东西。有时候就得死记,你必须死记它才能在脑子里产生一种灵感,你靠计算机不能出来灵感,有时候我们研究学问就是脑子记多了它自然就会融合起来出一个新的思想。我吃过这方面的亏,我小时候背书当然跟大家一样了,念私塾,后来就不大背了。

焦:我们年轻人还应该多积累一些东西。

林：多了以后自然会产生灵感,这不是唯心的。你平时要什么都去查,是不可能的事情,电脑不会跟人那么全的。

焦：您对语音和语法的关系有过几篇经典的文章,把二者结合得非常好。就目前整个语言学界的情况来说,国内"大语法主义"(重视语法)的倾向还很明显。大家觉得语法是主要的,语音搞的人比较少,您怎么看待这种现象?

林：这个也是很自然的。我们不必去生气。在1998年香港的语音学会议上,最后让我总结,我就谈到这一点,现在国际上好多语音学会,或是一国的,或是几国的、国际的。就我知道国外好像没有国际语法学会。国内搞语音的人少,客观上也赖搞语音学的人出成果少,影响也小。国外没有语法学会,为什么呢,差别太大,没法凑在一起。你是搞功能的,我是搞生成的,谈不到一起;都是生成的,后乔姆斯基的跟乔姆斯基也吵架,没法在一起开会。说得过分一点,他们比较容易变化,你这么看是一种看法,那么看又是一种看法,所以可以有各种语法学派。各种语法学派都要影响到中国,都要试一试,功能语法也罢,格语法也罢,现在的配价语法也罢,那结合起来就热闹了。这个是好现象,它可以从各个角度来看语法现象。

语音本身性质上不是这样,为什么国际上可以出语音协会呢,因为它接近自然科学,你搞出成绩,我不能不承认,容易有共同的看法。这样影响到咱们这儿呢,搞语音的人不容易产生很热闹的局面。不热闹还有一个出路问题,前途问题,所以就显得一直比较冷落。语法比较结合实际,是显学,越热门人越多。还有搞语音学需要投资,投资大,见效小。语音学不热是各种因素造成的,恐怕暂时扭转还是不大可能的。但是我相信,在自然科学的推动下,语音学逐步逐步应该会热起来。因为我觉得到这个阶段了,搞合成也罢,识别也罢,需要语音学的知识。方特不是有句很著名的话吗,现在不是第五代计算机的问题,是第五代语音学的问题,这句话说得很深刻。我觉得现在语音学远远没有语法学受欢迎,那么热门。任何学问都总是有冷门热门的,不怕坐冷板凳,只要是有出路,搞就行。语法也是,跟人工智能有关系,最后都要归到那去。

焦:您在谈语音和语法关系的文章里用"轻音"这个词,不用"轻读"、"轻声",您觉得这三个概念是不是有同时存在的必要,或者有些就根本没有用。

林:我觉得没有必要分得那么细,我当时用轻音是为了避免误会成第五声,轻声跟阴平阳平上声去声性质不一样。轻读是另外一种性质,有语调的内容,整个语调里面哪个重读,哪个轻读。

焦:1978年您负责筹建北大语音实验室,您能否介绍一下当时的情况。

林:当时也很简单,重建,第一件事情就是准备。我们先到语言所,跟吴宗济先生谈,看看他们新买的 Kay 语图仪,还有声学所的张家騄。仪器已经买了,正好王士元先生到日本,我们请他来讲了实验语音学。那次全国都可以来听,影响很大。所以我们的语音实验室就是在语言所、声学所跟王士元先生的帮助下搞起来的。然后我就到美国去了,我跟王士元有中美基础科学合作项目,合作三年,我去了两次,他来了一次。我在伯克利呆了八个月,然后到Leheste、Labov 那儿都看看,伯克利 Ohala 的实验室我也去过,当然也听过他的课了,还上几个地方看了看。回来以后心里就更有点底了,开始招研究生,请吴宗济、张家騄给研究生班开课。我讲传统语音学、一般的实验语音学,他们就讲信号处理,讲了一年。石锋那时候来听过。

焦：我听石老师说过，他从人大到北大去听课。

林：就石锋、廖荣蓉，还有我们几个研究生，就这样建立起来的吧。

焦：当时好像办过几期讲习班吧。

林：没有，就是那两次，第一次就是王士元来的那一次，在大教室，差不多有100人听。还有就是张家骅讲语音信号处理，吴宗济讲实验语音学。听课的人就是沈炯、冯隆，还有招的两个班的学生，还有廖荣蓉跟石老师。人不多，反正实验室里就六七个人吧。后来沈炯毕业留校了，我就带硕士生博士生，实验室就不能管了，实验室就由他来管。

焦：现在这个实验室人多不多？

林：不多，就一个实验员，一个沈老师，学生都走了。我所有招的学生都在国外了，没办法，都这样。我培养出的博士生硕士生遍布各洲，除了非洲。因为这行出国也比较容易，国外也需要汉语的资料。学生都在国外，这是很伤心的。

焦：为世界语言学做贡献了。

林：没办法，希望将来他们回来吧。

焦：您非常重视理论研究，也重视实践，比如您十分重视对外汉语教学工作。请您谈谈对外汉语教学中语音研究的作用。

林：语音研究和对外汉语教学关系很大。现在我们教的学生，一般语音都比较差，就是因为各单位对语音不够重视，只要求大致能说就行了，b、p、m、f很快就过去了。赵元任在国外教，语音下大力气，他的学生的普通话都相当好，他的 Mandarin Primer，在我看语音都过细了。到1950年，清华开始办对外汉语教学，是东欧留学生班,请吕叔湘先生管这件事,就把周一良先生的夫人邓懿请来了,她在美国跟赵元任搞,有经验。那时候我爱人杜荣也在那教,她们一起搞的。那时候特别重视语音,就是赵元任的传统,一两个月就是发愤搞语音,当然也讲语法。只有蜡盘式的录音机。学生都一个一个听,发音都很好。举个例子,十几年前还做罗马尼亚驻华大使的叫罗明,他在清华留学生班毕业以后入了北大中文系,有一次我跟他一起坐公共汽车进城,到西直门下车,下车以后好几个人都问我他是中国人吧,说明他的中文说得多好,别人怀疑他不是外国人了。

后来就急于求成,恨不得赶紧一拨一拨教出去。语音好不好,是教学方向的问题。赵元任有句很著名的话,我去年在德国开的世界汉语教学大会上,谈了赵先生的这句话:"一失音成千古恨",一开始没学好,一辈子改不过来了。洋腔洋调了,有时候正音就很难办,来不及了。

焦:与其正音,还不如把时间放在开始呢。

林:这是教学安排上的问题,并不是说开始是语音就老是语音,语音教学怎样更加精练,抓住要害,这是一方面;另一方面,不是说教语音的时候就是语音,别的还可以教他,这就看你老师怎么安排了。

这问题我在汉办也跟他们谈,现在编教材老是那老办法,语音几天就过去了。没有时间,就是神仙也没有办法。这问题不是想象得那样太枯燥,学生不想学,以这个理由不让语音多教。学生不想学,你别让他枯燥了,就看教师编教材的能力了,是不是能抓住要害,是不是敢于创新。比如我从 70 年代初就提出不教 214,教 211,或者不讲五度制。我那次在新加坡开会讲,不教五度制,教普通话,教三度就够了,你何必讲那个五度呢? 没必要 214,213、313 也可以啊。我这个发言以后,赵元任先生的女儿赵如兰说我很欣赏你的发言。语音问题你就得大胆去试,我这个不见得一定对,你不教 55,教 33,不教 214,教 211,就拿区别特征来教,或者拿别的办法。元音辅音也是一样,哪些东西可以重点教,哪些东西可以放弃,可是没有人来试。第一,他语音基础不够,第二他没有胆子,失败怎么办,结果就拖了下来。我觉得学校应该允许他失败,把语音教材整个体系框架给变一变,一定成功我不敢说,总会好一点。

焦:最后请您对新世纪的中国语音学的发展做个展望。

林:我觉得还是很有希望的,也有忧虑,就看我们怎么干了。希望是现在有那么一批年轻人接着干下去了,虽然很多人跑到国外去了,但无论如何也是我们的力量啊,只要国家好,他们总要回来的。特别是文理结合以后,是很有希望的。必须走文理结合的道路,语音学今后的发展需要理科来推动,不能固步自封守着我们过去那点东西。所以我们年轻人只要肯于朝理科方向靠拢,语音学一定能够辉煌的,有大发展的。

张寿康先生传略

李一娟

一

张寿康先生号经黻,曾用名山丁、中禹、卞慧等。1925年2月4日(阴历正月十二)生于北京。汉族人。是我国当代著名的语言学家、语文教育家、北京师范学院中文系教授。现任北京师院中文系散文文章学研究室主任、中国语言学会理事、北京语言学会副会长兼秘书长、中国修辞学会副会长、中国文字改革委员会正词法委员会委员、北京市政协委员等职。

祖父张嵩年先生是清代举人,任礼部侍郎家馆(即家庭教师)。父亲张濂溪先生是北洋政府农商部文书课长,从事推行官话字母的活动,与我国近代语言学家王照先生关系密切。这对先生从事汉语教学与研究工作,是有一定影响的。

先生两岁时,父亲过早地去世了。学习语文最早的老师要算是母亲、姐姐和一位表哥。先生四岁时,就已经开始背诵千家诗,"野渡无人舟自横"、"云淡风轻近午天"、"南朝四百八十寺"等诗句,至今还记忆犹新,但当时只是按音背诵,字并不认得。

1930年,先生刚满五周岁时,便上了宣武门内化石桥小学(现在的宣内一小),化石桥小学六年的学习生活,为先生以后的学习打下了初步的基础。一入学,就念注音字母,这是先生最早接触的语音学内容。其次是"说话"课,主要是练习当着大家面讲故事。先生当时年仅六岁,没有当着几十人讲过话,开始讲话也是忸怩,脸红,眼睛只看着顶棚,手也不知所措。化石桥小学也很重视作文,为了提高学生的作文水平和学习兴趣,学校常举行作文比赛,比赛的优胜者,按照学校的惯例,奖给铜墨盒和铜尺。此时先生虽刚入小学,却进入了优胜者的行列,可惜得到的墨盒早已锈掉,但铜尺至今还用着,上面刻着庚申腊月一日。

　　1936年,先生小学毕业,母亲听从了校长李锡銮先生的建议,让他上了四存中学。四存中学很重视国文课,提倡"颜李之学"。四存中学提倡诵读、背诵。先生初中一年级时的开蒙老师叫王树藩(子屏),是位瘦瘦的书生,讲课很认真。一上课,点名之后,就检查毛笔、墨盒、选本、笔记本,接着是叫学生背书。老师的严格要求,使先生时至今日,很多课文还能背诵。高中一年级时,白次琦(家玮)老师教《诗经》,因为白老师是北大哲学系毕业生,也喜欢经济,因此国文课中,选了不少这类文章,如《庄子·天下》、《墨子·非攻》、《韩非·显学》,另外还有《法言·吾子》、《盐铁论·本议》等,这些都是使先生终身受益的文章。至今先生还时常感念白次琦老师。可惜,旧社会使白次琦老师贫病交加,先生中学还没毕业,白老师却病故了。

　　四存中学也很重视作文,"七七"事变前,北平国文统考,四存的学生总拿第一,这跟学校重视作文有关。先生考四存初中时,作文题是《士不可以不宏毅论》,一个刚满十一岁的孩子,作这个题目,简直是不知所云。可是到考本校高中时(试题是《成学论》),先生就已经知道运用所学的知识,举证夹议,布局谋篇了。四存的作文重模仿,学了包公毅的《馨儿就学记·雪合战》,就让学生写一篇《观蚁战》,讲了沈三白的《儿时记趣》就让学生写一篇《记鸭群》,这作为初学作文的一种方法,是颇能引起学生作文的兴趣的。作文好的,奖给校董徐世昌写的小对联一副。每学期学生的优秀作文,要留成绩,抄写工整后,交给老师,由老师批点,每学年订成一册,送图书馆,每周定期展出,学生可以翻阅,先生由此读到了高年级师兄们的不少好文章,收益不浅。

中小学的学习,为先生成才打下了坚实的基础。丰富多彩的学习生活、各种老师的辛勤劳动,都使先生终身难忘。

二

1942年,先生考上了北平师范大学国文系。大学四年的专业课,多是名师任教。例如:当时教《说文》的是黄侃弟子陆宗达先生;教《尔雅》的是章太炎的弟子马宗芗先生;教《音韵学》的是赵荫棠先生;光复后教《语音学》的是罗莘田先生;教《文法学》的是黎锦熙先生。这些教师的教学,都重视基础知识的讲解和基本功的训练,例如习作课,学骈文、散文、诗词、曲都既要求读,也要求写。讲完汪中的《哀盐船文》,就让写《哀柏林文》,讲完一篇"记",就让写《西窗读书记》。当时,学生写的积极性很高,不少学生,不仅能完成教师指定的习作,还经常交一些课外诗文习作,先生就是其中之一,而且经常受到教师的好评。经教师改过的习作,先生极为珍惜,多数至今还保存着,其中有些还隐约可见当时先生的心情和志向,如《甲申(1944年)初夏有感》：

> 一经苦恨不能专,春事阑珊岁月迁。
> 花趁东风辞槛去,院深西牖倚床眠。
> 书抛声断犹成呓,酒醒愁来枉自缠。
> 海内斯文应未丧,莫随咻众逐风旋。

此外还写过"祖刘吾所慕"、"登车揽辔犹前志"、"丈夫志四海,浩气凌穹苍"、"吁嗟乎,十年兵火春复秋、耻寻非种充粮餱,鲜民之生已久矣,衣冠涂炭莩填沟"、"无心游禁闼,惆怅御沟前"一类的诗句。

1945年日本投降后,先生开始写白话文。先生写的第一篇白话文,发表在报纸上,题目是《夜行的旅人》,抒发的是经过长夜见到黎明的感情。这个时期还发表过一些白话诗和散文。

1946年先生大学毕业。在北师大学习的四年,先生的成绩是优异的。黎锦熙先生曾说:"按学习成绩应当留你做助教,可是我们研究应该留林白水的女儿。"先生对黎先生的用意是理解的。

1947年2月,黎锦熙先生约谢冰莹先生去师大教习作,于是介绍先生到北平第一女子中学去接谢先生的课,从此先生开始从事中学语文教学工作。年仅21岁,马上接高中二年级的语文课,当然是不容易的。凭着先生扎实的知识和刻苦顽强的钻研精神,以及年轻人好的记忆力,多数课文先生都能背着串讲,不仅能使学生明了文章之理,而且还能使学生动情,有时学生们被感动得落泪,从而先生很快就站住了讲台。以后,学校又让先生从初一跟到初三,这对先生是个锻炼,同时又使先生对中学国文的教学内容和各年级学生的特点有了更全面的了解。

1947年3月先生与老师朋友的女儿王娟女士成婚。

1948年先生受到当时进步思想的影响,曾积极参加了罢教与索薪活动。教初三语文时,也曾因为选教了鲁迅先生的散文诗《秋夜》和一些杂文,受到校方的警告。

解放后,从1949年到1954年这五年间,先生一面在女一中从事语文教学工作,一面也为提高北京市乃至全国的中学语文教学质量做了大量工作。

1954年,北京市委为了提高中小学教学水平,做出了《提高中小学教育质量的决定》,《决定》中提出了编辑教学参考资料的工作。1954年和1955年先生参与组织并领导了这一工作。这项工作是在彭真、吴晗市长亲自指导下进行的,并聘请了叶圣陶先生、冯雪峰先生、吕叔湘先生等为顾问。经过部分教师一年的辛勤劳动,在总结广大教师经验的基础上,一套中学语文课本的教学参考资料(大众书店出版),终于编写出来。编写参考资料的指导思想很明确,先生认为,语文教学要提高质量,就必须克服盲目性,加强计划性,要做到心中有数。而且要逐步实现程序教学,即针对不同的教学对象与教学目的,并考虑到学生的能力和心理特性与状态,用预先编制好的程序来指导或控制学习某一门学科或某种技能的教学。字、词、句和篇的教学要科学化和现代化,也应安排好程序,有计划地进行。这套中学语文教学参考资料则充分体现了这一精神。先生的这一思想,在以后的《语文教学参考资料的〈总说明〉》、《试谈加强字词句篇教学的计划性》、《解放后词语教学简史和词语教学的计划性》等文章中,都反复阐述过。

1954年8月,因工作需要,先生被调到北京师范学院中文系任教。教过现代汉语和习作等课程。曾任汉语教研室主任。这期间,先生一面在高校任教,进行现代汉语的研究工作,一面仍关心中学语文教学。1955年暑假后,教育部决定在全国74个点试行汉语和文学分科教学。为此,北京市组织了中学语文教师汉语知识进修班,培训骨干,而且成立了汉语试教区。先生参加了进修班的教学工作,并担任了北京汉语试教区的组织领导工作。先生认为,50年代为了增强中学语文教学中的艺术性和科学性,推行汉语文学分科是有益的,并且在实践中也取得了一定的经验。

1955年、1956年间,先生还先后参加过全国语文教学汇报会、全国文字改革会议、现代汉语规范问题学术会议、全国语法座谈会、全国语文教学会议等一系列重要学术会议,会上都作了发言。

在1947年至1957年这十年间,先生在从事中学和大学教学工作的同时,利用业余时间,在现代汉语、中学语文教学等方面,还进行了大量的研究工作。1947年,大学毕业后的第一年,先生就在《经世日报》、《新生报》、《远东杂志》等报刊上发表了《刘申叔著述年表》、《纬学源流考》、《论读古书与新文艺》、《丛书流别论自序》等七篇论文。先生的才华已经初露。1949年至1957年,先生又陆续发表了《中学语文课的词汇教学工作》、《中学语文课的语音教学工作》、《名词、动词、形容词》、《关于汉语构词法》等20多篇论文。从而在语言学界和中学语文教育界,产生了广泛的影响,有了较高的声望。与此同时,1955年先生被选为北京市第一届政协委员,同年又兼任了北京市推广普通话工作委员会委员,1956年加入民盟,同年又兼任了北方方言调查组顾问。

1957年,先生的论文《略论汉语构词法》发表后,在语言界引起了强烈反响。日本汉学家香坂顺一先生在评论此文时指出:"将词素分为'实词素'与'虚词素'两类,给划分词为虚实两类,建立了一个体系"(见《汉语研究小史》1955年商务版);赵元任先生在写《中国话的文法》(加利福尼亚大学伯克利与洛杉矶出版社)一书时,也参考了此文;《文法简论》(陈望道著)采用了此文的观点和术语;《现代汉语》教材,多数采用了这篇论文的观点;《现代汉语参考资料》(胡裕树编),也收录了这篇文章。

1957年年初,在中宣部领导下,先生与韦悫、吕叔湘、黎锦熙、傅懋勣、高名凯、张志公、叶籁士、胡明扬等九人组成了中国语言学会筹备组。

先生所取得的成绩,是与老师们的帮助和指导分不开的。为此,他常常怀念那些培养和教育自己并对自己寄托殷切希望的老师们,特别是黎锦熙先生和罗常培先生。

先生还记得自己刚毕业时,黎锦熙先生为了培养先生的学术研究能力,教先生科学分类法,特意送给先生一个《学术业务类码表》,要求先生记住分类的类码,然后又亲自考核先生掌握的程度。为了训练先生的逻辑分类能力,黎锦熙先生让先生把《国语小报》上刊登的各类消息,按类码一一标注出来,黎先生亲自批改。先生在回忆这段往事时曾说过:"这一训练,对我以后分类整理卡片,帮助极大,为我按类来认识事物、搜集资料,打下科学地进行学术研究和工作的基础。"1955年先生写成了《关于汉语构词法》请黎先生指点,黎先生阅后很兴奋,称赞先生一万多字的文章没有漏洞,浑然一体,写得很好。先生受到极大的鼓舞。

先生也常怀念罗常培先生。先生在女一中任教时,罗常培先生曾鼓励先生利用自己的工作条件,对学生作文中的病句做些搜集整理工作,并要求先生注意作文法的研究。罗常培先生还就如何搜集、记录学生作文中的错误,如何纠正等,作了具体的指导。

先生当时是女一中语文教研组组长,按照罗先生的要求,先生与语文组全体老师一起,收集了大量病句,将错误分为 20 种(均有实例),汇集成册。先生将其副本交给了罗常培先生,得到了罗先生的充分肯定。

以后,先生又在罗常培先生的关怀下,编辑了中小学生课外读物《少年语文选读》,罗常培先生题了书名,后来不少地方将此书当成了讲读课本。可是,罗先生关于"注意作文法研究"的要求,当时没能实现,先生心里一直不安,直到 1980 年出版《文章丛谈》时,先生才稍得安慰。先生在这本书的后记中写道:"1950 年的时候,罗常培先生正在研究社会语言学(比如研究《语言与文化》),嘱我研究作文法,以供世用。先生于 1958 年逝世。二十多年来,先生之言无时或忘。……十年动乱,大难不死;'四人帮'倒台后,得以整理资料,写了些关于文章学方面的文章……这个集子中收的文章,多写于'四人帮'倒台之后。谨以此集纪念罗莘田师。"

三

1957 年,党中央作出了开展整风运动的决定,因为先生当时是北京市政协委员,运动开始不久,先生在内部刊物上看到了毛泽东主席的一次讲话。讲话中提到,大学应该怎么办还可以研究。先生想,要办好大学,必须调动起广大师生员工的积极性,特别是应当充分发挥知识分子的作用,所以在北京师院党委组织的征求党外人士意见的座谈会上,先生就提出了成立一个由教授、讲师、行政干部、学生共同组成的学术委员会来共同研究大学如何办的建议。不料,这样一个充满热情的、颇有见地的建设性意见,却被当成了要取消党的领导的反动言论,被看成是向党进攻的毒箭。从此,先生被戴上了"右派分子"的帽子。从1958年到1962年整整五个年头,先生除了劳动改造之外,能做的就只能是习作的教学工作和资料的收集整理工作了。这时期先生没发表过一篇文章,当时的境况和心情正如1980年先生在《文章丛谈》后记中所表述的:"1958年以后,我处于逆境,逼得我收集了些资料,好让日子过得有意义一些。"

1962年,摘掉了"右派分子"的帽子,先生又拿起笔,从1963年到1965年,陆续发表了《句子成分和成分间的搭配》、《语法错误的主要类型》、《观点和材料的统一》等十多篇文章。

1966年,"文化大革命"开始了,先生又成了"革命"的对象,教课、科研的权利又被剥夺了。一直到1972年,先生才又教了一年课。没想到,当1973年"反击右倾翻案风"的浪潮袭来时,先生又成了"复辟资本主义的代表人物",先生怎么也想不通:作为知识分子,只要能读书,能教书,能写书,余望足矣。为什么连这点机会也不给呢? 1974年,先生写下了这样一首诗:

> 平生愚昧信安疑,步履艰辛我自知。
> 旧帽遮颜过闹市,新靴裹脚走钢丝。
> 残花岂怕多淫雨,昏耳何关响阵雷。
> 清夜扪心澄似水,晴光满室洒晨晖。

先生的处境虽然十分险恶,但扪心自问并没有过错,先生相信,自己的问题总有一天是会澄清的。因为当时先生连教课的权力都被剥夺了,只能在家冒着风险,偷着给自己的孩子和朋友的子弟讲古代诗文。

1976年1月,周总理逝世,先生闻讯异常悲痛。2月,先生好友、曾在《万水千山》中饰教导员的著名演员蓝马同志来看先生,当谈及总理时,两人都流下了悲痛的眼泪。朋友走后,先生心潮起伏,想到总理光辉的一生;想到20年前面见总理、和总理握手时的情景;看到总理逝世时中国的社会现实,先生流着泪写下了六首悼念总理的诗(载入中国社会科学院《世界文学》编辑部编选的《心碑》一书中),其中一首写道:

> 巨星惊陨泪潸潸,纬地经天青史颁。
> 雷电霹空治宇宙,水银泻地理人寰。
> 协商会上聆言教,孙塚庭前临笑颜。
> 廿载犹温一握手,此生应记有凶顽。

诗中表达了先生热爱周总理、热爱党、热爱祖国;痛恨"四人帮"的强烈感情。

四

1976年10月,"四人帮"垮台了,十年浩劫也宣告结束。当大地回春,"晴光"出现的时候,先生那一向严肃的面容,也露出了微笑。先生还特意请一位画家为自己画了一幅四蟹图,挂在墙上,以表此时欢庆的心情。

1978年,先生的问题终于得到改正,从此先生如释重负,精神振奋,又重新拿起了笔。这正如先生在《语文学习与教学》的前言中所述:"孟浩然有一句诗是:'端居耻圣明'(《临洞庭》)。处在国家振兴的大好时光里,作为一个语文工作者是不甘寂寞的。"

1978年至1985年这一阶段,先生除了大量的社会活动之外,主要是从事编辑和研究工作。1978年春节,在先生看望吕叔湘先生时,吕先生曾建议将北京师院的内部刊物《中学语文自学讲义》改为公开出版的一种语文教学刊物。北京师院采纳了吕先生的建议,经过一年的努力,1979年教育部批准《中学语文教学》成立编委会,先生任副主编(现为名誉主编)。在此期间,先生主要是通过办好《中学语文教学》来推动和影响全国中学语文教学工作的。先生这一时期总结了编辑工作的七原则,这七条原则集中反映了先生对搞好中学语文教学的主张。七条原则是:坚持语文课工具性和思想性的原则;坚持在马克思主义指导下的文道统一的原则;坚持语文教学既要重视口头语言的训练,又要重视读写训练的原则;坚持文学因素、语言因素和文章因素的统一原则;坚持抵制和排除片面追求升学率的原则;坚持启发式、反对注入式的教育思想和方法的原则;坚持在"三个面向"的指导下,研究具有中国特色的语文教育思想的原则。

此外,1980年先生与蒋仲仁、张志公、朱德熙三位先生一起,共同编辑了《语文学习讲座丛书》(七册);1982年北京语言学会委托先生编辑了《礼貌和礼貌语言》;同年开始主编了《语文知识丛刊》;1980年、1982年先生先后编辑了《高中学生作文评改》和《初中学生作文评改》;先生还于1982年至1984年主编了《初高中语文词语集释》(共12册)分别由天津出版社和新蕾出版社出版。先生认为这是有意义的工作,相信会在提高全民族的文化水平上起一定作用。

在这期间，出版社还出版了先生的三本文集：《语文和语文教学》、《汉语学习丛论》、《语文学习与教学》。

这一时期，先生一面将收集的材料整理成文章发表出来；一面在语言学、语文教学和文章学几个不同的领域，开始了更广泛、更深入的研究。从1978年到1985年，在这八年里，先生发表论文180多篇。从广度来看，有语音学、文字学、词汇学、语法学、修辞学以及文章学，几乎涉及到语言学的各个方面。先生曾说过："我研究汉语面向社会，研究的目的是为了提高全民族的语文水平。研究理论主要是为了指导实践。"先生在指导语言实践方面，不仅指导了教师如何教，而且指导了学生如何学，不仅指导了书面表达，而且指导了口头表达。

从先生学术研究的深度来看，在语文教学、语法学、构词学、文章学几个方面都有所开创和突破。在语文教学方面，前面已经阐述了先生对语文教学的主张。1978年先生发表了《说"结构"》一文(《中国语文》第4期)，文中提出了一个重要的新观点，即"结构"是语言的建筑构件，可以在语言中成块儿地独立地自由运用，是造句的一个语言单位。先生认为"语言是一种结构系统"。"语法的研究，应以研究结构为主。"文中还列举并扼要地论述了21种结构。这篇论文发表后，引起语言学界的强烈反响。《中国语文》曾就此文展开热烈的讨论，较新的语法系统也采用了此文的论点；根据这篇文章的论点，由先生审编，吴启主、李裕德执笔，写出了《现代汉语〈构件〉语法》专著，由湖北教育出版社出版。

1981年先生的《构词法和构形法》一书出版了，书中对1957年《略论汉语构词法》提出的观点作了更全面、更系统的论述。这部书集中地反映了先生在汉语词汇和语法问题上的研究成果。

1980年,先生发表了《试论文章学研究》,这是一篇系统探讨文章学的重要论文。它开了研究文章学之风。先生认为文章学是一门科学,是语言学的一个分支。建立一门"文章学",科学地研究文章和研究读写文章的规律,使它成为语文教学中读写教学的基础,就可以有效地提高作文教学的质量,为社会主义教育事业服务。在同年10月召开的中国语言学会成立大会上,先生提出了这篇论文,受到与会者的好评。为此,朱星教授给先生写了一封长信,并让先生回信。先生写了回信。后来,两封信都发表在《天津师院学报》1980年第3期上。先生的复信就是《关于语法和文章学问题》。1982年先生还发表了《汉语文章学简论》、《〈古代文章学概论〉序言》(即:《借鉴古文而着眼于今用》)。同年又出版了论文集《文章丛谈》。1983年,由先生主编、河南师大等十所高等学校教师参加编写的《文章学概论》问世。这些论文和著作从不同角度进一步阐明了先生关于文章学的观点。特别是先生提出的"文章三律论",即语言合体律;观点材料统一律;层次律。统摄内容与形式,兼顾作者与读者,在理论上是个新的突破。1984年8月在安徽屯溪市徽州师专举办的"首届全国文章学讲习班"上,先生印发了"文章三律论",受到了学员的称赞。总之,先生这一时期关于文章学的一系列论述,不仅推动了文章学研究的热潮,而且为把文章学作为一门科学奠定了基础。正如张志公先生所指出的:"这是一次带有开创性的工作,又是对前人关于文章之学的探讨的总结性和现代化的工作,是一次很有意义的尝试,必将对文章的科学研究,对语文教育的发展产生积极的促进作用。"(《文章学概论》前言)

1984年8月在全国第三次文章学讨论会上,充分肯定了先生主编的《文章学概论》是一部开创性的著作，它的出版为我国文章学发展史写出了新的一页。

1983年9月以先生为主编，又组成了"文章学丛书编写组"，编写组通力合作编选了《文章选读》(1985年出版)和《现代文章学资料汇编》，以便推动文章学的研究不断深入发展。

1985年5月，北京师院成立了"文章学研究室"，先生任研究室主任。同年8月在贵阳，又主持了"第四次文章学讨论会"，提出了《文章构件论》(详见1985年8月20日《光明日报》)。先生的专著《文章学导论》也即将出版，并将在香港展出。此书的出版，必将产生更大影响。

十年动乱之后，先生的社会活动也日益频繁：学术会议、兼职活动、题词作序、接待来访、回复来信。这些活动几乎占去了先生的一半时间和精力，但先生从不把它当成一种负担，而是看成自己整个工作不可缺少的一部分。先生常说："我是搞语言的，只要对提高全民族的语言水平有意义的事，都应当去做。"只就学术会议来讲，从1978年至1985年的八年间，先生就先后参加了30多次。1984和1985年还应邀去香港参加了"应用语言学研讨会"、"普通话教学座谈会"和"普通话教学与测试研讨会"，并在香港讲学，而且每次参加学术会议先生都作发言或提交论文。

1978年以后，先生兼任现代汉语研究会顾问、华北修辞学会会长、中国语言学会理事、北京市社会科学学会联合会副主席、《文字改革》杂志顾问、《演讲与口才》杂志顾问、中国农村智力开发函授学院教授、语言文学自修大学顾问、民盟北京市委教育委员会副主任等20多项社会工作。

每天来信很多，来访者也络绎不绝，每位来访者先生都热情接待,有求必应。凡是求教过先生的人,无不为先生诲人不倦的精神所感动。

1979年郭绍虞先生曾赠先生一条幅:"大雪压青松,青松挺且直,要知松高洁,待到雪化时"。这首陈毅同志的诗,是对先生形象的最好概括。

先生现已年过六旬,前半生是在坎坷的道路上度过的。今天,充分发挥先生才能与智慧的时机到来了。先生常说:"我最好的时光虽已过去,但我要靠自己的努力把失去的时光夺回来。"目前,先生主要是在从事文章学的深入研究工作。先生认为:写文章没有秘诀,但有规律可循。认为文章也是构件构成的。文章的构件好比音乐中的音符,可以弹出各种优美动听的乐曲,也好比万花筒中五颜六色的碎玻璃,可以转动出各种美丽的画面,为此,先生打算一面深入研究文章的构件,修改好"文章构件论"和"文章阅读论";一面要组织人力写出"中国文章史"(包括历代实用文体)从中总结出写文章的规律来指导实践,使人们在写文章时,能事半功倍。为了实现这一愿望,先生正在日以继夜地工作着。除此之外,先生受商务印书馆的委托,在编印出版《罗常培纪念论文集》(已出版)之后,主编《黎锦熙文集》,并与林杏光同志共同主编《汉语实词搭配词典》。这部词典,将有助于汉语教学,有助于兄弟民族学习汉语,有助于以汉语为第二语言的对外汉语学习和教学,有助于汉语的自动化。我们相信,不久,先生将会以更丰硕的科研成果,奉献给读者。

1985年8月

四年以前,北京图书馆约我写自传,我因自己的工作不能令我满意,羞于写传,迟迟未能动笔。李一娟同志是我的老学生,她花费了很长时间,看资料,同我谈话,写成了我的传略,我应该感谢她。过去的事情只能说明过去,而且无可称道;今后是"来者犹可追",希望我能为四化建设、两个文明的建设做更多的工作。

一九八五年八月　张寿康记

我的自学经验

胡明扬

我认为我没有条件谈什么"'治'学经验",不过我可以谈谈"'自'学经验",因为就语言学而言,我完全是自学的。我在青少年时代爱好的是中国文学,大学时代学的是西洋文学专业;当时一心想当一名作家,从中学时代开始也发表过一些作品,就是从来没有想到过要从事语言教学和研究工作。可是命运给我作出了另外的安排,我就不得不被迫改行。那样,我只得一切从头学起。几十年来坚持自学,经历了不少困难,有不少教训,也积累了一定的经验。这些教训和经验,有一些也许对现在有志于从事语言教学和研究的青年人有一定的参考价值,所以大胆拿出来谈谈。但是任何经验和教训都有其特殊性和局限性,都是受不同的主客观条件制约的,都不能说有普遍意义,所以只能说"仅供参考"而已。

在学校里我一直不是一个"好学生",因为我很少按学校的要求去学,而总是自己爱好什么就学什么。我上中学和大学的那个年代几乎没有什么学习纪律,课外时间也很多,而且完全可以由自

---

* 1997年北京市语言学会和中国人民大学语文系共同主办的讲演会上所作的专题讲话。

己自由支配,我就完全用来学自己想学的东西了。我不喜欢的课程,只要应付得过去就尽可能去应付,但是也有应付不过去的时候。我特别不喜欢数理化,一见公式符号就头疼,结果越学越难,越学越没有兴趣,数理化也就特别不喜欢我,从来不给我好成绩。我也不喜欢英文,上完课就把课本往书包里一塞,晾一边去了,从来不记生词,也不喜欢做练习,结果当然总有一天要学不下去的。不过在那个动荡的年代,一切都不正规,还可以想其他的办法来应付。一种办法就是转学,在这所中学学不下去了,还可以转到另外一所中学去。我在中学时代就发生过这样的事情。数学和英语过不了关,怎么办?刚好太平洋战争爆发,原来的中学停办,一转学,什么问题都解决了。这样的"经验"可绝对不能学。要是在现在,那就连大学的门槛都跨不进去了,还谈得上其他吗!英文我后来通过自学补上了,数理化就一直没学好,所以现在学当代语言学就非常困难,有的当代的语言学著作我看了一遍、两遍、三遍都看不下去,看不懂,真是太费劲了;可是数理基础好的人,看一遍就懂了,还轻松愉快!其实,我上高三的时候有大代数和微积分的课程,什么函数、概率论等等都学过,大学还学过高等物理,可是都没学进去,这又能怪谁呢?这真是一个惨痛的教训,可是我已经无法弥补了。我现在的体会是:关键不在我今天还记得多少数学公式和化学公式,而是我缺乏一个数理头脑,已经完全不习惯按部就班的学习方式,不习惯形式推理和形式化的思维,这就和当代语言学的总体思路格格不入,所以学起来就太困难了。以下分别谈谈在几个不同的领域内我是怎样自学的。

一、我是怎样自学古典文学和现代文学的

如果说我在50年代初期自学语言学没有觉得太困难,那是因为我在古文、外文、写作这三方面有一定基础。这几方面的基础我也都是主要靠自学打下的。

我上小学六年级的时候抗日战争爆发了,日本人来了,学校停办,全家到处逃难。1938年我13岁,全家回到沦陷了的硖石(现在改称海宁),为了不至于完全辍学,我进了费氏私塾。先生费雨僧是原海宁中学的国文老师,是个饱学之士,擅长古文、书法、国画。学生有四五十个,像我这么大的有十几个。我去的时候刚开始上《孟子》,还有从《古文辞类纂》里选出来的单篇文章。五六岁的小同学读的是《百家姓》和《唐诗便读》。每天早晨到学里,先拜孔夫子,接着是写大楷、小楷,然后是背书,上新课。背书的方式是每个人自己拿了书上去递给先生,然后转过身子去高声背诵,有的很顺利,一会儿就背完了,有的老打盹儿,背不上来,背不上来有人就一边身子左右来回晃动,一边嘴里不断地哼哼。先生一边听学生背书,一边用朱笔圈新课。学生背不上来的时候,先生提一句,几次提示都没用,就让下去再好好去读。费先生总是和颜悦色的,很少发脾气。不过学生谁敢不听话?每个学生都背完了,开始上新课。先生带着大家朗读,然后讲个大意,并不细讲。接下来这一天的任务就是背书,下午四点多就可以回家,但是必须先把书给背熟了。学生拿了书到先生面前一递,意思是我已经背熟了,然后背过身子去背诵,背出来了,去给孔夫子鞠躬,就可以走了。背不出来的也许吃晚饭就成了问题。不过像我们这么的大孩子,先生不打手心,

训斥几句也就算了。八月节,也就是中秋节,要"背原书",也就是一年一度的大考。"背原书"也就是把这一年来读的主要的书从头到尾背一遍,我那一次,就是要从《上孟》的第一句"孟子见梁惠王,王曰叟不远千里而来"背到《下孟》的末一句"然而无有乎尔,则亦无有乎尔"。背出来了就放假,背不出来继续背,直到背出来为止。实在背不出来,分段背,那就容易多了。

私塾里读书要求大声朗读,有一定的调子,几乎是唱,特别是读诗词,那就有另一种调子,更好听了。我当时最喜欢听小同学读唐诗。半个多世纪过去了,可是似乎还在耳边:"主人不相识,偶坐为林泉;莫漫愁沽酒,囊中自有钱。"当时我并不太懂,只是觉得好听,觉得很有意思,听多了也就记住了,并且从此使我迷上了古典诗词,影响了我整个一生。1939年我们家搬到了上海,我在上海开始上中学。初中时期我始终没有好好读书,而是把全部时间用来自学古典文学,特别是古典诗词。没有书就到图书馆借来抄,买纸自己装订,还买了朱砂和白芨,学先生那样圈圈点点,加批加注,然后就背。同时还上了一所夜校,"冠宇国文专修学校"。在那儿读的是校长陈冠宇编的包括经史子集各部文选的《国文讲义》和《六朝文絜》、《昭明文选》的选文,每周还有一次文言文作文。这个时期我还学着赋诗填词,整天埋头在故纸堆中。初二的时候有一个同学叫杨麟泰,比我大四五岁,古文水平很高,我们两个人成为莫逆,故意坐在最后一排,上课不听讲,在底下读我们的古典诗词歌赋。从初中到高中我的国文课成绩越来越突出,国文老师都非常喜欢我。高中时期的国文老师甚至在班上公开说某某人的国文可以不学了,在班上他可以看别的书,同时他还让我替他批改他在别的学校兼课的高中学生的作文。可是我其他课程的成绩越来越糟。我姐姐的一个同学看到我这股疯劲,认为我不像一个年轻人,完全不合时代潮流,深为惋惜;一个写点散文的同乡给我下的结论是"畸形发展"。但是我早已走火入魔,什么意见也听不进去。我付出的代价是惨重的,从此我和数理化就格格不入,到了今天学当代语言学就非常困难。当然,因为我付出了这么大的代价,也打下了一点古汉语和古典文学的基础,对我日后自学语言学还是很有用的。50年以后,有一次我负责主编一部中外名诗的集子,有一位古典文学方面的作者在注释一首长诗的时候,原诗抄漏了两行,我在审稿时一读就觉得有问题,跟我的"感觉"不一样,一查原诗果然漏了两行。这大概就是背诵的好处。小时候背过的书不容易忘,几十年不摸,还有一点印象,即使不能全背出来,但是有一种"感觉",读到那个地方还能想起来。所以在这里我要为"背诵"这种教学方法说几句好话。50年代把背诵这种教学方法批倒批臭了,还扣上了一顶封建主义教学方法的大帽子。当时特别强调理解,认为理解了就可以了,没有需要去背诵,而没有理解而背诵就等于什么也没有学。这种意见不能说完全没有道理,但是要看学什么。如果是学政治理论,那么的确只需要理解,观点立场掌握了就可以了,没有必要去背诵词句。可是如果学语言和古典文学就不太一样,如果只要求理解的话,那和通过翻译学习没什么不同,效果是不会太好的,甚至也会在很大程度上等于什么都没有学。背诵可以让人掌握大量词语和这些词语的搭配规律,让人掌握遣词造句和篇章结构的规律,让人掌握诗歌和文章的内在的韵律,这些都是单纯的理解解决不了的。古人说"熟读唐诗三百首,不会吟诗也会吟"不完全是没有道理的。当然,理解了再背诵更好。不过,完全不理解而会背诵的情况不多,除非是背《百家姓》或佛家咒语，一般是理解得不透彻而已。总之，我认为学语言或古典文学，背诵是一种行之有效的好方法，值得提倡而不应该反对。

二、我是怎样自学外语的

我到高中二年级的时候来了一位圣约翰大学英文系毕业的英文老师。他一上课就满嘴洋文，我是一句也听不懂。听不懂就干脆不听，我还读我藏在书桌里的古书。结果第一学期结束，各课成绩公布了。我的英文成绩是用红笔写的，59分！尤有甚者，校长在布告上还说，用红笔是为了"以儆效尤"！在那个年代，"英国算"是三门主课，有一门不及格就升不了级，这可不是闹着玩儿的，并且已经到了高二，快考大学了。这就逼得我只好下决心补英文。我的办法是每天晚上七点到十点三个小时读英文。我把初中到高二的八九册英文读本找来一课一课读，读完了记生词，记完生词做练习，练习做不出来就问二姐。我用一个学期补完了前面的课程，就不怎么怕了。我记生词采取的办法是循环记忆法，也就是今天不仅背今天学过的生词，而同时也背昨天，前天，大前天学过的生词，总之，每次背生词把前面学过的也背一遍。我以五百个生词为一单元，满五百个就放在一边，从头开始循环，但是每个月要总循环一次，把所有学过的生词从头到尾背一遍。这正是私塾里每天背新章句，年终背"原书"的办法。我背生词不是从英文到中文，而是从中文到英文，这样难度大，为的是"取法乎上，得乎其中"；如果图容易，"取法乎中"，将来也只能"得乎其下"了。我当时的生词本是在紧左边写英文生词，在紧右边写中文注释，这样，把本子当间一折，只看中文注释来背生词，嘴里念"男孩子，b，o，y，boy"。我不采取手写的办法,因为手写受很多条件限制,口念不受任何条件限制,我在哪儿背都可以。实在背不出来,再翻过本子来看英文生词,然后把这个生词念上几遍,直到记住为止。我读完了从初一到高二的课本,就直接开始读英文小说。我读的第一本小说是小仲马的《茶花女》的英译本,因为那个时候我已经读了不少翻译小说,特别喜欢这本书。我买的是一本64开的盗版影印本,每页也就300来个单词,可是每页我有30多个生词! 我就每天晚上一个一个查生词,这边看原文,发现一个生词就查词典,查出来以后就写到生词本上去。这样头就不断左右来回转,有时候都快转晕乎了,那就休息几分钟。我学"五柳先生",不求甚解,只要大致的意思懂了,就算读懂了,那时候脑子里没有什么语法概念。有的句子很长,有的句子查了单词和短语还是懂不了,那就只得翻阅放在一边的夏康农翻译的中译本。不过我极力控制自己尽可能不去看中译本。读完了《茶花女》,把所有的生词都背了,我能记住的英文单词大概已经有五六千,再读别的英文小说就轻松多了。接着我又读了《小妇人》和《苔丝姑娘》。这样到高中快毕业的时候,我读英文小说就可以基本上不查词典了,当然离自由阅读还有一大段距离,因为"五柳先生"毕竟是"五柳先生",要求甚解就不行了。本来我一直想考中文系,走文学创作的道路,但是抗战时期几乎所有有名的文学家都到后方去了,留在上海的极少,并且我认为都是二三流的。另外,我觉得中国文学完全可以自学,所以决定考圣约翰大学的西洋文学系,多学几种外语,直接去阅读外国作品。因此,我就继续在英语上下工夫,因为圣约翰大学的入学考试对英文的要求很高,不下工夫是考不上的。当时没有现在这样以学习外语为主要内容的外语系,西洋文学系的学习内容是西洋文学,也就是假定学生基本上已经掌握了某种外语,可以直接阅读西洋文学作品了。圣约翰大学的英文入学考试和今天的"托福"考试从形式到内容一模一样,因为学校也招外国学生,我们同班的就有英国和美国的学生,所以英语只是一种工具,不再是学习对象。到了高三,我一方面要继续学英语,另一方面还得补三角、大代数和物理,因为我了解到圣约翰大学的入学考试是四门:英文、国文、数学,自然科学的物理、化学、生物任选一门,我选了物理。这时候白天补数学和物理,晚上有空就看英文小说。有一天晚上我正躺在床上看《飘》(*Gone with the Wind*),许国璋来了。他看我在看《飘》,就问我:"看得懂吗?"我说"懂"。他说:"你念一段解释给我听听。"我就念了一段正在读的,把意思说了说。他拿过书去看了看,笑着说:"想不到你的词汇量真不小,基本上看懂了,可是你的发音太不行了。"那个时候我根本不注意什么发音,所以把"formidable"这个词的重音读到最后一个音节上去了。当时我没说什么,从第二天起,我把我学过的七八千生词从头到尾根据《英汉四用词典》重新抄了一遍,每个生词都注上了国际音标,因为我在这以前用的是《英汉模范词典》,没有国际音标,用的是美国的划音。我用了几个月的时间,逐个纠正自己的读音。这对我帮助很大,因为如果自己发音不正确,入学考试就过不了"听写"这一关,并且入学后听课也会有困难。这样,我自学了两年英文,1944年夏天我考上了圣约翰大学英文系。入学以后,各门功课都是用英文讲授的,我听课没有发生困难,但是回答问题就开不了口,并且几乎一开口就错。一年级下的英文课用的教材是《大卫·科贝菲尔》,九百多页,每周两章,四五十页,相当吃力,而且讲解、提问全是英语,对我来说很不轻松,何况还有别的课程,也全是英文的。这就迫使我不得不在英文上再下一番工夫。上了大学我不再使用英汉词典,改用《简明牛津现代英语词典》。一用原文词典就发现英汉词典的解释大都不确切,原文词典比英汉词典强太多了。这样,我又一次重新抄写我的生词本,把《简明牛津现代英语词典》的释义文字抄进我的生词本,重新学习一次英语词汇。这样做花了不少时间,但是对我帮助极大,甚至可以说,到直接使用原文词典这个阶段,我学英语才入了门。从此,我学习英语就尽可能不通过汉语来学,尽可能让英语的词语或句子直接和有关的意象相联系,go 就是 go,是一种望前移动的感觉,burst 就是 burst,是一种内部充满张力要往外突破约束的感觉,hurry up 就是 hurry up,是考试的时间快到了,老师催我们交卷的时候说的话。当然,这需要通过大量阅读英文原著,从上下文和原著创造的意境中,从听英国和美国老师的说话和当时的语境中慢慢获得这种感觉,形成这种意象,也就是说需要一定的客观环境,不是单凭主观努力能做到的。可惜圣约翰大学的条件很特殊,没有普遍意义,并且那是一种殖民地教学,今后再也不会有了,所以没有必要介绍。但是这一点非常重要,因为这样才能逐步形成一定的英语语感。处处通过翻译(往往是不确切或错误的翻译,或是不完全的翻译),通过母语的中介来学习外语,大概永远是学不地道的,永远也无法获得外语的语感,将来就会一用就错,死记语法条文一点用处也没有。

我总是利用暑假学习外语。第一个暑假用来继续学英语,把读过的书再从头到尾读一遍,把生词都背了,然后再读几本小说。这样,看英文书刊基本上没有什么问题了。后来学法语也一样。我选修了两年基础法语,然后就在暑假里先把读过的教材重新仔细读一遍,把生词都背熟了,接着就读原文小说,用的还是我自学英文的老办法。我用一个暑假读了《菊子夫人》和《冰岛渔夫》,积累了七八千生词,再加上和英文基本一致的生词,从此读法文书刊也没有太大问题了。当然我不会说法语,只能读,因为虽然教我的都是法国老师,可是在圣约翰大学那样的环境中,她们都是用英语讲授的。我也选修了俄语,但是学了一年俄语课就不开了。不过我还是用老办法来自学俄语,硬着头皮读屠格涅夫的《阿霞姑娘》、《初恋》和普希金的长诗《尤根·奥涅金》。俄语比法语难学,最后我也只学会了看一般书刊,而且还时不时地需要查词典。至于口语,关键在环境和需要。50年代我还勉强当了一次法语口头翻译,一次俄语口头翻译。但是后来没有需要,也没有相应的语言环境,就生疏了,现在更开不了口了。

我的体会是学外语得下苦功,没有什么捷径可走,不下苦功是学不会的。其次是,理论知识是次要的,一定要大量读,大量听,大量写,大量说,并且一定得读地道的外语,听地道的外语,最好从一开始就不要接触"中国英语"。我记得我在50年代初从事翻译工作时,有一次翻译"没有办法"这样的句子,我译的是"There is no way out"。我的一位同事问我,"你这 no way out 不合语法,out 算什么?"我无言以对,只能说,"我觉得没问题",结果我的意见当然被否定了。另外一次翻译国际俱乐部的章程,里面有一句:"劳资双方若有争议,应通过仲裁委员会解决。"一位同事译的是:If workers and capitalists have disputes, they should ask the arbitration committee to settle these disputes. 我总觉得别扭,认为应该译为:In case where disputes arise between Labour and Capital, solution shall be sought through the arbitration committee. 这一次科长同意我的意见,但是我的那位同事想不通为什么他的译法不行,而我也说不出什么道理来,两个人还闹得很不愉快。我完全是根据语感来写的,因为过去学校里的各种章程、规则都是这么写的。现在不少人学外语,但是不愿意花工夫背生词,更不愿意下工夫背范文,书也读得太少,那当然是永远也学不好的。还有的人一辈子花在学外语上的时间真不少,可总是学学停停,结果就一辈子学不会。那是因为学外语就像汽车爬坡,不到一个平台是不能停车的,一停就往下滑,一直滑到原来的起点;下次再学,还得从头来起。其实外语并不难学,特别是要学到能看专业书的水平更不难,花一两年的业余时间,只要不间断,也就可以了。

三、我是怎样自学写作的

我从小学三年级开始就看"闲书",像什么《薛仁贵征东》、《薛丁山征西》、《罗通扫北》等等,《施公案》、《七侠五义》等等,还有《珍珠塔》、《玉蜻蜓》等等,什么都看。也看《水浒传》,就是不爱看《红楼梦》,觉得没意思,《三国演义》不认识的字太多,也不爱看。看了不少这类"闲书"对写作文有好处,什么"光阴荏苒"、"哀鸿遍野"都用上了,其实什么是"荏苒"、什么是"哀鸿"我自己就不太明白,可是用上了就得高分,也就增加了我写作文的兴趣。到五年级家里给订了《儿童时报》、《小朋友》、《儿童世界》。这些书报我更爱看,我的白话文就主要是从这些书报中学来的。后来我主要花工夫学古文,白话文就没怎么学,到初中二年级才看"五四"以后的新小说,也是发了疯一样地大量看,这对我帮助也很大。但是对我帮助最大的是从这个时期起我开始做读书笔记,每看一本书,就写几百字的笔记,把大意写下来。写笔记的时候不看书,凭记忆写,忘了的时候再翻书。我在两年内写了一百多篇笔记。这对我的一生都有帮助。从此,理解能力、概括能力、逻辑思维能力大大提高了。看书很快就能抓住要点,考虑问题也能很快抓住要点,写东西也快多了。最初我只是想"立此存照",日后知道自己看过哪些书,意外的收获是事先没有想到的。学古文,赋诗填词也给我很大帮助。诗词格律约束了用词,就得找各种同义词去替代,的确很花时间,但是锻炼了写作能力。文言文当然和白话文很不一样,但是古文大都是千锤百炼的名篇,在炼字、结构等方面还是有很多可以借鉴的地方,至少我认为多读一点名篇范文只有好处,决无坏处。高中时期我写的一些散文能在报刊上发表,我想完全是得力于我读过的这些书和写过的读书笔记。因此,我认为要写好文章主要靠多读多写,其他的捷径也是没有的。对那些写作知识之类的东西我是一直持保留态度的。

四、我是怎样学语音学的

我在初一学英语的时候学过一点国际音标,学得马马虎虎,有的音发得根本不准。我真正学语音学是在教英语的头两年。我从国际音标学起,读的是琼斯的《英语语音学纲要》。这是一本经典性著作,理论讲得明白透彻,对英语语音剖析入微。例如:他说英语复数的-s 实际发音是...zzzsss,边音 l 和塞音 k 等在不同元音前面发音不同,诸如此类的分析过去我没听说过,但是非常符合我的英语语感,所以一学就懂,也记住了。学国际音标的时候,我动员了我掌握的几种外语和方言。例如,七个不圆唇前元音,其中 i 是最常见的,但是不同语言,不同方言有细微差别,标准元音尽量靠前就是了;英语和上海话都有 I,但是明显不同,英语的 I 在音节中间接近上海话的 I,在末尾开口度大,接近 e;法语有 e,上海话有 E,我的家乡话有 ε,英语有 æ,法语有 a。我把这些元音的开口度和舌位高低细心揣摩,也就可以大致掌握了。但是不是顺序发音,而是要一个个单独发音,七个元音等距离分清可并不容易。我花了很长的时间才勉强把这七个元音分开。这几个元音分开了,其他的元音就有了一个参照坐标,就容易掌握了。但是也不尽然,央元音有些也不容易掌握。一般说来辅音比较容易掌握,但是法语的小舌 r 在大学时代曾花了我整整一个暑假才学会,俄语的大舌 r 也花了我一个暑假的时间,因为吴方言没有这两个辅音。德语的 pf 我就不知道该怎么发,有关塞擦音的理论根本帮不了我的忙。直到 1964 年我到西安搞四清,当地有这个音,我一听就会了。语音学本来是口耳之学,自学实在太难了。别人用一个学期就可以学会,而我不得不用两三年的时间来学,所以我劝青年学生要珍惜学习机会。

教语音要讲什么舌位前后高低,可是纠正学生发音,这些知识全不管用。不是这些知识不正确,而是学生的舌头根本不听使唤。有的学生你让他嘴巴张大一些,他就是张不大,急得嘴唇直发颤;你让他舌头抬高一点,他反而把舌头压低了。这就需要先训练舌头,进行"口腔体操",否则任何语音知识,任何图表都起不了任何作用。这样我就必须先自我训练。自己不会,怎么去教学生?从宿舍到教室,到饭厅,我常常一路揣摩每一个音的不同之处,舌头的位置,嘴唇的形状,让舌头听我的指挥。至于语音学理论我认为比较容易学,多读几本书(当然不能读乱七八糟的书)就可以了。不过,不掌握一定数量语言和方言的发音,不具备一定的听音辨音能力,恐怕靠熟读几本理论著作也不可能有什么用处。

学国际音标我还算有点基础,学分辨声调我真是白纸一张了。吕叔湘先生介绍我去请教丁声树先生。1956年的夏天我到和平里普通话训练班的一间大教室里找到了丁声树先生。他的办法就是记我的家乡话的声调。他让我按《方言调查字表》的例字一个一个慢慢读,他在一张纸上用曲线记下来,最后用五度标调法定调。他让我看着他画曲线,告诉我是什么意思,让我回去好好琢磨。我回来以后就反复琢磨自己家乡的声调,同时琢磨已知的普通话和上海话的声调,慢慢也就懂了,然后再在方言调查中去实践、修正、提高。

五、我是怎样学音韵学的

我的家乡话中第一和第三人称代词单数在动词前后有两种不同形式,有点像主格和宾格的分别。1955年在现代汉语规范问题学术讨论会上我跟吕叔湘先生和丁声树先生谈起这种现象,他们极力鼓励我写出来发表。我就这样开始从事方言研究。我知道方言研究要有一定的音韵学知识,而我在这方面一无所知。我先读了罗常培先生的《汉语音韵学导论》和莫友芝的《韵学源流》,还有赵荫棠的《等韵源流》等一些入门书。书似乎看懂了,可是一看杂志上的音韵学文章就糊涂了,几乎像是天书,什么几等,某系某组,开口合口,什么韵,记也记不住,不知道在说些什么。丁声树先生让我读《方言调查手册》,那就更读不明白。事实上,音韵学靠"看"是学不会的,一些基本术语和知识是要"背"的。所以我就下工夫把基本的术语和韵部背了,然后把我家乡话的同音字表整理出来,一个一个找出在中古音中的音韵地位,列出对照表。接着把当时《普通话和方言集刊》上发表的十来种方言的同音字表拿来如法炮制,一一给这些方言编制和《切韵》音系的对照表。下了这些笨工夫以后,才似乎懂得了一点门道,一些常用的术语也懂了,也记住了,对汉语语音史的发展脉络有了一个大致的了解,再读音韵学的论文也能读下去了。我不是搞音韵学的,所以没有下工夫去背反切上下字。碰到一个字而不清楚这个字的音韵地位,我就凭我掌握的几种方言和格律诗的叶韵去推断,如果推断错了,就去查工具书。好在我只是为了研究方言,音韵学懂得一点皮毛也就可以了。

六、我是怎么学语法的

在学生时代我基本上没学过什么语法。中学时代英语课老师教过《纳氏文法》和《英文典大全》,可惜我都没有好好学。我真正学语法是后来为了教英语的需要。教研室主任吴景荣先生介绍我读叶斯柏森的书,我先读了《英语语法精要》和《语法哲学》,后来又买了七卷本的《现代英语语法》。叶斯柏森的书实在使我大开眼界。他的书博大精深,涉及语言的各个方面,既有理论,又有丰富的材料,分析细致精到,令人叹服。像"彼德的画像"有三种不同的语义分析,英语表示未来的动作可以有多种说法等等,都是我从来没有想到过的,读起来引人入胜。同一个形式可以有几种不同的意思,同一个意思可以有几种不同的形式,当然都有细微的差别;研究工作可以从形式到意义,也可以从意义到形式,等等等等。我从叶斯柏森的著作中不仅学了语法,也学了语言理论。接着我又读 H.E.Palmer,G.O.Curme,A.S.Hornby 的著作。在这以后,为了对比英语和汉语的异同,开始来工作和学习,那样不会有什么效果,而且也会把身体拖垮了。

七、我是怎样自学语言理论的

我本来对语言理论没有太大的兴趣,并且认为如果在具体语言的研究方面没有下过苦功夫,要想在理论上有所建树是不可能的。但是,1961年我调到语文系语言学教研室,要我教语言理论课,那我就不得不学一点语言理论。我的办法是按历史顺序从古到今读一些代表作,从古希腊柏拉图的《克拉底洛斯对话》读起,读到当时国内已有影印本的美国哈里斯的《结构语言学方法》。当然,我也读了已有的几本语言学史著作。很多语言学名著没有译本,这时候我学过的几种外语帮了我的忙。有的书国内找不到就托人在国外买或者复印,如果连国外也一时找不到,或者虽然能找到,但是我不懂这种语言,那当然就没办法,讲课只能人云亦云了。当时我做了不少笔记,还翻译了一部分材料。我不很信任语言学史,因为语言学史的作者各有自己的观点,有时候是偏见,而且介绍的情况往往很简单。再者,并不是所有语言学史的材料都可靠,所以最好还是读原著。读原著很费时间,所以只能读有代表性的名著。读理论著作我对自己有三点要求。第一是先要读懂,第二是要看这种理论在作者作为依据的那种语言中是不是说得通,第三是要拿来分析分析汉语,看看有没有用。有的著作举的例子就不通,完全是为了支撑自己的理论硬编的,这就有问题;不过,例子有问题不等于理论一无是处。有的理论著作在作者作为依据的那种语言中就不完全讲得通,那当然也有问题;不过,这也不能简单地全盘否定,有用的部分可以吸收。这种情况大都出现在现代语言学家身上,历史上的名著一般没有这一类"硬伤"。如果一种理论读懂了,觉得很有道理,就可以拿来分析汉语,看看能不能解决过去难以解决的一些问题。不过判断要十分慎重,因为自己觉得不好用并不证明一定不好用,而有可能是自己还没有真懂,还应该看看别人用得怎么样。对于经过历史检验的理论和方法我认为总有可以肯定的一面,所以从来不敢轻易否定;对于新兴的理论和方法,即使自己最终不一定赞同,但是必须学习,因为不了解就没有资格肯定或否定,而且只要有一得之见,有可用之处,就应该吸取。在这个问题上我既是一个保守派,又是一个革新派。

在学习语言理论的过程中我也遇到不少困难,特别是学习当代语言学理论,有时候就几乎学不下去,因为实在读不懂。这时候后悔年轻时候不好好学数理化已经来不及了。今天的年轻人可千万不要犯我这样的错误。

八、我是怎样自学语汇学的

60年代初我开始改教语言学。我当时考虑自己在语音、语法方面有一定基础,但是对语汇学所知甚少,应该补课。我找了几本概论性的书来看,也读了维诺格拉道夫的《俄语词语》,但是主要的办法还是通过实践去学习。我选择了"打"这样一个比较难的常用词,按《牛津英语词典》的历史原则做一番研究,写一条历史词典的长条。那时候刚好吕叔湘先生带我搞《老乞大》和《朴通事》研究,我经常去语言所。他主动帮我出主意,让我先熟悉一下文献资料。"打"是从东汉才在文献上出现的,并且带有"白话"性质,所以我就按历史顺序往下阅读含有白话成分的历史文献。吕叔湘先生认为宋以后的文献比较杂,很难断代,所以只好分成"宋"、"宋元"、"元明",没法一清二楚。吕先生还专门为我打开语言所的仓库,把黎锦熙先生当年编《中华大词典》留下的卡片资料找出来给我用。我的研究重点放在魏晋以后,我就找有口语成分的书一本一本读,一本一本做卡片,花了两年时间,收集了三千多个用例,按吕先生的意见分成几个历史阶段和一百多个义项,并且尽可能寻根溯源,梳理引申脉络,初稿写了七八万字。吕先生也帮我排比卡片,指导义项的分合。但是分析工作没做完,十年动乱的先头风雨就来了,工作不得不停了下来。但是我从这项研究工作中却受益匪浅:我初步熟悉了近代汉语的历史文献,懂得了怎样编写词条,对语汇学有了一点感性知识。这就为我后来研究近代汉语和词典学打下了基础。

九、我是怎样学习做语言研究工作的

我过去只搞过文学创作,没有搞过语言研究。文学创作和语言研究完全不同,所以怎么搞语言研究,怎么在这个新领域里做学问,我得从头学起。

我发表的第一篇语言学文章是一篇大批判式的文章,没有什么研究,还免不了要"批"人,要给别人扣帽子,几十年来我一想起这件事就后悔,就要脸红。当时我完全不知道该怎么搞语言研究,怎么做学问,只能跟当时的时代潮流走。后来我认识了吕叔湘先生,在吕先生的指导下我才慢慢懂得怎么搞研究,怎么做学问。每次我去拜访吕先生,他总要给我介绍国内外语言研究动向,畅谈他对各种热点问题的看法。50年代中期他经常要提"究竟是切一刀,还是切两刀"的问题。我当时不太理解是什么意思。事实上他在这个时期是在思考一句句子究竟主谓两分好,还是以动词为中心三分好的问题,因为当时美国结构主义语法已经对汉语研究产生深刻影响,而结构主义语法的思路和吕先生原来的"动词中心观"的思路是有矛盾的,所以他在反复思考这个问题。可惜我当时语法理论水平太差,理解不了。吕先生经常把他刚读过的国外的新书借给我看,说"这本书值得一读,你拿回去读一读"。他还经常建议我研究某个问题,我就抓紧时间,赶紧去研究,然后把写好的文章送给他看。他总是认真审读,有时候还动手修改。我的《语法形式和语法意义》一文就是这样写成的。他改完以后就让《中国语文》发表了,同时给我写了一封长信,末了署了"于深夜"三个字,说明他改我这篇文章一直改到深夜。可惜"文革"期间,我怕连累吕先生,把他给我的几十封信全都付诸丙丁了!吕先生的每次谈话对我都帮助极大,事实上是使我这个门外汉一下子就站到了当时语言研究的前沿阵地上。吕先生对国内外语言研究的情况了解得很全面,很深刻,看过的书很多,经他一指点,我就避免了走弯路:该看什么书,该看什么文章,该研究哪些问题都解决了,并且走的都是正道。如果没有吕先生的指点,我即使下再多的工夫,很可能会走不少弯路,去读一些没有多大价值的书,也不知道该研究哪些问题,怎么去研究,那样的话,很多时间和精力就会白白浪费了。

　　吕叔湘先生又循循善诱,他从不提我写过的那篇大批判文章,而只是正面教育我写文章必须凭材料说话,要严谨,要与人为善。吕先生更善于身教。他写文章非常严谨,事事有根据,有出处,说话还总留有余地,从来不说满话,不赞成事事"说一不二"。他说话和写文章总是用一种商量的口气,从来不盛气凌人,从来不说自己是"唯一正确"的,别人是"极端荒谬"的,而总是公允冷静地评论各家的学说,探讨有哪些长处,有哪些不足之处;如果一时难以得出结论,就不下结论。他非常审慎,正因为他的学说渊博,知道的东西很多,深深懂得很多问题不是那么容易解决的,而且也决不是只有一种解决方法。吕叔湘先生一直是这样做的,从来不把话说绝;当然,能解决的问题当然没有必要故意模棱两可,但也没有必要"说一不二"。事实上,处处爱"说一不二"的人恰恰是有半瓶醋之嫌,并且一旦事后发现自己说过的话错了,也就收不回来了。他在1981年哈尔滨语法和语法教学讨论会的闭幕式上讲:现在有人总说自己是唯一正确的,别人是绝对错误的;可是他忘了,如果还有另外一个人也说自己是唯一正确的,那么,你就不是"唯一"的了!这番话给我留下了非常深刻的印象。吕先生这种真正的学者风度赢得了国内外很多学者的钦佩。但是年轻的学者和学生不太理解这种严谨朴实的学风。我的好几个研究生就说他们不喜欢读吕叔湘先生的著作,因为这么也有道理,那么也有道理,还常常没有一个明确的结论,我们将来怎么去教学生?他们喜欢处处"说一不二"的先生的著作和文章,觉得那样的著作和文章读了痛快,也更有用处。当然,等他们慢慢长进了,回过头来看,就会发现吕先生的意见是站得住脚的,而"说一不二"的观点往往是经不起时间的考验的。

做学问首先要严谨。要严谨第一是要有根据。写文章,发表意见要有可靠的材料依据。材料来自两个方面。一是前人和时贤已经发表的著作,一是语言事实。研究任何一个问题先要阅读前人和时贤的有关论著,这是做任何一种研究工作必须做的第一步工作。阅读前人和时贤的有关论著可以了解在这个问题上哪些问题已经解决了,哪些问题还没有解决,而没有解决的问题各家又有哪些不同的见解,指出了哪些难点,提出了哪些解决办法,提供了哪些值得注意的观点和材料。认真仔细地阅读前人和时贤的论著是很好的学习机会。负责的语言学家的著作总是下了工夫的,从中可以得到很多教益。他们运用的方法、思路和材料都对自己会有启发,特别是和自己观点不同的文章对自己的启发就更大,因为这些文章很可能是从另外一个角度,用另一种思路来看问题的。在前人和时贤研究成果的基础上就可以确定自己的研究方向和重点,这样既可以避免重复劳动,又有可能在前人的基础上深入一步。如果研究工作不这样做,而是每一个问题都"从我开始",不吸取前人和时贤的成果,不参考前人和时贤的意见,那就很可能浪费时间搞重复劳动,或者很多本来完全可以避免的缺点和失误就难以避免。有的问题的参考文献浩如烟海,不可能全看,那就要有所选择。名家的论著必须看,不同学派的代表作必须看,不同观点的论著必须看,最新的论著必须看。只看同一学派同一观点的论著的做法是不可取的,因为从这一类论著中能学到的东西最少,能受到的启发也不会太多,因为这些思路和观点本来就和你自己的思路和观点是一致的。国外的论著目前限于种种条件不可能都能看到,但是要尽量设法找来看,完全不予考虑是不恰当的。国外华人学者的论著有不少新观点、新方法,很值得借鉴和参考,完全不看太可惜了。

　　写文章引用前人和时贤的成果或材料应该注明出处,不能含糊其辞,掠人之美,这是一个学术道德问题。不同意别人的观点,引用别人的话不要掐头去尾,有意无意地歪曲原意,这也是一个学术道德问题。有些很重要的见解也许是前辈或时贤口头谈到的,也应该一一注明,更不能因为别人没有正式发表而窃为己有。借鉴或引用国外学者的理论和观点最好注明来源和出处,不要让读者误会是自己的创见。引用材料要尽可能用第一手材料,不得已而引用第二手材料,要详细注明出处。引用译文最好要和原文核对,当然这只能尽可能这么去做,找不到原文也没有办法。

搞研究,写文章,当然不能空口说白话,要收集材料,材料自然越多越好。但是由于种种条件限制,往往难以做到。那样只好"小本钱做小买卖"。吕先生最反对"小本钱做大买卖"。1961年吕叔湘先生给中国人民大学语文系语言专业的学生题词,写的就是"大处着眼,小处着手",我想就是这个意思。例证要做一点鉴别工作,有些例证本身是不规范的,或者很少有人这么用,这些就不适宜用来支持或反驳某种观点。

要严谨还要"知之为知之,不知为不知"。一个人不可能什么都懂,什么都知道;不懂就说不懂,不知道就说不知道,这并不丢人。相反,强不知以为知,肯定要出问题。研究某个问题,不见得什么问题都解决了。哪些问题解决不了,就说哪些问题没有解决,这是老实的态度,也不寒碜。对同行要宽容,不同意别人的意见没有必要说过头的话,更不应该说挖苦的话。讨论问题,对人对己,要有学者风度。

做学问还要开明。要开明首先要择善而从,不拘于一家之言。不同学派的理论和方法各有所长,各有所短,还往往是互补的,只要有用,都可以为我所用。对自己不同意的理论、观点和方法,不要轻率地否定和排斥,因为很有可能是自己还不够了解。在学术领域内切忌搞"定于一尊"和"一刀切"的做法,应该搞"百家争鸣",

那样才能互相切磋,才能互相取长补短,才能共同进步。特别是对年轻人应该格外宽容,不能求全责备。对老年人来说,随着年龄的增长则特别要警惕保守和偏执。

要开明还要不断学习,不断进取。学海无边,真是学到老学不了。语言科学发展很快,新理论、新方法不断涌现,不学习就要落伍。有不少年轻人认为吕叔湘先生很保守,还特别不重视理论,这完全是误解,是因为他们根本不了解吕先生的实际情况。事实上吕先生读的语言理论著作比多数人多得多。社科院图书馆新到的国外语言理论著作他总是以先睹为快。1961年有一次我去看他,他就拿出韩礼德研究《蒙古秘史》语言的著作给我看,说:韩礼德用的形式化的方法值得一看;1979年前后他又介绍我读Sledd的英语语法,那是一本特别注重语音信号对语法结构的影响的结构主义语法著作;80年代初我和几位同行准备编一本《西方语言学名著选读》,当我征求吕先生的意见时,他建议把法国泰尼埃尔(过去有人按英语读音译为"特思尼埃尔",其实Tesniere的-s不发音)的《结构句法基础》收进来。我不知道当时国内有哪几个人读过这本书,反正我是没有读过,尽管不久以后格语法、配价理论和从属语法或依存语法在国内很热门,大家认为是新理论、新方法,殊不知这些理论事实上都来源于泰尼埃尔的《结构句法基础》。因此,说吕先生不重视理论是没有根据的。但是他认为理论来自语言事实,真正的语言理论家没有一个不是对语言事实进行过深入研究的,不研究具体语言事实的语言理论家是不存在的。不过1980年他在中国语言学会成立大会上关于"钱"和"钱串子"的比喻却引起了不少误解,特别是在年轻人中间。其实他从来不反对有语言事实依据的理论研究,相反,他还非常支持这样的研究。他反对的只是不搞具体语言事实研究的空头理论和滥用新名词、新术语,写文章故意要让人看不懂的假理论。

跟吕叔湘先生谈话,总让我感觉到自己读的书太少了,知道的东西太少了。这些年来,我跟吕先生的交往就不像过去那么多了。但是,读中青年语言学家和国外华裔语言学家的著作时也常常有这种感觉,觉得自己不懂的东西实在太多了,总想继续多学一点,可惜"等闲白了少年头",已经力不从心了。我不是科班出身的,没有受约束,所以凭兴趣东一榔头,西一棒槌,杂而不精,半个多世纪过去了,尽管我还是肯下工夫的,但是很少建树,而如果不这么分散精力,集中精力研究一个方面的问题,也许还会有一点收获。这一点也是有志于从事语言研究工作的青年人应该引以为戒的。

附录：

征集治学经验的通知

老专家的治学经验是十分宝贵的财富，后学晚辈可以从中得到启迪，得到教益，得到借鉴。为此，本会过去曾经请王力先生、吕叔湘先生作过治学经验的报告。报告内容已经刊出，反映很好，这一期《通讯》刊出了陆宗达先生、岑麒祥先生的治学经历。许多会员要求多举办这样的活动。但本会年逾古稀的老专家有五十余人，还有一些享有盛名的专家也已届望七之年。逐个地为之组织报告会、座谈会，不合当前讲求效率的时代精神。为此，秘书处拟在今年开展敬老活动，除了举行敬老会外，请老专家们自己撰写治学经验，选编辑集，公开出版。这个拟议已经得到今年1月30日举行的工作会议、2月5日举行的秘书处会议、2月13日举行的常务理事会议认可，也已与有关出版机构开始联系，现将有关事项通知如下：

1. 1920年(含1920年)前出生的本会会员(包括顾问)均请回顾自己的成才之路，撰写自己的治学经验。

2. 请尽可能自己撰写，实在有困难的，可由他人帮助整理。

3. 字数请控制在一万字以内。

4. 请用稿纸誊清于1988年7月以前寄给北京市2822信箱裴

博先同志,或通知奚博先前往指定地点取稿。

北京市语言学会办公室
1988年4月